研究生培养攻略
供应链物流管理领域的指导实践

刘 南 著

ZHEJIANG UNIVERSITY PRESS
浙江大学出版社

图书在版编目（CIP）数据

研究生培养攻略 ： 供应链物流管理领域的指导实践 ／
刘南著. — 杭州 ： 浙江大学出版社，2021.6
ISBN 978-7-308-21331-8

Ⅰ. ①研… Ⅱ. ①刘… Ⅲ. ①供应链管理－物流管理
－研究生教育－研究 Ⅳ. ①F252

中国版本图书馆CIP数据核字(2021)第081254号

研究生培养攻略：供应链物流管理领域的指导实践

刘 南 著

责任编辑	黄兆宁	
责任校对	陈 欣	
封面设计	周 灵	
出版发行	浙江大学出版社	
	（杭州市天目山路148号 邮政编码 310007）	
	（网址：http://www.zjupress.com）	
排 版	杭州林智广告有限公司	
印 刷	杭州良诸印刷有限公司	
开 本	710mm×1000mm 1/16	
印 张	17.75	
字 数	286千	
版 印 次	2021年6月第1版 2021年6月第1次印刷	
书 号	ISBN 978-7-308-21331-8	
定 价	58.00元	

在我国经济建设和社会发展进程中，研究生群体的作用越来越重要，国家和社会对研究生教育寄予越来越高的期许。《研究生培养攻略：供应链物流管理领域的指导实践》一书，融入刘南教授20多年研究生培养和指导经验。翻阅书稿，我沉浸于书中的真知灼见、真情实感，受益匪浅。相信本书的出版对高等学校经济管理领域的研究生导师有极大的帮助。

研究生培养是研究生教育的重要组成部分，是一项复杂的综合体系，涉及研究生人才培养方案制订、课程体系设置、培养流程管理等诸多方面。供应链物流管理学科的研究生培养极具特色，包括不同类型（专业学位硕士、科学硕士、博士）的人才培养。本书从一位导师的视角，总结了自己20多年研究生培养和指导的经验，阐述了供应链物流管理领域3种类型研究生培养模式与指导细节，涵盖培养目标与流程、课程体系与国际交流、学位论文选题与指导、指导实例与经验总结、优秀研究生学位论文分析等，是一部难得的、融入作者心路历程的佳作。

刘南教授早年在美国伊利诺伊大学获得经济学博士学位，有着从数学专业、经济学专业跨界到管理学专业的传奇经历，目前主要从事交通运输与供应链物流管理研究，在浙江大学管理学院任教 21 年，在教学科研方面取得了丰硕的成果，培养了 180 多名各类研究生，积累了丰富的教学科研经验。

2006 年在教育部高等学校物流类专业教学指导委员会成立大会上，有幸与刘南教授同时被聘为委员并相识、相知，之后共同承担了"十一五"国家科技支撑计划项目，在上海交通大学季建华教授倡议下共同创办了"应急运作管理／风险管理"学术研讨工作坊，为上海交通大学、浙江大学和东南大学研究生搭建了一个学术交流、国际化培养的平台，有效促进了三校导师、研究生之间的学术交流。此次应刘南教授邀请为其优秀的作品作序，深感荣幸，愿与刘南教授为推动我国研究生教育可持续健康发展共同努力。

赵林度

教育部物流管理与工程类教学指导委员会副主任委员

曾任东南大学研究生院学科办主任、经济管理学院院长

　　进入 21 世纪以来，中国物流业发展迅猛，物流管理领域的研究生教育也有了快速发展。导师在研究生培养和指导过程中发挥着重要作用，是实现研究生培养目标的第一责任人。从 1999 年到 2019 年，我在浙江大学管理学院指导了各类研究生共计 179 人，包括专业学位（工商管理硕士 MBA、高级工商管理硕士 EMBA、工程硕士 ME）研究生 118 人（全部毕业），科学硕士生 37 人（已毕业 36 人），博士生 24 人（已毕业 20 人），共 179 人。从统计学上看，这是一个大样本，有规律可循。因此，我萌发了写一本关于研究生培养和指导方面的书的想法。

　　本书根据本人 20 多年的研究生培养和指导经验，阐述了供应链物流管理领域不同类型（专业学位硕士、科学硕士、博士生）的研究生培养模式与指导细节，希望能够为"如何成为一名称职的研究生导师"这个话题提供一些启示。本书在写作过程中参考了许多国内外最新研究成果，作者已尽可能地在参考文献中列出，在此对这些研究者表示真诚的感谢。

　　本书共分七章，主要内容包括引言、国内外研究生培养的相关研究与实践、专业学位研究生的培养指导、科学硕士研究生的培养指导、博士研究生的培养指导、优秀研究生学位论文分析和结束语。首先感谢东南大学研究生院前学科办主任、经济管理学院前院长赵林度教授为本书写的序；感谢博士生丁潇涵、朱丽媛、张羽，硕士生王锦雯、王毅为本书所做的资料搜集整理编写工作！感谢浙江大学以及管理学院多年来对我教学科研工作的大力支持！最后感谢我的妻子郭青女士的支持和付出！本书出版得到浙江大学出版社黄兆宁编辑的支持和帮助，在此深表谢意！

限于时间和水平，书中不足之处在所难免，敬请同行和读者指正。

刘　南

2021 年 5 月于启真湖畔

目录

第 1 章

引 言

✉ **本章要点**

本章首先解释了本书的写作动机；然后重点阐述了研究生导师的重要作用，包括研究生导师的职责、人品和资格，研究生培养和指导的流程；并回顾了我本人的教育留学工作经历、浙江大学的教学科研和研究生指导经历、国内外学术交流经历，以及浙江大学物流与决策优化研究所的发展情况。

1.1 本书的写作动机

2019 年 11 月 6 日，浙江大学管理学院（以下简称浙大管院）教学管理中心主任朱纪平老师邀请我为浙大管院秋季"导师学校"做一个报告，对象是浙大管院的博士生导师，我的报告题目是"博士生指导经验总结"。内容包括：博士生导师的作用、已指导的博士生情况简介、培养流程探索、国际化培养的实践、综合培养、危机管理与问题处理、毕业生情况总结、结语等。这次交流使我有机会和其他研究生导师分享我的指导经验，取得了很好的效果。之后，我整理了从 1999 年到 2019 年我所指导的各类研究生数据：专业学位（MBA、EMBA、工程硕士）研究生 118 人（全部毕业），科学硕士生 37 人（已毕业 36人），博士生 24 人（已毕业 20 人），共 179 人。从统计学上看，这是一个大样本，有规律可以总结。因此，我萌发了写一本书的想法，主要目的是总结我在浙大管院 20 年来指导研究生的实践经验，希望能够为"如何成为一名称职的研究生导师"这个课题提供一些启示。

目前，我国管理学研究生导师的规模日益扩大。以浙大管院为例，截至目前，有教授（博士生导师）102 人，副教授（硕士生导师）98 人，"百人计划"研究员 15 人。根据粗略的估计，全国"双一流"（一流大学、一流学科）大学管理学院（商学院或经济管理学院）研究生导师数目分别为：硕士生导师 2536 人，博士生导师 1913 人。

1.2　研究生导师的职责、人品和资格

教育部制定的《研究生导师指导行为准则》（以下简称《行为准则》）指出，"导师是研究生培养的第一责任人，肩负着培养高层次创新人才的崇高使命"。《行为准则》制定了 8 条指导行为准则：一、坚持正确思想引领；二、科学公正参与招生；三、精心尽力投入指导；四、正确履行指导职责；五、严格遵守学术规范；六、把关学位论文质量；七、严格经费使用管理；八、构建和谐师生关系。

浙江大学也于 2019 年 6 月 12 日印发了《浙江大学研究生导师管理办法》（以下简称《管理办法》），宗旨是："根据《中共中央　国务院关于全面深化新时代教师队伍建设改革的意见》《教育部关于全面落实研究生导师立德树人职责的意见》（教研〔2018〕1 号）等文件精神，为全面落实立德树人根本任务，进一步加强研究生导师队伍建设，构筑卓越研究生教育品牌，培养德智体美劳全面发展、具有全球竞争力的高素质创新人才和领导者，结合学校实际，制定本办法。"《管理办法》阐述了导师职责、导师权利、导师资格、招生资格、考核与奖惩、组织管理等内容。

中国工程院院士、浙大管院许庆瑞教授阐述了他的"立德树人"观[46]：始终引导研究生树立正确的人生观和价值观，积极为国家和社会的需求服务，增强社会责任感；努力培养求是踏实的科学精神；努力培养研究生的综合知识、能力与素质；努力造就一支积极向上、充分交流的研究团队。

综上所述，导师在研究生培养过程中具有如下重要的作用：

● 导师的职责范围。导师是研究生培养的第一责任人,立德树人是导师的根本职责。导师应认真了解并执行国家关于学位与研究生教育方面的法律、法规和学校规章制度,积极参加各类导师培训计划。导师应指导研究生恪守学术道德规范,培养研究生严谨认真的治学态度和求真务实的科学精神,加强职业伦理教育,提升研究生的学术道德涵养,提高知识产权保护意识,杜绝学术不端行为。

● 导师的人品要求。研究生导师应该具有高尚的道德情操、人格魅力和学识风范,品行端正、爱岗敬业、认真负责、平易近人,强化对研究生的思想政治教育,既做学业导师又做人生导师,与研究生相互尊重,保持正当的师生关系。

● 导师的资格条件。具备履行导师职责的条件和能力:(1)指导专业学位的导师,一般应具有突出的科技实践能力及行业工作经验;指导学术学位的导师,一般应具有突出的科学研究能力,有主持在研的国家或省部级科研项目、以第一作者或通讯作者的身份发表的高水平期刊学术论文等学术成果,或获得省部级及以上科研奖励;(2)能够提供足够的科研经费、教学科研设施与场所等培养支撑条件,保障研究生培养质量。

1.3 研究生培养和指导流程

首先需要明确"培养"与"指导"的关系。根据《现代汉语词典》(第7版)的解释:"培养"是"按照一定目的长期地教育和训练使成长";"指导"是"指示教导;指点引导"。培养具有目的性、长期性和系统性,指导是培养的主要组成部分,需要"人"来完成。因此,"研究生培养和指导"可以解释为:按照某专业的培养目标,研究生在导师的指导下,在规定学制年限内应该完成的教育过程。什么是培养目标?以浙江大学管理学院管理科学与工程专业为例,该专业的博士生培养目标如下:

● 培养目标:围绕建设创新型国家、培养创新型人才的总体目标,以学术思想及理论知识学习为基础,以培养独立的学术研究和创新能力为核心,培养具有国际化视野、掌握学科前沿发展趋势与先进的经济管理和数据科学研究方法(包括大数据处理以及解析能力)、开展跨学科研究特别是新兴交叉学科的高层次研究型人才。

显然，导师是负责实现上述目标的第一责任人，整个培养流程由若干时间上相互关联的指导模块组成，同时还包括相关的资源、制度及保障措施（见图1-1）。导师在培养流程各个环节中的作用非常重要，包括为研究生制订培养计划，确保足够的时间和精力及时给予研究生启发和指导，强化学术规范训练，定期检查研究生的教学、科研和学位论文进展，对涉及的内容和数据进行审核，严格执行培养单位关于毕业和学位授予要求等。

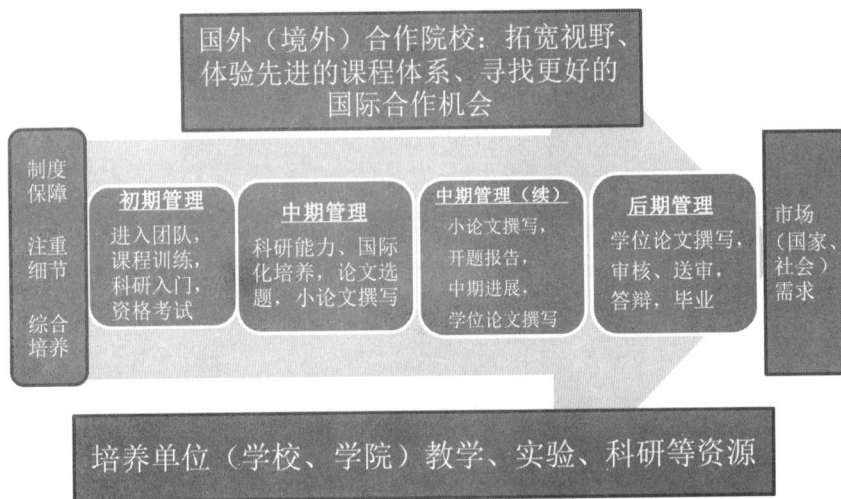

图1-1　博士生的培养和指导流程

本书将在第3章、第4章和第5章，分别介绍专业学位研究生（MBA、EMBA、ME）、科学硕士研究生和博士研究生的培养流程。

1.4　我的教育留学和工作经历回顾

我于1978年考入南开大学数学系就读数学专业，1982年获得数学学士学位。毕业后在南开大学分校应用数学系工作了两年，担任助教。1984年考取南开大学经济研究所经济统计专业硕士研究生，1987年获得经济学硕士学位。1987年考取国家教委"赴美、加攻读经济学学位项目"（邹至庄经济学留学计划）国家公派留学生，同年9月赴美国留学，1989年获伊利诺伊大学厄巴纳–香槟分校（University of Illinois at Urbana–Champaign）经济学硕士学位，1993年获美国的西北大学（Northwestern University）城市系统和政策规划硕士学位，

1995 年获伊利诺伊大学芝加哥分校（University of Illinois at Chicago）经济学（运输经济方向）博士学位。我的博士论文题目是"Urban highway congestion: an economic analysis of second–best congestion pricing schemes"（对城市公路拥挤实施次优拥挤定价收费政策的经济分析），我的博士导师是 John McDonald 教授。留学期间，我分别担任了教学助理（Teaching Assistant）和研究助理（Research Assistant）。

1995 年博士毕业后，我先是在伊利诺伊大学芝加哥分校城市运输中心（Urban Transportation Center）做了一年的博士后访问学者，参与了城市道路拥挤定价计划的经济分析、芝加哥智能运输系统 ADVANCE 评估等科研项目。并和导师 McDonald 教授合作（我是第一作者，导师是第二和通讯作者），基于我的博士论文，在国际知名期刊上先后发表了两篇学术论文：

● Efficient congestion tolls in the presence of unpriced congestion: a peak and off–peak simulation models. *Journal of Urban Economics*, 1998, 44: 352–366.（SSCI 收录）

● Economic efficiency of second–best congestion pricing schemes in urban highway systems, Transportation Research, Part B, 1999, 33: 157–188.（SSCI、SCI、EI 收录）

1996 年 6 月，我开始在伊利诺伊州交通运输厅（Illinois Department of Transportation）所属的芝加哥地区运输规划局（Chicago Area Transportation Study）工作，任运输数据专家（transportation data specialist），参与了多项交通运输项目的研究咨询（委托单位都是伊利诺伊州交通运输局）："Survey of Motorists on the Stevenson Expressway（I–55）"［斯第文森高速公路（55 号州际公路）机动车使用者的出行调查］，"Regional Travel Time and Speed Study"（芝加哥地区公路旅行时间和速度研究），"Trends in the Chicago Metropolitan Area"（大芝加哥地区的经济社会变化趋势）。

其间和两位美国同事合作，发表了一篇学术论文：

● S. Laffey, L. N. Liu（刘南）and E. Christopher. A statistical analysis of mean route travel times on seven primary arterials in the Chicago Metropolitan Region, *Transportation Research Record*, 1998, 1625: 109-117.（SCI、EI 收录）

1998 年 1 月，我离开芝加哥，前往总部位于新泽西州的路易斯伯杰国际工程咨询公司（Louis Berger Group）任高级经济师（senior economist）。我在该单位工作了近两年，参与和负责了近 10 个物流运输项目的研究咨询工作，委托单位有美国联邦运输部、州交通运输局以及地方政府等部门。

- "Truck Incentive Toll Pricing Study"（卡车刺激收费定价研究，委托单位：纽约—新泽西机场港口管理局），项目子课题负责人。
- "Economic Impact of Port Authority Interstate Transportation Facilities"（纽约—新泽西州际交通设施的经济效果研究，委托单位：纽约—新泽西机场港口管理局），项目子课题负责人。
- "Environmental Impact Statement of US Route 20"（美国 20 号公路重建工程的环境效果报告——经济效果评价部分，委托单位：伊利诺伊州交通局），项目参加者。
- "Environmental Impact Statement of the Stewart International Airport Access Connection and the Drury Lane Improvement"（斯图亚特国际机场地面连接和竹瑞路改进工程的环境效果报告——间接效果评价部分，委托单位：纽约州高速公路管理局、纽约州交通局、联邦运输部公路管理局），项目参加者。
- "Financial Sustainability Study for the City of Sarasota"（塞拉索达市财政可持续性研究，委托单位：佛罗里达州塞拉索达市），项目参加者。
- "Benefit-Cost Analysis of Providing Category II/III Capability on Runway 4L-22R John F. Kennedy International Airport"（肯尼迪国际机场跑道降落系统改进工程的效益成本分析，委托单位：纽约—新泽西机场港口管理局），项目参加者。
- "New Bedford Regional Airport Improvement"（新百德区域机场改进工程商品流入量的估计，委托单位：新百德区域机场委员会），项目参加者。
- "Financial Feasibility Analysis for Terminal Improvement Project at Bradley International Airport"（布莱德利国际机场航空终点站财政可行性研

究——航空需求预测部分，委托单位：康涅狄格州交通局），项目参加者。

在此期间，我和两位美国同事合作，发表了一篇学术论文：

● P. Vilain, L. N. Liu（刘南）and D. Aimen. Estimation of commodity inflows to a sub-state region: an input-output based approach. *Transportation Research Record, Journal of the Transportation Research Board*, 1999, 1653: 17-26.

综上所述，我在美国的这段留学和工作经历，为之后我回国从事物流运输领域的研究生导师工作（教学、科研、指导研究生）提供了丰富的行业工作经验和科学研究能力。

1.5 我在浙江大学的教学科研和研究生指导经历回顾

1999 年我回国任教于浙江大学，被聘为副教授、硕士研究生导师。2002 年 12 月至 2003 年 3 月，我作为高级访问学者短期访问了美国宾夕法尼亚大学沃顿商学院和区域科学中心。2003 年 12 月我被破格晋升为教授，2005 年 1 月被评为博士生导师。回国以后，我积极参与了浙江大学和管理学院的发展建设，尤其是投身于我所从事的管理科学与工程学科——供应链物流领域的发展壮大，我从 2004 年 9 月开始担任浙江大学物流与决策优化研究所所长，之后担任浙大管院工程硕士教育中心主任（2004—2006 年），管理科学与工程系系主任（2006—2009 年）。2007 年管理科学与工程被批准为国家重点学科，之后在教育部学科评估中分别位列全国并列第二（2012 年）和 A 类（2016 年），我是该学科供应链物流与优化管理方向学术带头人（2007—2016 年）。2016 年 1 月，由于学术成就突出，我被评为浙江大学求是特聘教授候选人，参加了学校答辩，遗憾的是最终没能入选。

在社会兼职方面，我先后担任了教育部高等学校物流管理与工程类专业教学指导委员会委员（2006—2017 年），中国物流学会常务理事，国家自然科学基金项目通讯评审专家，国家社会科学基金项目通讯评审专家，浙江省哲学社会科学规划学科组专家。期刊副主编（Associate Editor，《亚太运筹学杂志》*Asia-Pacific Journal of Operational Research*）；期刊编委（Editorial Member，*International Journal of E-Trade*）。

在教学方面，我先后主讲了 10 多门本科生、硕士研究生和博士研究生课程：

● 本科生课程：信息经济学/网络经济概论、运输管理；

● 硕士生课程：管理经济学（中文、全英文）、宏观经济学、工程经济学、物流与供应链管理、国际物流（全英文）、计量经济分析；

● 博士生课程：管理统计学（中文、全英文）、高级数量经济分析、管理理论前沿、管理科学专题研究、管理决策理论与方法。其中"管理决策理论与方法"是浙江大学研究生核心课程建设项目，终期考核被评为优秀。

其中，3 门为全英文课程：管理经济学（managerial economics，全日制 MBA，是浙大管院第一门全英文课程）、物流与供应链管理—国际物流（logistics and supply chain management–international logistics，管理科学与工程国际硕士）、管理统计学（managerial statistics，直博生）。我在美国的留学经历为讲授上述全英文课程提供了很大帮助。

在科研方面，我积极融入中国改革开放，尤其是交通运输和供应链物流行业快速发展的大环境，并利用我在美国期间的研究咨询经验，先后主持负责了 30 余项科研项目，其中国家级项目 10 项（包括国家自然科学基金项目 6 项、国家社会科学基金项目 4 项），这些科研项目大致可分为 4 个领域：交通运输经济管理、供应链物流管理、应急物流管理、港口海运物流管理（见图 1–2）。

交通运输经济管理	供应链物流管理
√国家社科1：高速公路社会经济效益的定量分析方法与应用研究（2001—2002，5.2万元） √国家自科1：城市道路系统多时段次优拥挤定价的效率和公平问题研究（2005—2007，16万元）	√国家社科2：我国现代物流发展的问题及对策研究（2004—2006，6万元） √教育部新世纪优秀人才支持计划：物流交通规划与管理（2006—2008，50万元）

应急物流管理	港口海运物流管理
√国家自科2：城市应急物流中不完全扑灭的多商品分配问题研究（2008—2010，20万元） √国家自科3：基于组群信息刷新的非常规突发事件资源配置优化决策研究（2010—2012，35万元）	√国家自科4：非常规突发事件下港口—腹地物流运输网络弹性的测度与优化研究（2015—2018，60万元） √国家自科5：中韩'腹地—港口—港口—腹地'集装箱调度与风险管理研究（2015—2017，5万元）

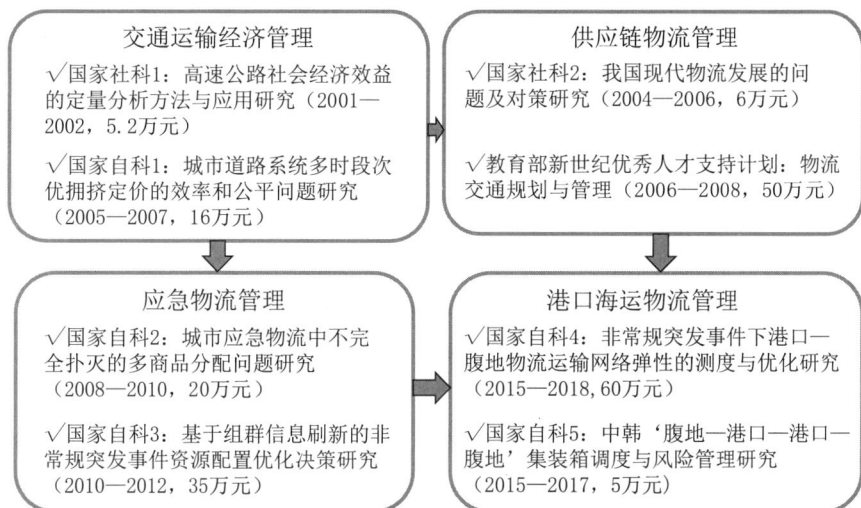

图 1-2　本人负责的部分国家级项目分类

下面是我作为项目负责人（含重大、重点项目的子课题负责人）主持的国家级科研项目：

● "我国区域港口群的优化整合与环境协调策略研究——区域港口群的优化整合与环境协调理论分析研究"（20&ZD129，首席专家：鲁渤），国家社会科学基金重大项目，80万元，2020年12月—2025年12月，项目子课题1负责人。

● "电子商务驱动浙江产业集群转型与竞争力提升研究——基于电子商务的集群式供应链物流资源整合与竞争力提升研究"（U1509221，项目总负责人：周伟华），国家自然科学基金委员会—浙江两化融合联合基金重点项目，200万元，2016年1月—2019年12月，项目子课题负责人。

● "中韩'腹地—港口—港口—腹地'集装箱调度与风险管理研究"，国家自然科学基金委员会与韩国国家研究基金会联合资助合作交流项目（71511140296），5万元，2015年7月—2017年6月，项目中方负责人（韩方负责人：首尔大学文一景教授）。

● "非常规突发事件下港口—腹地物流运输网络弹性的测度与优化研究"，国家自然科学基金面上项目（71471162），2015年1月—2018年12月，60万元，项目负责人。

● "我国重大装备产品质量管控模式与方法研究"，国家社科基金重大项目资助（12&ZD206，首席专家：熊伟），2013年1月—2015年12月，项目子课题负责人。

● "基于组群信息刷新的非常规突发事件资源配置优化决策研究"，国家自然科学基金重大研究计划"非常规突发事件应急管理研究"培育项目（90924023），2010年1月—2012年12月，35万元，项目负责人。

● "城市应急物流中不完全扑灭的多商品分配问题研究"，国家自然科学基金面上项目（70771100），2008年1月—2010年12月，20万元，项目负责人。

● "物流交通规划与管理"，新世纪优秀人才支持计划（NCET-05-0529），教育部，2006—2008年，50万元，项目负责人。

● "城市道路系统多时段次优拥挤定价的效率和公平问题研究"，国家自然科学基金面上项目（70471053），2005年1月—2007年12月，16万元，项目负责人。

● "我国现代物流发展的问题及对策研究"，国家社会科学基金项目（04BJY060），2004—2006年，6万元，项目负责人。

● "高速公路社会经济效益的定量分析方法与应用研究"，国家社会科学基金项目（01BJY068），2001—2002年，5.2万元，项目负责人。

申请到国家级科研项目，对研究生培养起到了重要的引领作用，包括招生（主要是科学硕士生和博士生），研究生论文选题、写作和发表等，并提供了科研经费等培养支撑条件。同时，我也逐渐适应了导师角色的转变：从独立研究者转变为指导者和合作者。在指导研究生方面，从2000年开始，我先后培养指导了专业学位（MBA、EMBA、工程硕士）研究生118人（全部毕业），科学硕士生37人（已毕业36人），博士生24人（已毕业20人），共179人。一方面，专业学位研究生的毕业论文，为我的教学任务提供了丰富的案例素材；另一方面，学术学位研究生的培养过程，尤其是博士生培养的成功，极大地提升了我的科研成果生产力。指导博士生并与他们合作，产生高水平研究成果，使得现有的国家级项目顺利结题；之后再依托即将结题的国家自然科学基金项目，成功申请到新的国家自然科学基金项目，并产生新的高质量科研成果和荣誉奖励，形成良性循环。下面是几个突出的例子：

● 专著《城市道路拥挤定价理论、模型与实践》（与陈达强博士合作）分别荣获教育部第六届高等学校科学研究优秀成果奖（人文社会科学）三等奖、浙江省第十六届哲学社会科学优秀成果奖三等奖。

● 专著《现代物流与经济发展——理论、方法与实证分析》（与博士生陈远高合作）荣获 2008 年度"中国物流学会物华图书奖"一等奖。

● 论文《现代物流与经济增长的关系研究——基于浙江省的实证分析》（与硕士生李燕合作）荣获 2006 年第五次中国物流学术年会一等奖。

● 论文 "Efficiency and its influencing factors in port enterprises: empirical evidence from Chinese port listed companies"（与博士生居水木合作）荣获 2013 年第 6 届全球供应链管理会议（GSCM）最佳论文奖。

● 论文 "Remanufacturing of Electronic Products in Bonded Port Area across Home and Foreign Markets: Approach Based on Closed-Loop Supply Chain Model"（与博士生陈红、何雨璇合作）荣获 2014 航运港口机场国际论坛（IFSPA）最佳论文奖。

● 论文《基于灾情信息更新的应急物资配送多目标随机规划模型》（与博士生詹沙磊合作）被评为 2015 年度 F5000 论文（中国精品科技期刊顶尖学术论文）。

● 论文 "Strategic Investment in Enhancing Port-Hinterland Container transportation Network Resilience: A Network Game Theory Approach"（与博士生陈红合作）荣获 2019 年度浙江大学第五届学生人文社会科学研究优秀科研成果奖一等奖。

1.6 我的国内外学术交流经历回顾

国内外学术交流是我教学科研和研究生培养的重要组成部分。作为供应链物流管理领域的研究生导师，需要了解和把握该领域的学术前沿，与国内外知名学者开展合作研究，这其中包括现有领域的研究，以及在现有研究的基础上拓展开发新的研究领域。因此，积极参加相关领域的国内外学术交流是必不可少的，包括：（1）参加高水平国际会议，报告与硕士生博士生合作的工作论文（working paper）；（2）访问世界知名高校及学科，与国际同行开展合作研究。在此非常感谢多年来国家自然科学基金项目、国家社会科学基金项目、教育部新世纪优秀人才支持计划、浙大管院学科发展基金、浙江大学管理科学与工程高峰学科的经费资助。

1.6.1　交通运输经济管理领域的国际交流

回国后，基于我在美国期间的研究咨询经验，并结合中国的交通运输实践，我先后成功获得两项国家级项目资助：国家社会科学基金项目"高速公路社会经济效益的定量分析方法与应用研究"，国家自然科学基金面上项目"城市道路系统多时段次优拥挤定价的效率和公平问题研究"。与之相关的国际交流活动包括：访问美国宾夕法尼亚大学、参加若干交通运输领域国际会议。

2001 年 6 月，我先后参加了在荷兰格罗宁根举行的欧洲区域科学协会（ERSA）夏季研讨会、在美国波特兰举行的太平洋区域科学协会年会（PRSCO），并报告了论文 "Analysis of Economic Impacts of the Hangzhou-Ningbo Expressway"。该论文经过修改，发表在 *Journal of Zhejiang University*（*SCIENCE*），Vol. 4, No. 4, 2003.（EI 收录）。感谢主办方的邀请和会议住宿资助，特别感谢浙大管理学院的国际旅费资助。

在浙江大学汤永谦学科建设发展基金的资助下，我于 2002 年 12 月至 2003 年 3 月，作为高级访问学者访问了美国宾夕法尼亚大学（University of Pennsylvania，以下简称宾大）区域科学学科（Regional Science Program）和沃顿商学院（Wharton School），感谢 David Boyce 教授的推荐和 Janice Madden 教授的邀请和接待。宾大为美国著名大学之一，尤其是沃顿商学院为世界著名商学院之一，曾多次名列全美商学院榜首。这次访问内容主要包括与宾大教授进行学术交流与合作，利用宾大的一流资源（因特网、图书馆等）收集教学和科研方面的资料。

访问期间，我考察了沃顿商学院 MBA 项目，与沃顿商学院教授交流 MBA 课程教学体会，包括 Bruce Allen（管理经济学）、Morris Cohen（供应链管理）、Robert Stine（管理统计学）。旁听了运输经济学（BPUP666）、供应链管理（OPIM632）等高级课程。同时，在供应链物流管理领域，与 Edward Morlok 教授（系统工程系）和沃顿商学院的 Bruce Allen 和 Morris Cohen 教授探讨有关中国物流发展的有关议题。

高访期间，我于 2003 年 1 月 12—16 日参加了在美国首都华盛顿举行的第 82 届交通运输年会（the TRB 82th Annual Meeting），并报告了论文"评估中国新建高速公路的经济效益"（Evaluating the Economic Benefits of Newly Opened Expressways in China）。该论文后来发表在 *Transportation Research Record*, Vol. 1839, pp. 120-127, 2003.（SCI 收录）。交通运输年会由美国国家研究院所属的交通运输委员会（Transportation Research Board, 简称 TRB）主办，每年 1 月中旬在首都华盛顿举行。TRB 的宗旨是通过研究与信息交流为交通运输的创新与进步提供领导能力。理事会构成包括约 7000 名工程师、科学家以及政府、企业和高等院校的研究和实践人员。理事会活动得到了各方面的支持，包括各州交通运输局、联邦运输部各职能局、其他对交通运输发展感兴趣的团体和个人。

访问期间，我和 Boyce 教授合作发表了一篇论文：

● L. N. Liu and D. Boyce. Variational inequality formulation of system-optimal travel choice problem and efficient congestion tolls for a general transportation network and multiple time periods. *Regional Science and Urban Economics*. 2002, 32: 627–650.（SSCI 收录）

另一项重要成果是，完成了我在国内第一部专著《交通项目经济效益评估的理论方法及应用》的初稿，这本书是我主持的国家社会科学基金项目"高速公路社会经济效益的定量分析方法与应用研究"的研究成果之一，同时也感谢浙江大学侨福建设基金的资助。该书以经济学原理为理论基础，系统地阐述了交通项目经济效益评估的理论和方法，并通过案例分析方式，讨论了各种评估方法的应用。主要理论基础包括福利经济学基本原理、微观经济学中的效益成本概念、宏观经济学的投资乘数理论和投入产出理论、区域经济学中的交通运输与经济发展理论等。所用数量分析方法包括成本—效益分析、投入产出模型、经济计量模型、系统动态学模型等。案例分析针对我国部分省市及国外交通项目的建设和运营。该书于 2003 年 8 月由山西人民出版社出版，之后荣获浙江省第十二届哲学社会科学优秀成果奖三等奖（见图 1-3）。

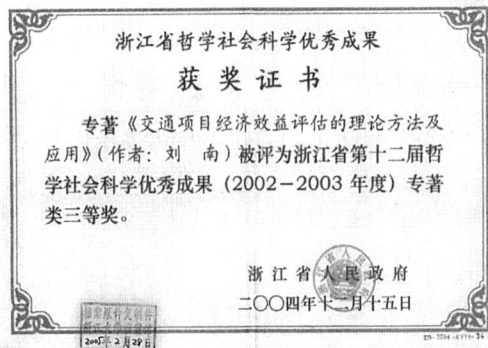

图 1-3　浙江省第十二届哲学社会科学优秀成果奖三等奖

从美国高访结束回国后，我应邀先后参加了几个交通运输领域国际会议，这些会议都得到了国家社会科学基金项目和国家自然科学基金项目的资助。

2003 年 8 月 27—30 日，我参加了在北京举办的国际华人学者"交通科学与工程"学术研讨会，做了题为"城市交通拥挤定价收费的理论模型及应用"的特邀报告。

2004 年 5 月 26—28 日，我参加了在北京举行的第八届国际交通新技术应用大会[the 8th International Conference on Application of Advanced Technologies in Transportation Engineering (AATT2004)]，报告了论文 "Optimal Pricing Models and Implications for Toll Management of Expressways in China"。

2006 年 1 月 5—7 日，我参加了在中国香港举行的 International Conference on Logistics and Supply Chain Management (LSCM)，报告了论文 "A Comprehensive Decision-Making Method for the Optimal Location of Logistics Hubs" （与硕士生李玉民合作）。

2006 年 12 月 9—11 日，我参加了香港运输学会举办的 the 11th International Conference of Hong Kong Society for Transportation Studies (HKSTS)，报告了论文 "Spatial Spillovers Effects of Transport Infrastructure on Regional Economic Growth: The Case of Zhejiang Province" （与硕士生周庆明合作）。

2008 年 1 月 13—16 日，我应邀参加了第 87 届交通运输年会（ the TRB 87th Annual Meeting ）。年会吸引了来自 70 个国家 / 地区的约 1 万名交通运输专业人士参加。我做了题为"Second-best Congestion Pricing Models and Efficiency Analysis with Multiple Time Periods and Travel Modes for Urban Highway Systems"的发言（与博士生陈达强合作），与参会代表针对城市道路定价收费管理等问题进行了深入交流。

2011 年 8 月 24—27 日，我应邀访问了韩国高丽大学（Korea University），并参加了首届中韩可持续交通运输双边会议 [China-Korea Joint Seminar on Sustainable Transportation Systems（CKJSSTS）]，做了题为"Transportation routing and scheduling models for humanitarian logistics in natural disasters 的主题发言（与博士生詹沙磊、叶永合作）"。

1.6.2　供应链物流与应急物流管理领域的国际交流

这一领域的国际交流主要围绕着国家社会科学基金项目"我国现代物流发展的问题及对策研究"，教育部新世纪优秀人才支持项目"物流交通规划与管理"，4 个国家自然科学基金项目"城市应急物流中不完全扑灭的多商品分配问题研究""基于组群信息刷新的非常规突发事件资源配置优化决策研究""非常规突发事件下港口-腹地物流运输网络弹性的测度与优化研究""电子商务驱动浙江产业集群转型与竞争力提升研究——基于电子商务的集群式供应链物流资源整合与竞争力提升研究"开展。

第一，国际生产运营管理学会（Production and Operations Management Society，POMS）年会是国际运营管理领域顶级会议之一，POMS 主办期刊 *Production and Operations Management* 为 Dallas24 种期刊，并被美国《商业周刊》（*Business Week*）认定为 20 种最具影响力的管理刊物之一，也是浙大管院顶级刊物。我于 2011 年、2017 年、2018 年、2019 年，应邀先后参加了在美国里诺、西雅图、休斯敦和华盛顿举办的四届 POMS 年会（见图 1-4）。

以 POMS 2019 年会为例，大会共收到来自 50 多个国家的作者提交的 2400 多篇论文摘要。我参加了供应链管理领域的两个分会，并担任第二个分会 Strategic Decision Making and Mechanism Design 主席（session chair），并报告了两篇论文：（1）"The New Role of B2B Platform: Pricing Games of Platform-Based Collective Bargaining on Logistics Service"（与博士生丁潇涵合作）；（2）"A Study of Two-Stage Pricing Schemes of 'Redirect' Logistics Services"（与博士生张羽合

作）。会议期间，分别与 Georgetown University, Indiana University, University of Texas at Austin, University of Washington 等著名大学的学者进行了深入交流。

图 1-4　2019 年 POMS 年会合影（前排左起，王明征、刘南、胡祥培、王旭坪、李建斌）

第二，运筹学和管理科学研究协会（Institute for Operations Research and the Management Sciences ,INFORMS）是由美国运筹学会（Operations Research Society of America,ORSA）和美国管理科学学会（The Institute of Management Sciences, TIMS）于 1995 年合并而成的，是全世界公认的运筹学（OR）、管理科学（MS）和商业分析领域最具影响力的专业学会，致力于提高系统运作的效率和效益，并做出更好的管理决策，为促进、推动运筹学和管理学的学术交流、学科发展、人才培养做出了杰出贡献。本领域全球顶级的学术期刊 *Operations Research*、*Management Science* 均出自 INFORMS。

我于 2012 年 6 月首次应邀参加了在北京举办的国际运筹学和管理科学研究协会会议（2012 INFORMS International Conference）（见图 1-5），并担任 3 个分会主席（session chair），包括 Humanitarian Logistics Management，Supply Disruption Management，Risk Management。2016 年 11 月，我应邀参加了在美国纳西维尔举办的 INFORMS 年会（2016 INFORMS Annual Conference），并报告了论文"A Bi-level Programming Approach for Optimizing Resilience of Port-hinterland Container Transportation Networks"（与博士生高嵩合作）。

图 1-5　2012 INFORMS 国际会议合影
（左起：博士生詹沙磊、葛颖恩教授、刘南教授、博士生叶永）

第三，参加全球供应链管理领域国际会议（Global Supply Chain Management Conference，GSCM）。全球供应链管理项目由 8 所国际高校伙伴联合体组成：托莱多大学商业与创新学院（美国）、东京大学制造管理研究中心（日本）、IE 商学院（西班牙）、PSG 管理研究院（印度）、庆北国立大学商学院（韩国）、汉阳大学（韩国）、浙江大学（中国）、剑桥大学制造研究院（英国）。

2013 年 9 月 26—28 日，我应邀参加了在美国密歇根州底特律召开的第六届全球供应链管理会议（The Sixth Global Supply Chain Management Conference）。本届会议由美国托莱多大学商业与创新学院、密歇根州立大学商学院联合举办，会议主题是搭建供应链管理理论与实践之间的桥梁，打造全球供应链管理及相关领域的民营—公共和产业—学校间的伙伴关系，重点关注行业包括汽车、健康保健、绿色商业与可持续产业。我在大会上报告了论文 "Efficiency and Its Influencing Factors in Port Enterprises: Empirical Evidence from Chinese Port Listed Companies"（与博士生居水木合作），该论文被组委会评为最佳论文奖（Best Paper Award）（见图 1-6）。会议期间，我与参会学者，包括密歇根州立大学 David Closs 教授、托莱多大学 Paul Hong 教授等进行了深入交流。本届大会有一个重要议程，就是确定浙江大学为第七届全球供应链管理会议（2015 年 3 月，中国杭州）的主办方。

图 1-6　2013 年第六届全球供应链管理会议最佳论文奖

第四，参加物流与供应链管理国际研讨会（Workshop on Logistics and Supply Chain Management），东南大学赵林度教授为研讨会组委会成员（International Workshop Committee）。该研讨会由加利福尼亚大学伯克利校区（University of California, Berkeley）和亚琛工业大学（RWTH Aachen University）轮流主办。

2015 年 10 月 5—7 日，我应邀参加了在美国加州伯克利举行的第九届物流与供应链管理国际研讨会，会议主题是供应链改进的定量方法。本届会议成员由来自北美、亚洲和欧洲等国家的近 50 余名专家学者组成。

本届会议保持了往届研讨会的传统，即强调物流与供应链管理学术界与实践者的相互结合。为此，本次会议的报告人有与高校合作的企业领袖，也有为供应链实践提供咨询的学术专家。在本次会议上，我做了题为 "Enhancing Resilience of Port-Hinterland Container Transportation Network: A Modelling Approach" 的学术报告（与博士生陈红合作），受到与会者的关注。会议期间，我与国内外同行（东南大学赵林度教授、大连理工大学胡祥培教授、大连海事大学曾庆成教授、美国加州大学伯克利分校 Phil Kaminsky 教授、德国亚琛工业大学 Hans-Jürgen Sebastion 教授等）在供应链物流管理、应急管理、港口物流等领域进行了深入交流（见图 1-7）。

图 1-7　2015 物流供应链管理国际研讨会合影（左起：赵林度、刘南、胡祥培、曾庆成）

第五，参加美国供应链管理协会（Association of Supply Chain Management，ASCM）年会。我于 2018 年 9 月 29 日—10 月 2 日、2019 年 9 月 16—18 日，应邀分别参加了在芝加哥举行的 2018 APICS（ASCM 前身）年会，和在拉斯维加斯举行的 2019 ASCM 年会。与参会者进行了广泛的学术交流，了解了美国供应链领域的最新进展。学会成员大多数来自企业家和行业咨询公司（科技管理），这也体现了美国供应链自下而上的成功实践模式。通过这两次访问，我对美国供应链管理领域的实践模式有了深入理解，尤其是新兴科学技术（大数据、云计算、区块链、第四次工业革命等）在供应链领域的应用。2018 年 APICS 会议期间，我还访问了我的母校——美国的西北大学，拜见了我的导师 David Boyce 教授（见图 1-8）。

图 1-8　2018 年 APICS 会议期间与我导师 David Boyce 教授

第六，访问美国密歇根大学安娜堡分校罗斯商学院（University of Michigan, Ross School of Business）。受该校 Stefanus Jasin 教授邀请，我于 2019 年 11 月 21—22 日访问了密歇根大学罗斯商学院。在研究生培养方面，我看望了在罗斯商学院访学的浙大管理学院直博生张羽，了解了博士生张羽目前的学习和研究进展（见图 1-9）。在科研方面，与 Jasin 教授讨论了在物流运营管理领域的合作，包括开展"电子商务驱动浙江产业集群转型与竞争力提升研究——基于电子商务的集群式供应链物流资源整合与竞争力提升研究"（国家自然科学基金委员会与浙江省人民政府自 2015 年至 2019 年共同设立两化融合联合基金重点项目，以下简称 NSFC- 浙江两化融合联合基金重点项目）。通过这次访问，我对美国电子商务与供应链管理领域的最新进展有了进一步了解。

图 1-9　2019 年访问密歇根大学合影（左起：博士生张羽、Jasin 教授、刘南教授）

1.6.3　港口海运物流管理领域国际交流

我在这一领域的研究始于 2006 年。2006 年 9 月 6—8 日，在英国皇家物流运输学会（Institute of Logistics and Transport, ILT）和浙大管院的资助下，我访问了英国纽卡斯尔大学（University of Necastle, UK），并参加了由 ILT 主办的"Logistics Research Network"国际会议。会议期间，拜见了纽卡斯尔大学 Kevin Cullinane 教授和 Yuhong Wang 博士，并开始关注港口海运物流领域的研究进展（见图 1-10）。

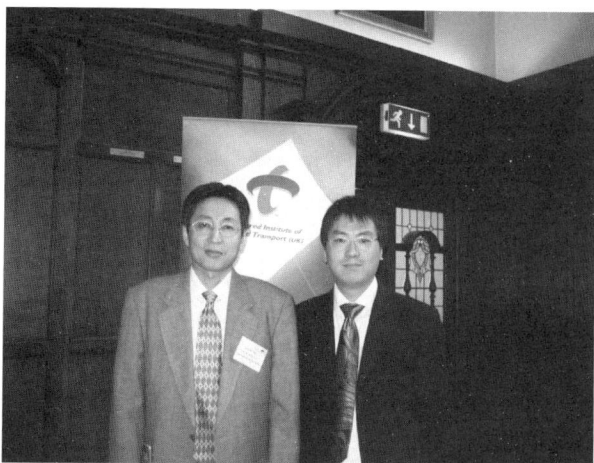

图 1-10　访问英国纽卡斯尔大学时与 Yuhong Wang 博士合影

2007 年，我作为项目负责人获得了浙江省社会科学基金重点项目"长三角区域港口协调规划的系统研究"经费资助。2008 年 9 月 26 日，应邀参加了在上海举办的长三角地区经济和港口发展报告会，并做了题为"长三角区域港口协调规划的系统研究"的专题报告。

2011 年 12 月 4—6 日，我应邀访问了新加坡国立大学（National University of Singapore，NUS）并获得该校资助，参加了 NUS 经济系主办的 First Annual International Workshop on Port Economics and Policy，并做了题为"An Analysis of the Competition of Ports in the Shanghai International Shipping Hub"的主题发言（与硕士生干华栋、博士生陈素芬合作）。

2012 年 9 月，我应邀参加了由宁波诺丁汉大学主办的"建设可持续发展的海洋经济国际高端论坛"，做了题为"Research on Sustainable Development of China's Logistics Industry"的主题发言，并与英国 Kevin Cullinane 教授共同主持圆桌会议。

2013 年 11 月 1—10 日，在浙大管院学科发展基金的资助下，我应邀访问了澳大利亚塔斯马尼亚大学—澳大利亚海运学院（University of Tasmania, Austrial Maritime College），受到了 Stephen Cahoon 教授和 Hong-Oanh（Owen）Nguyen 博士的热情接待，我在该校做了题为"Port Competition in the Northeast Asia during the Shipping Recession: a Game Theoretic Approach"的学术报告。这

次访问交流，为我申请下一年关于港口物流方向的国家自然科学基金面上项目积累了很多前期准备材料。

2013年12月，同样在浙大管院学科发展基金的资助下，我和邓明荣副教授应邀访问了香港理工大学（简称理大）商学院物流及航运学系，与理大校领导、院系领导进行了友好交流，从此开始了与理大物流及航运学系在港口航运物流领域长达近4年的合作。

2014年至2016年，我应邀连续3年赴香港理工大学交流，分别出席了3个国际学术会议并担任分会主席：国际航运、港口与机场论坛（IFSPA，2014），全球港口研究联盟会议（GPRA，2015），"一带一路"物流与海运研究会议（OBOR，2016）。其中，我和博士生陈红、何雨璇合作提交的论文"Remanufacturing of Electronic Products in Bonded Port Area across Home and Foreign Markets: Approach Based on Closed-Loop Supply Chain Model"获2014国际航运、港口与机场论坛最佳论文奖（Best Paper Award）（见图1-11）。其间，2014年8月27—29日，我应邀参加了在荷兰鹿特丹举办的2014 International Conference on Logistics and Maritime Systems（LOGMS），担任分会主席（session chair），并报告了论文"Cooperation vs. Non-Cooperation between Ports and Shipping Lines: a Game Theory Approach"（与博士生肖骁合作）。

图1-11　2014 IFSPA会议颁奖典礼上与理大物流及航运学系主任李仲麟教授合影

2014年9月，我作为项目负责人，获得了国家自然科学基金面上项目资助"非常规突发事件下港口—腹地物流运输网络弹性的测度与优化研究"。

2014 年 12 月和 2015 年 4 月，我在浙大管院先后接待了加拿大不列颠哥伦比亚大学（University of British Columbia，UBC）商学院张安民教授、麦吉尔大学（McGill University）管理学院 Derek Wang 教授。2015 年 8 月 1—14 日，我应邀回访了 UBC 和 McGill University，与张安民教授和 Derek Wang 教授就港口物流供应链风险管理问题进行了深入交流。

图 1-12　2014 年 UBC 张安民教授来访合影
（左起：博士生肖骁、张安民教授、刘南教授）

2015 年 6 月，我获得了国家自然科学基金委员会与韩国国家研究基金会联合资助项目"中韩'腹地—港口—港口—腹地'集装箱调度与风险管理研究"，我是中方负责人（浙大海洋学院冯雪皓博士为项目组主要成员），韩方负责人是首尔大学文一景（MOON Ilkyeong）教授。在该项目的资助下，我于 2015 年 11 月 11—14 日，应邀访问了韩国首尔大学工业工程系，拜会了系主任文一景教授，并为工业工程系教师与研究生做了题为"Enhancing Resilience of Port-Hinterland Container Transportation Network: a Modeling Approach"的学术报告（与博士生陈红合作）。

2015 年 12 月 23—25 日，文一景教授及其博士生应邀访问浙大管理学院，为管理学院教师和研究生做了题为"Development of Integrated Container Management System（iCMS）Considering Foldable Containers"的学术报告，展示了其团队在集装箱航运管理领域的研究成果并探讨了可折叠集装箱的应用前景。2016 年 4 月 27—30 日，我和冯雪皓博士再次访问了韩国首尔大学工业工程系，并做了题为"Bi-level Programming for the Resilience Problem of Port-Hinterland Container Transportation Networks"的学术报告（与博士生高嵩合作）（见图 1-13）。

图 1-13　2016 年访问首尔大学时合影（左起刘南教授、文一景教授、冯雪皓博士）

2018 年 4 月 28 日—5 月 2 日，我应邀先后访问了美国加州大学尔湾分校（University of California at Irvine，UCI）、南加州大学（University of Southern California，USC）。访问期间，我与 UCI 商学院 Shuya Yin 教授、Shengnan Sun 副教授就供应链物流管理领域进行了学术交流。在 USC 访问期间，我受到了公共政策学院风险与经济分析中心（Center for Risk and Economic Analysis of Terrorism Events，CREATE）Adam Rose 教授、Dan Wei 博士，METRANS 运输中心 Victoria Deguzman 主任的热情接待，做了题为"Enhancing and Optimizing Resilience of Port-Hinterland Container Transportation Network"的学术报告（与博士生陈红合作）。

1.7　平台作用——浙江大学物流与决策优化研究所发展回顾

我从事的科研活动，以及后来形成的研究团队的科研活动，紧密依托浙江大学物流与决策优化研究所（校级研究所，以下简称浙大物流研究所）。该研究所成立于 2004 年 9 月，是浙江大学为响应国内外物流业的迅速发展，在原浙江大学决策优化研究所的基础上成立的，我担任所长，邓明荣副教授、熊伟教授担任副所长。浙大物流研究所主要研究方向有：物流与供应链管理、航运物流运输、质量管理、运营管理、管理信息系统和决策支持系统以及计算机集成制造系统（CIMS）。研究所现有科研人员 12 人，其中教授 4 人、副教授 5人、讲师 3 人。其中教育部新世纪优秀人才 1 人、国家优秀青年基金获得者 1人（见图 1-14）。航运物流运输方向所属的管理科学与工程学科（国家重点一级学科）2015 年 12 月入选浙江大学高峰学科建设支持计划（全校仅 20 个）。

图 1-14　浙江大学物流与决策优化研究所部分成员

近 5 年来，浙大物流研究所主持了国家社会科学基金重大项目 1 项、国家自然科学基金重点项目 1 项、国家自然科学基金重大研究计划（培育项目）1项，国家自然科学基金面上项目、国家社会科学基金项目 10 多项、教育部基金和浙江省社科基金项目多项。同时，浙大物流研究所长期以来致力于为地方政府（浙江省发改委、浙江省交通运输厅等）和龙头企业（浙江省物产集团公司、传化集团、杭州富日物流有限公司、荣盛集团等）提供研究咨询服务，包括近年来成功地为世界 500 强企业浙江省物产集团公司提供供应链物流与决策优化咨询服务，帮助物产集团制定物流产业发展战略规划，取得了良好的经济效益和社会效益。

在科研成果方面，浙大物流研究所在管理学 TOP 期刊 *Operations Research*，*Manufacturing & Service Operation Management*，*Production and Operations Management* 等发表论文 6 篇，在国际核心学术期刊（SSCI、SCI）

上发表论文 20 多篇，编著专著 10 多部；荣获省部级科技成果奖二等奖 2 项、三等奖 5 项。浙大物流研究所在论著、项目和获奖 3 个方面均取得了丰硕的成果，在全校文科研究所中名列前茅。根据《2018 浙江大学文科发展报告》数据统计，浙大物流研究所在文科 71 个校级研究所研究成果总量结果排名中，2016—2018 年度分别名列第 6 名、第 9 名和第 11 名；在文科研究所人均学术成果排名中，浙大物流研究所表现更加突出，2015—2018 年度连续 4 年名列文科研究所前 5 名，如图 1-15 所示。

根据人均量统计数据算出的文科十强研究所 2014-2018 年五年变化情况则见表 6。

表6 文科人均量十强研究所五年变化

排名	2014	2015	2016	2017	2018
1	信息资源管理研究所	行政管理研究所	风险管理与劳动保障研究所	国际经济研究所	土地科学与不动产研究所
2	中国古代文学与文化研究所	企业组织与战略研究所	物流与决策优化研究所	物流与决策管理研究所	国际商务研究所
3	风险管理与劳动保障研究所	物流与决策优化研究所	信息资源管理研究所	翻泽学研究所	饭店管理研究所
4	行政管理研究所	中外教育现代化研究所	中外教育现代化研究所	公法与比较法研究所	农业与农村经济发展研究所
5	政治学研究所	信息资源管理研究所	管理科学与信息系统研究所	中外教育现代化研究所	物流与决策优化研究所
6	韩国研究所	管理工程研究所	土地科学与不动产研究所	中小企业成长与城镇发展研究所	刑法研究所
7	农业与农村经济发展研究所	广播电影电视研究所	国际经济研究所	行政管理研究所	法与经济学研究所
8	中外教育现代化研究所	企业组织与战略研究所	国际文化和社会思想研究所	宗教学研究所
9	国际法研究所	外国语言学及应用语言学研究所	宗教学研究所	管理科学与信息系统研究所	国际法研究所
10	法理与判例研究所	国际经济研究所	农业与农村经济发展研究所	经济法研究所	公法与比较法研究所

（总策划：黄晨、余敏杰、薛霏；
数据收集：张宽阳等；
数据处理及成文：王晓阳）

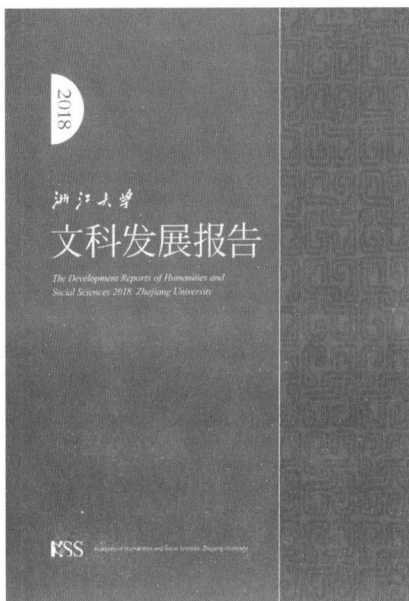

图 1-15　浙大物流研究所 2015—2018 连续 4 年人均成果量进入文科研究所前五名

浙大物流研究所与国内外知名高校进行了紧密的合作交流。例如，在上海交通大学季建华教授倡议下，与上海交通大学（负责人是季建华教授、邵晓峰教授）、东南大学（负责人是赵林度教授）共同创办了"应急运作管理/风险管理"学术研讨工作坊，每年轮流由其中一所大学举办。浙江大学于 2010 年、2013 年、2016 年和 2019 年，先后举办了第 4 届、第 7 届、第 10 届和第 12 届运营管理与应急管理学术研讨工作坊（见图 1-16）。该工作坊为三校研究生搭建了一个学术交流、国际化培养的平台，有效促进了三校导师、研究生之间的学术交流。

图1-16 浙大物流研究所与海洋学院联合承办第12届运营管理与应急管理学术研讨工作坊
（2019年4月27—28日，浙大舟山校区）

在人才国际化培养方面，浙大物流研究所积极参与浙大管院与瑞典哥德堡大学商业、经济与法律学院的物流运输科学硕士交换项目（Master of Science in Logistics and Transport Management），连续6学年（2013—2019年）先后派出6位博士生：肖骁、陈红、龚梓翔、丁潇涵、张羽、朱丽媛，全部获得哥德堡大学授予的硕士学位。其中，陈红表现优异，获得哥德堡大学优秀硕士学位论文奖，之后还获得浙大管院优秀博士学位论文奖。

浙大物流研究所在国际上与美国密歇根大学、华盛顿大学、范德堡大学、托莱多大学，瑞典哥德堡大学，加拿大不列颠哥伦比亚大学，新加坡南洋理工大学，澳大利亚海运学院（塔斯马尼亚大学下的独立学院），韩国首尔大学、中央大学等开展学术交流。研究所学术声誉在国内处于领先地位，在国际上也形成了一定影响力。

在浙大管院的支持下，浙大物流研究所承办了第七届全球供应链管理大会（the 7th Global Supply Chain Management Conference，中国杭州，2015年3月27—29日）（见图1-17）。大会主席是吴晓波教授、刘南教授、Paul Hong教授。本次会议的协办单位包括浙江工业大学（周根贵教授为大会副主席）、杭州电子科技大学（陈畴镛教授为大会副主席）、浙江工商大学（琚春华教授为大会副主席）。本届全球供应链管理会议为期2天，来自全球各地的专家学者就"新兴经济体的全球供应链管理：机遇与挑战"的前沿和热点问题展开了深入交流与讨论。参加本次会议的有来自日本东京大学、韩国汉阳大学、新加坡国立大学、美国托雷多大学、德国杜伊斯堡-埃森大学、澳大利亚墨尔本大学等多所国际著名大学的知名学者，浙江大学、西安交通大学、重庆大学、东南大学、南开大学、大连理工大学等国内大学的知名专家学者，以及来自温州供应链协会等业界人士，共100余人。

图1-17　浙大物流研究所承办第七届全球供应链管理会议

在浙大管院的支持下，浙大物流研究所与浙大海洋学院开展校内跨学科合作。我作为海洋学院兼聘教授，参与了海洋学院海洋物流学科的合作平台建设、学科发展规划和本科生专业培养建设方案制订、管理学院与海洋学院战略合作、人才引进、青年教师培养、国际合作硕士项目申报6个方面的工作。2017年12月4日至5日，博士生龚梓翔代表我赴浙江舟山参加浙江大学海洋学院举办的"'一带一路'全球视角：海运研究与中国全球化投资研讨会"（Workshop on Global Perspectives of Belt and Road Initiative: Maritime Studies and China's Global Investment），并在会议上做了学术报告。

为加快温州现代物流人才培养，浙大物流研究所响应浙大管院的号召，积极参与援建温州现代物流学院（见图1-18），我担任该院名誉院长，与浙大管院多位老师（周伟华、霍宝锋、周宏庚、邓明荣、卓骏、陈火根、李浩、林旭东、徐明等）在教学、科研、专业建设、人才培养及社会服务等方面给予温州现代物流学院建设和发展的支持。其间，浙大物流研究所博士生积极参与了教学科研活动，包括我的博士生张羽参与了浙江工贸职业技术学院"运输与配送管理–交通运输规划软件 TransCAD"课程的教学辅导工作，博士生丁潇涵、朱丽媛、张羽参与了"电子商务驱动浙江产业集群转型与竞争力提升研究——基于电子商务的集群式供应链物流资源整合与竞争力提升研究"（NSFC–浙江两化融合联合基金重点项目）的案例调研工作，撰写了《电子商务驱动产业集群转型与竞争力提升——温州低压电器产业集群调研报告》。

图 1–18　浙大管院周伟华副院长（左三）刘南教授（左四）
出席温州现代物流学院成立大会（2015 年 6 月 4 日）

浙大物流研究所积极响应浙大和管院号召，与全球学科排名第一的香港理工大学物流及航运学系开展航运物流领域合作，于 2014 年 4 月成立了"浙江大学–香港理工大学航运及物流管理国际研究中心（International Centre for Maritime and Logistics Management，ICMLM）"，浙大常务副校长宋永华教授与理大常务及学务副校长陈正豪教授共同签署了合作备忘录，我任中心联席主任（浙大），吕锦山教授任中心联席主任（理大）（见图 1–19）。

图 1-19 ICMLM 部分师生合影
（前排左五理大吕锦山教授，左六浙大管院周伟华副院长、左七浙大刘南教授）

ICMLM 结合两校办学优势，推动两校在航运物流学术研究、学生发展等方面的合作与交流。作为中心联席主任，我连续 3 年赴香港理工大学交流，分别出席 3 个国际学术会议并担任分会主席：国际航运、港口与机场论坛（IFSPA，2014），全球港口研究联盟会议（GPRA，2015），"一带一路"物流与海运研究会议（OBOR，2016）。浙大物流研究所博士生何雨璇获得了香港理工大学-浙江大学联合培养博士学位。ICMLM 于 2017 年 4 月 23 日在浙江大学成功举办了"一带一路"海运物流国际论坛（International Forum on Maritime Logistics of One Belt One Road，IFMLOBOR），由我和理大吕锦山教授共同担任大会主席（见图 1-20）。该论坛也是浙江大学建校 120 周年（香港理工大学建校 80 周年）校庆系列活动之一。

图 1-20　ICMLM 举办 "一带一路" 海运物流国际论坛

CHAPTER 2

国内外研究生培养的相关研究与实践

✉ **本章要点**

本章首先介绍国内外研究生培养的相关研究。其次，在研究生培养实践方面，主要介绍 4 个实例：上海交通大学安泰经济与管理学院的管理科学与工程硕士生与博士生的培养体系（实例 1 与实例 3），美国密歇根大学罗斯商学院的供应链管理硕士生、技术与运营博士生培养体系（实例 2 与实例 4）。

2.1 国内外研究生培养的相关研究

近年来，我国的高等教育建设发展迅速，自 2015 年中央全面深化改革领导小组通过《统筹推进世界一流大学和一流学科建设总体方案》后，时至今日，"双一流"建设项目正在稳步推进中，并成为当下中国高等教育最重要的发展计划。"双一流"即世界一流大学和一流学科建设，为了实现高等院校在人才培养和科研能力等方面的全面突破，让中国的高等教育达到世界一流水平，需要明确在发展道路上的"标杆"。欧洲和北美的高等院校在研究生培养体系建设等领域具备先发优势，因此有必要将我国当前研究生教育的现状与发达国家的优秀案例进行对比分析，为我国高等院校的学科建设和人才培养做好理论准备。

本章总结了一部分关于国内外研究生培养模式的相关研究与实践，由于硕士生和博士生的培养目的和职业发展存在较大差异，在这一部分中，我将针对硕士生和博士生分别做总结和论述。需要说明的是，大多数关于研究生培养体系对比的研究，都以教育学专业为案例，其原因可能在于，教育科学化最前沿的探索和成功的模式都最有可能在教育学领域优先应用。

2.1.1　国内外硕士研究生培养的相关研究分析

1. 中国硕士研究生相关培养研究分析

在过去一段时间里，我国的硕士教育发展迅速，形成了很多"因校制宜"的具有一定先进性的培养模式，有一些学者针对当下硕士生培养实践进行了总结与思考，并提出了很多创新的观点：储祖旺等针对国内的高等教育学硕士培养模式与实践情况进行了思考和分析，指出应该发展"1+1+1"的特色培养模式，即硕士阶段第一年提供专业课程，第二年提供大量校内外实践岗位，第三年严抓硕士论文质量，从而实现对硕士研究生在专业能力和实践能力的全面提升。[15]陈丹宇则总结了杭州师范大学在全日制教学硕士研究生培养方面的成功经验，详细阐释了"全程（All the way）·融合（Blending）·协同（Collaborating）培养体系"，这一体系能够在极大程度上解决"生源中非师范生的比例高，实践经验不足"以及"导师注重理论教学，实践指导能力有限"等问题，实现了硕士研究生培养中的理论与实践相融合、学校与工作站相协同。[10]刘伟等则基于成果导向教育与分层递阶理论，以工科研究生为例，探讨了研究生创新能力培养的课题。刘伟等指出近年来我国高校积极探索有效的创新能力培养体系，并引入了美国、澳大利亚率先提出的成果导向教育理念作为建立机制的指导思想，取得了一定的成果，但由于国内外的教育环境、社会环境等有所差别，产生的效果是有限的。刘伟等在文章中建议，将分层递阶理论融入设计培养体系的指导方针中，并给出了一系列的具体策略，如建立完整的课程体系，加大开放性思维的培训课程、学术报告、学术沙龙等，为工科研究生创造交流互动的机会，以及加强实践教学，大力投入校外的实践基地的建设，为研究生提供创新实践的平台，充分发挥产学研合作的优势。[28]

朱红等以剖析我国研究生创新能力的影响机制研究为切入点，做了相应的实证研究，指出"创新成果的产生、数量及其质量更多地依赖于研究生知识体系的建构和思维特征的提高"，并给出了相应的政策建议：高校应当关注研究生的学习参与度，并注重发挥导师的作用，培育关怀的伦理和文化。[67]

可以看出，众多学者将目光聚焦于如何将硕士生的在校时间有效地分配到不同的培养项目中，从而实现硕士研究生的全面发展。为了实现上述目标，则需要建立完整的、科学的、理论与实践相结合的培养体系，而多位学者则将"创新能力"确立为培养有竞争力硕士研究生的重点突破方向。

2. 中国与国际高校硕士研究生培养的相关研究分析

除了对我国硕士生教育实践的思考和总结，部分学者通过对国际名校的硕士研究生项目进行分析，为我国硕士研究生培养中的课程改革提出了建议：李永山重点分析了美国高等教育学生事务管理硕士课程体系，并从中获得了相应的课程改革启示，指出要鼓励相关领域的学者进行关于本国的高校学生工作历史和有关文献的研究，建立学生工作的基础知识体系和实用的技能培养体系，打通专业课程与工作实践之间的联系。[26]孙刚成等以哈佛大学、亚利桑那州立大学、纽约大学3所大学为例，对比分析了其录取制度、专业课程设置以及严格的学位审核制度，并建议我国的硕士研究生课程体系设置应当强调专业课程结构的整体性功能，体现从"基础层、应用层、研究层到前沿层"的层次性和连贯性，此外，还强调了研究生培养中淘汰机制的必要性。[38]

通过全面对比世界名校的硕士研究生的录取机制、培养标准、考核条件等维度以获得相应的政策启示，也是相关领域的一个热点。史兰新等详细描述了美国、英国、德国和日本4个国家硕士研究生、博士研究生的录取和学制设置，并总结了国外的培养方式具有培养目标/培养方式/培养层次多样化和入学资格/学习年限/学习方式/学位授予的弹性化两大趋势，提出坚持导师培养与集体培养相结合，以克服导师负责制的不足。此外，提高研究生培养的国际化程度，也是重要的改革方向之一。[37]潘少明也做了关于英、美、德、日4国研究生培养体系的对比，并建议我国在研究生课程设置中加入更多的灵活性，同时，招收与考核制度逐渐向国外高校的"宽入严出"靠拢。[33]李杨等深入分析了国外研究型大学的创新人才培养机制，并认为国外研究型大学在课程设置上，注重通识教育、跨学科教育以及创新教育，并在课程上更多地引入案例分析、实验验证等，如哈佛商学院有95%的课程采用案例教学，麻省理工斯隆商学院的案例与实验环节占比达到了80%。因此，其文章认为，随着我国对教育事业的持续投入，我国高等教育的硬件环境得到了显著的提升，但在将实践融入课堂并借此促进创新能力的培养方面，还需要进一步努力与改进。[25]段爱军等陈述了研究生教育的发展历史，并详细介绍了学徒式、专业式、协作式和教学式 4 种主要的研究生培养模式，在对比了多种研究生培养的体系的优势和劣势后，指出我国当前的研究生教育存在"师生比过低""培养评价标准单一"等问题，建议规范研究生培养过程，鼓励多学科渗透，并完善培养的评价体系。[16]

一些学者将研究重点集中在中美两国硕士研究生培养体系的对比分析，期望以此解析双方在具体政策和执行方面的异同：曹静等在对比中美两国硕士生培养模式中发现，中美两国高校在硕士研究生的入学机制、课程设置、毕业要求等方面，均存在显著差异。美国高校对于硕士生的招录标准以"宽进"政策为主，一般没有对招录对象的年龄等做过多的限制，而对于标化考试（如GRE 等）的要求也较为宽松，同时，其全日制研究生和非全日制研究生的转换弹性较大。与之相反的是，我国在全日制和非全日制研究生教育中，执行明确的"双轨制"，即二者不可轻易转化，同时，除推荐免试研究生之外，所有申请研究生的学生都需要通过全国考试来作为自身的标化成绩。美国"宽进"政策的另一面是对毕业率的控制，曹静等在论文中提到，美国研究生的正常淘汰率在 10% ～ 20%，而这一比例在名校可能达到 30% ～ 40%。相比之下，中国研究生的毕业率要远高于美国高校。此外，中美高校的研究生培养目的也有所区别：美国高校默认获取硕士学位是向博士学位的过渡阶段，因此更倾向于在硕士课程中设置更多的基础课程，为下一个阶段打下基础，20 世纪 90 年代中期，美国高校的基础课程占比就已经到达 50% 以上，而中国高校的硕士课程设置更多地偏向于专业化，因此专业课程占比更高。[7]

综合来看，以往针对中外高校硕士生培养模式的对比研究主要着眼于如下几个方面：

其一为录取与毕业机制。与国外高校普遍推行的"宽进严出"政策相比，国内高校的培养体系在录取环节设定了更加严格的标准，在资质审核、材料要求等方面，都要求更高。因此，如果能在录入标准方面做出更加广泛的调整，或许能够实现更加灵活的培养制度与体系，同时需要提高毕业的标准，确保培养质量。

其二为课程的设置。众多学者指出，国外的课程设置更加强调"通识类课程""跨领域课程"以及"实践类课程"在硕士生课程体系中的地位，通过平衡本专业知识与跨专业知识的比例，鼓励学生进行跨学科交流，全方位地成长。同时，如何让学生将在学校期间学习到的理论知识应用到实践中，为之后的职业生涯铺平道路也是一个被广泛探讨的方向。

其三为导师指导机制的选择。相较于国外高校的多种指导模式，国内高校的指导机制以导师与学生"一对多"为主，这样在中国高校"师生比"低的现状下，单个学生所能够接触到的教育资源较为有限。为了解决问题，除了强化师资之外，还需要更多地探索在中国高校内可行的其他指导模式，最大化利用高校资源，让学生和老师的互动实现良性循环。

下一个部分针对国内外博士研究生的相关研究进行总结与分析。

2.1.2 国内外博士研究生培养的相关研究分析

在博士生培养的相关研究中，也有很多对国内高校与国际领先高校的培养体系进行对比与思考的文章。由于欧洲高校与美国高校在博士培养的方向与模式上有较大差异，在这一部分，我们将分别做中欧高校博士生培养与中美高校博士生培养的相关研究。

1. 中国与欧洲高校博士生培养的相关研究分析

成花林等指出，"导师组"在欧洲高校的博士生教育汇总中被广泛使用，具体包括法国的"培养组（一名责任教授和其他科研人员组成）"、英国的"责任导师＋第二导师"等。[17]对比中国最常见的"单一导师制度"，"导师组"可以让学生更轻易地接触到多元化的科研领域并获得科研资源的支持。中国高校的博士生导师都是经验丰富的高水平科研工作者，但目前来看，高校教授的增长速度或低于高校研究生的扩招速度。据我所知，在某些极端情况下，一名博士生导师需要指导 10 名以上的学生，因此很难保障教育资源的稳定供应（对比国外导师至多同时指导 2～3 名博士生）。

与欧洲相比，在中国高校，"导师组"制度还没有被广泛地应用起来。目前有中国部分学校和学科存在实质上的"双导师制"，但大多是出现在以实验室为主要活动单位的学术团体中。在这样的非正式团体中，有作为团队核心的资深学者，以及工作年限较短的青年学者，进入实验室的学生主要接受特定青年学者的指导，但博士生职位挂靠另一位导师。这与国外有明确规则约束和管理的"双导师制"有着显著差别。双导师制的优势明显，除了能在缓解单个导师在学生指导方面的工作量外，还可以让学生获得更多的教育资源支持，在与不同的导师合作的过程中，接触到更多的研究视角与观点。

欧洲博士生教育的另一大特色是"校企联合培养"。刘亚敏等指出，欧洲在尖端科学研究和培养高素质人力资本方面处于领先地位，但并没有在财富增长的创新中得到体现。在观察到这一现象后，欧盟连同欧洲各国政府，出台了促进校企合作培养的一揽子政策，具体包括法国高等教育与研究部的"通过研究促进工业发展公约"（CIFRE）项目，英国科学研究委员会的"科学与工程合作奖学金"以及欧洲层面的"玛丽·居里行动计划"（Marie Curie Actions）等。学校、企业和政府都给予联合培养项目大力支持：企业保障了博士生的大部分的经济资助，高校负责博士生在专业课程等方面的支持，政府则确保了博士生的法律地位。总的来说，校企联合博士生培养项目极大地整合了社会资源，通过人员共享、设备共享、数据共享、课题共享等途径，鼓励了科研创新，帮助企业承担了社会责任，同时也让博士生接触到了纯科研之外的工作，丰富了其行业经验，因此这一项目实现了高校、企业、政府、博士生的"四赢"。[29]

校企联合培养博士是欧洲博士生培养的特色，其充分利用了欧洲发达企业众多的优势。欧洲有很多历史悠久、公司状况稳定、具备行业优势和社会责任心的企业，我曾经也多次到访过欧洲的诸多大型企业，这些企业通常会积极地与高校进行校企合作，包括且不限于硕士生联合培养、博士生联合培养等。通过校企联合培养的博士生项目，参与的博士生可以在充分学习理论知识的同时，对业界的实践有非常直观的了解。有相当比例的联合培养的博士生毕业后进入企业，成为企业发展的核心支柱，这正是教育发达后反哺社会的经典案例。中国如果能够逐步形成优势高校与优势企业的联合培养项目，对培养全面发展的全能型人才可能有显著的促进效果。

2. 中国与北美高校博士生培养的相关研究分析

北美也是高等教育发达的地区之一，因此其博士生培养经验也值得借鉴。王磊等以交通管理专业为例，从培养年限、培养方式、课程体系及要求、考核方式等多个角度对中美之间博士生培养体系进行了全方位对比分析，选取了美国的加州大学伯克利分校、普渡大学、西北大学、伊利诺伊大学香槟分校以及佐治亚理工学院为对比对象，用表格的形式详细地展示了各个学校在培养体系上的区别，随后，给出了相应的建议，包括"提高基础课程、研讨课以及选修课程的比例""鼓励跨学科沟通""优化师资，积极引入青年教师""提升学术交流平台，推进国内学术圈与国际前沿接轨"等。[43]

有学者针对中美博士生培养体系中的特定方面进行了对比研究，如招生制度、职业规划在博士生培养计划中的嵌入程度，并探讨了未来中国进行博士扩招的必要性，以及在实施扩招政策时能够从发达国家学习到的经验。

吕哲做了关于中美高校博士招生制度的对比研究，与硕士的招生制度相似，美国的"申请—考核"制度在比较长的时间内在全美的大学被应用和发展，至今已有了比较成熟的流程和标准，而我国的博士招生制度建立较晚，因此一定程度上借鉴了美国高校的经验，同时结合了我国的实际情况。美国的博士生申请通常需要准备个人陈述（研究计划）、3封推荐信和GRE成绩单，国际学生需提交英语成绩单，部分学校需要申请者上传作品集或者研究成果证明等材料，材料审核通过后直接进入面试环节。中国的博士生申请通常需要通过一次标准考试（部分研究型大学也有部分的申请—考核模式），同时需要准备的申请材料较美国高校更多，在通过标准考试后，还需要另外参加校内笔试、面试等。另一个区别在于考核录取环节，美国高校主要采用两种模式：招生委员会集体决策制和导师个人决策制。前者由学院成立评审委员会，针对申请者进行全面的考核；后者则更加灵活，主要由导师完成对材料的审核，这种机制主要适用于导师使用个人的科研基金支持博士生学业的项目。[31]

对比美国和中国的博士生录取制度，相较而言，美国的"博士生招生委员会"制度应用更广泛，且具备更大的话语权。而在中国，不同的专业采用的录取制度主要是委员会与个人决策制并行，导师的个人决策是决定学生是否能够录取的最后一步，这主要是因为中国的博士生在录取时即确定导师的缘故。美国博士生的导师选择是在进入学校后的1到2年内完成的，这是导致选拔机制差异的另一个原因。

贺小刚讨论了如何将博士培养体系与职业规划体系相结合，针对美国的博士生培养机制进行了阐述，并指出，美国博士生培养体系通过"对寻找研究能力的培养、对学术论文协作能力的培养、对与同行沟通协作能力的培养，以及学生抗压能力的培养"，让不适合学术工作的博士生在适当的时候转变行业或领域，实现了有效的自然淘汰机制和学生自我淘汰机制，对研究机构和博士生都有好处。[17]

李莉方等探讨了博士生扩招的相关主题。文章指出，我国对于高层次人才的需求不断增长，扩大博士培养的规模是当下的一个趋势。文章总结了影响博士培养规模的主要因素，具体包括社会经济发展因素、高等教育投资因素等，并深入剖析了英国、美国、法国、德国、日本等国家的经济指标/科研经费与博士生培养规模的关系，同时强调，需要进一步深化科技体制改革，推进产学研深度融合，为博士生扩招创造更大的空间。[23]

此外，关于如何发展专业博士的话题，也有学者进行了相应的探索。

赵俊在其学位论文中，详细总结了美国博士教育的演变历史：从哲学博士的产生，到美国专业博士学位的出现及发展，再到美国教育博士的出现。随后，赵俊重点论述了哈佛大学和南加州大学的教育博士课程设置与发展历程，总结了两个学校的教育学博士课程设置的特点，即"理论课程与实践课程并重""强调通识教育重要性""通过选修课的设置促进学生多样化发展""课程主题的设置切合社会热点"，以及"用实践活动代替学术论文来检验培养结果"。随后，他总结了美国教育博士课程设置的启示："坚持学术教育与科研实践相结合""跨学科培养与国际化齐头并进""注重学生的自身发展""满足社会需求的同时培养高层次专业人才""校企合作实现多方共赢"。这些经验在一定程度上与欧洲高校的实践不谋而合，都倾向于通过高等教育满足社会多方的需求。同时，在项目设置上，也更倾向于灵活化和对特定专业的适应性。具体举例来讲，为了凸显教育博士与教育哲学博士的区别，让教育博士学位项目更符合"实践倾向"，圣路易斯大学用团队项目代替了博士论文作为项目的最终考核手段，为博士生模拟了一个仿真的教育领导环境，方便学生更好地适应未来的教育领导工作。[53]

吕哲对比了美国、英国、澳大利亚等国家的专业博士学位发展现状，并从国外的专业博士教育中汲取了经验，指出当下我国在发展专业博士教育时应当注意"加大专业博士宣传力度，转变专业博士固有偏见"——由于专业博士出现相比哲学博士较晚，因此在社会认可程度上不如哲学博士，民众普遍认为"没有资格考取哲学博士才会转而选择专业博士"。因此，通过适当的宣传，扭转公众的认知有利于专业博士教育的长期发展。此外，吕哲表示需要"积极洞察产业变革需求，合理设置专业博士学位"和"科学构建专业博士评价体系，保障专业博士培养质量"等多种策略并行，才能形成完善、健全的专业博士培养体系。[32]

将美国的经验迁移到中国，其中专业博士将是中国博士培养在未来具有发展潜力的方向之一，目前专业博士在中国的认可度与知名度相对较低，相较而言，专业博士比哲学博士更加注重将学术知识与专业实践问题联系起来的能力。对于某些学科而言，行业实践的经验、数据与案例对于推动领域学术发展有着至关重要的影响。因此，在适当的行业着力推广专业博士的培养，是形成业界与学界良好互动的可行方案。

事实上，今后我国探索专业博士的培养方案或许可以和校企联合培养博士的项目建设联合起来考虑，因为这两种博士生培养的实践客观上都需要学界与业界的精诚协作，同时对参与合作的各方都是有利的，符合国家"推动产学研深度融合"的号召。

在下一部分，以供应链管理、运营管理专业为例，对国内外优秀的硕士生培养和博士生培养实践进行分析。

2.2　硕士研究生的培养指导实践

上海交通大学安泰经管学院（以下简称安泰经管学院）管理科学与工程硕士生项目和密歇根大学罗斯商学院的供应链硕士项目均是领域内领先的研究生项目，其中，安泰的硕士生项目着重培养未来科研人才，而罗斯的硕士生项目则意在培养未来进入行业工作的精英，因此更偏重于实践。

2.2.1　实例一　上海交通大学管理科学与工程硕士生培养实践

本部分主要参考安泰经管学院 2019 级学术型硕士修业指南（比原文有缩减——作者注）。

1.培养目标与培养流程

本学科致力于培养具有扎实的管理理论基础和一定的系统科学、经济学、数学和计算机应用等知识和专业技术，能够理论联系实际，具有较强创新能力的管理人才。

主要研究方向

① 金融工程及风险管理；

② 优化与运作管理；

③ 信息系统及管理；

④ 技术创新及管理。

学习年限和证书

项目学制 2.5 年。学生一般不得延期毕业。因特殊原因未能按时完成学习、研究任务或参加硕士论文答辩的，由本人提前 3 个月提出申请，指导教师签署意见，经学科点、学院同意并报研究生院审核，可延长学习年限。延长年限一般不超过 1 年。

学生在规定的期限内完成研究生培养方案、满足毕业要求，完成硕士学位论文并通过学位论文答辩，将获得硕士研究生毕业证书，并授予管理学硕士学位证书。

培养过程中的相关规定

学术型硕士培养过程的主要环节包括：导师申请、个人培养计划制订、课程学习与考核、中期考核、学位论文工作等。

导师申请

新生在入学后的两周内通过师生双向选择的办法（具体办法另行通知）确定校内指导教师。学生将在导师指导和督促下，制订个人培养计划、修读课程、参加学术和实践活动、撰写学位论文等。学生每两周应该主动和导师见面沟通至少一次。

个人培养计划的制订和修改

学生入学后两周内应在导师的指导下制订出切实可行的个人培养计划，并在研究生院管理信息系统（http://www.yjs.sjtu.edu.cn/ssfw/login.jsp）录入并提交，打印出个人培养计划表并请导师审核签字，然后递交学院教务办审核、存档。

个人培养计划原则上不能修改，但因客观情况发生变化而不能执行或不能完全执行的，学生必须在变动课程授课学期开学后一周内在研究生院管理信息系统里面申请修订，并打印出"上海交通大学研究生学习培养计划修改申请表"，经导师签字同意后，递交学院教务办审核、存档。

中期考核

中期考核一般在第四学期开学后一个月内完成，考核的主要内容包括：研究生个人总结、课程学习完成情况审核、论文完成情况及获奖情况、导师评价以及考核小组面试答辩等。学生需填写"上海交通大学硕士研究生中期考核登记表"，经导师和学科负责人审定同意后，递交学院教务办存档。

中期考核应达到如下基本要求：

①学习态度端正；

②完成培养计划中规定的全部课程学习并成绩合格；

③完成的课程总学分应该达到或超过本学科的最低培养要求；

④计入平均绩点（Grade Point Average，GPA）课程的平均绩点不低于2.70；

⑤学位论文开题准备工作进展顺利。

中期考核的结果分为A等（优秀，继续攻读学位）、B等（合格，继续攻读学位）、C等（警告，给出改正措施）、D等（不合格，建议做退学处理），共4个等级。

2. 课程体系

研究生课程修读采用学分制。课程主要由公共基础课和专业课模块构成。大陆学生、港澳台生和留学生所需修读的公共基础课不同，分别见公共基础课（大陆学生）、公共基础课（港澳台生）和公共基础课（留学生）模块。专业课模块包括：专业基础课、专业前沿课和专业选修课。专业基础课主要讲授管理科学与工程学科的理论基础和研究方法，专业前沿课着重于管理科学与工程学科的研究前沿（理论和方法）的学习，专业选修课则是该学科不同研究领域理论和内容的拓展。

本学科硕士研究生课程修读总学分要求如下：中国学生课程修读总学分不低于35学分，留学生课程修读总学分不少于38学分。其中，研究工具类模块至少选修2学分，研究理论类模块至少选修2门课程，专业前沿课程模块课程至少修读2学分。课程学习要求在1.5年内完成，其中GPA源课程要求在第一年内完成。管理科学与工程（学术型硕士）课程设置见附录2.1。

课程管理

i. 开课规则

必修课将在计划学期开课。选修课开课设有选课人数最低限度要求，选课人数低于9人则课程不开，已选择该课程的学生可修改培养计划选择替代课程。

ii. 修读课程规则

学生根据个人培养计划和实际开课情况修读课程。每学期学生修读课程学分原则上不超过15学分。

学生应严格遵守《上海交通大学研究生教学管理实施细则》《上海交通大学关于攻读硕士学位研究生培养工作的规定》及《上海交通大学研究生学籍管理实施细则》等规章制度，按时上课，不迟到早退。

学院将严格课堂考勤制度，如因故（病假、事假）不能上课者，应提前办理请假手续（填写研究生请假表并附相关证明），并在学院教务和学生管理部门备案。缺课学时数达到或超过所修课程总学时的1/3者，不得参加该门课程的考核，此门课程必须重修。无故缺课者将视情节严重程度予以相应纪律处分。

选课说明

所有学位留学生新生入学第一周须参加研究生院和人文学院统一组织的汉语水平考试。未参加汉语分级考试的学生不得免修。

汉语水平考试成绩达标者作为汉语课成绩通过直接计入成绩大表，成绩记为"P"。汉语水平考试不达标者须参加课程学习并参加汉语期终考试，考试成绩通过作为汉语学位课成绩计入成绩大表，成绩记为"P"，不通过者需重修或重考。

课程考核

课程考核分为考试和考查两种。研究生课程的考试，可采取课堂开卷、课堂闭卷、课程论文、口试加笔试等不同的形式；研究生课程的考查，是根据平时考勤、作业完成、课堂讨论、调研报告、社会实践等情况综合评定的成绩。研究生在课程考试和考察中应遵循学校诚信条例，严禁抄袭等不诚信行为。

课程重修

硕士研究生课程中，凡是出现考试不及格课程，可以申请重修；对于 GPA 源课程成绩平均绩点没有达到 2.70 标准的，可在所学 GPA 源课程中任选 1～2 门成绩低于 B（不包含 B）的课程进行重修。每门课程重修最多不超过两次。重修申请由本人在每学期开学两周内在研究生院管理信息系统上面提交重修重考申请，并打印"上海交通大学研究生课程重修、重考申请表"交至学院教务办，教务办核实后统一报研究生院培养办审核批准。第二次重修（重考）后仍未通过的，应予退学处理。

注：学生修读课程的所有成绩都将如实记录在成绩单中并永久存档。

3. 国际交流

国际会议资助

目前对于硕士研究生参加国际会议的资助主要包括学校和学院两个层面，学生应先行申请研究生院资助项目（具体参见《上海交通大学资助研究生参加国际会议项目管理办法》），未批准者或者获得批准但资助金额较低，不能维持会议期间基本开支的，可申请学院资助，由学院各学科点负责受理、审核、批准。

i. 学校资助硕士研究生参加国际会议的规定

申请条件

● 申请者应为上海交通大学全日制在校硕士研究生，包括留学生，不包括参加国家公派项目已在境外学习的学生；

● 申请者拟参加的国际学术会议须在境外（含港澳台地区）举行，申请者应获得国际学术会议的正式邀请函，并将在会议上进行口头报告或墙报展示；

● 获得国际学术会议接收的论文须以本人作为第一作者，或导师作为第一作者和本人第二作者撰写，并以上海交通大学为第一署名单位，且一篇论文只资助一人次；

● 申请者应具有较强的科研能力和英语交流能力；

● 申请者在学期间每年至多只能获得一次该项基金的资助；

● 一位导师若推荐多名学生参加同一会议，原则上学校最多资助两人。

申请程序及材料

● 申请人通过国际会议资助在线申请，通过审批系统提交申请，申请材料不齐全或不符合资助政策的，将不予资助。

● 填写上海交通大学研究生参加国际学术会议资助申请信息。

● 会议主办方出具的摘要接收函或参会正式邀请函，电子邮件邀请信须上传由导师签字确认的扫描件。

● 论文录用情况证明（包含论文首页或报告摘要、申请者做口头报告的时间安排、详细会议日程、会议网址等）。

● 导师、所在学院（系）在线对研究生提交的申请材料进行审核，签署具体意见。

● 研究生院负责受理研究生参加国际学术会议资助的申请，并于每月集中办理。

● 评审工作由研究生院负责组织，根据专家评审意见确定资助人选及资助额度。

经费使用及管理

● 资助经费仅可用以报销受资助学生出国参加国际会议的注册费、差旅费、签证费、公杂费等相关费用，经费使用必须符合学校相关规章制度要求。

● 获得资助者应于会议结束后 1 个月内通过流程系统完成报销经费单申请，并上传上海交通大学研究生参加国际学术会议总结报告，口头报告 PPT 文档（讲义形式），出国批件编号，以及相关会议获奖证明等材料。经审核通过后，至研究生院领取经费单并凭相关票据到财务处完成报销手续。

ii. 学院资助硕士研究生参加国际会议的规定

申请条件

● 申请者应为我院全日制在读硕士研究生；

● 申请者拟参加的国际学术会议，其主题与本人的研究内容紧密相关，且是 A 类国际会议或者 B 类国际会议（具体可参见《上海交通大学各学科重要国际学术会议目录》）；

● 申请者的论文被上述 A、B 类国际学术会议接收，有国际学术会议的正式邀请函及作"口头报告"或"论文张贴"的证明；

● 申请者应具有良好的外语沟通能力；

● 申请者获得国际学术会议接收的论文须以本人作为第一作者或第二作者撰写；申请者应以上海交通大学为第一署名单位，且一篇论文只资助 1 人次；

● 我院硕士研究生在学期间可获得 1 次该项资助；

● 每人每次资助总额（含学校资助额度）不超过 2 万元人民币（会议地点为非亚洲地区），每人每次资助总额（含学校资助额度）不超过 1 万元（会议地点为亚洲地区）。

海外交换

i. 学期交换项目

学院积极开展研究生海外交换项目，每年选派优秀的研究生赴国外或港澳台大学交流学习一学期，主要是秋季派出，合作院校包括美洲、欧洲、大洋洲、亚洲等地区的多所海外一流大学和商学院。根据派出学校与接收学校的交流协议，在交流学期，双方学校互免交流学生学费，但住宿费、医疗保险、生活费及往返旅费等由学生自理。（安泰经管学院研究生协议交换学校汇总表详见 http://www.acem.sjtu.edu.cn/master/education/plan.html）

报名条件

● 我院全日制在读硕士研究生；

● 品德优良，成绩优秀，具有明确的学习计划和目的，在校期间 GPA 统计源课程无不及格记录；

● 具有良好的外语水平，具体成绩要求为：CET-4 ≥ 500 分、CET-6 ≥ 480 分、TOFEL ≥ 90 分、IELTS ≥ 6.0 分、GRE ≥ 150 分，满足任一条件即可；对英语有特别要求的学校，以交流学校的要求为准。

选拔标准

学院基于公开、公正和公平的原则，择优选拔。根据学生的学业成绩由高到低并结合学生申报志愿确定推荐名单。具体规定另行公布。

国外修读课程的学分替代

学生确定出国交换后，应合理安排修业计划。根据个人海外交换期间修读课程情况，按时填写和提交"上海交通大学研究生课程学分转换表"，办理学分转换事宜。

出国注意事项

● 到研究生院办理在学证明及成绩单（中英文）各两份，一份提交给交流学校，一份办理签证时提交给领馆；

● 收到对方学校邀请函后，办理相关手续；

● 护照：申办普通护照，如已持有护照，签字有效期至少为一年；

● 签证：学生自行办理签证预约及面谈手续，并准备签证照片；

● 银行存款证明：由银行开具，具体要求请到各领馆网站查询。

ⅱ. 国家公派硕士研究生项目奖学金

安泰经管学院成功申请到研究生海外交换项目的硕士生，每年春季学期可申请由国家留学基金管理委员会（以下简称国家留学基金委）组织和实施的国家公派硕士研究生项目奖学金，对于符合项目选拔条件、通过专家评审并予以录取的学生，国家留学基金将资助一次往返国际旅费和规定期间的奖学金生活费，资助标准及方式按照国家有关规定执行。

ⅲ. 双学位硕士项目

自 2013 年起，安泰经管学院研究生项目（MBA 除外）先后与美国得克萨斯大学达拉斯分校、美国普渡大学、美国南卡罗来纳大学、西班牙 IE 商学院、美国莱斯大学签署了硕士双学位协议（安泰经管学院研究生双学位项目汇总表详见 http://www.acem.sjtu.edu.cn/master/education/plan.html），具体申请流程届时请关注：学院主页—硕士项目—信息通告。

4. 科学硕士学位论文的指导

硕士学位论文

学位论文是学生在导师指导下独立完成的研究成果，不得抄袭和剽窃他人成果。学位论文的学术观点必须明确，且立论正确，推理严谨，数据可靠，层次分明，文字通畅。学位论文一般应使用中文撰写，字数不得少于 4 万字。留学生可选择用英文撰写论文，但需要提交一个比较详细的中文摘要（700 字左右），且论文字数不少于 1.5 万个英文单词。

为提高学术型硕士学位论文的质量，培养学生的学术素养和研究能力，安泰经管学院全面推行学术型硕士学位论文质量的全过程管理。学位论文工作基本过程包括开题、中期检查、查重、论文评审、答辩和学位申请；学位论文开题、中期检查和答辩环节执行导师回避制度。

学生应积极参加学术规范的有关课程、讲座或活动，熟悉论文写作规范，提高论文写作技能和水平。学生从事学术活动时必须自觉遵守有关法律法规，恪守学术道德和学术规范。

学位论文的指导工作

学生在导师指导下完成论文工作。导师将对学生的论文进行全过程指导。

① 学生应和导师定时沟通，在导师指导下，及早确定硕士学位论文的选题，并制订写作计划和进度安排；

② 在确定选题后，学生需要按照写作计划及进度安排广泛搜集资料，撰写论文，并主动地向导师请教和汇报；

③ 学生应定期递交有关论文进展的相关材料，导师需及时对学生提交的材料进行信息反馈（一般不超过 1 周），并提出建设性意见；

④ 导师需对学生的学位论文写作情况进行检查，对在规定时间内不能完成论文写作任务的学生提出延期毕业建议。

学位论文开题

硕士学位论文开题报告在第三学期末完成。开题由各个学科点统一组织，采取开题报告会形式。

开题报告使用研究生院统一制定的"上海交通大学硕士学位论文开题报告登记表"，字数一般不得少于 5000 字，内容应包括：

① 拟定的学位论文题目；

② 课题的研究意义、国内外研究现状分析；

③ 课题研究目标、研究内容、拟解决的关键问题；

④ 拟采取的研究方法、技术路线、方案及其可行性研究；

⑤ 课题的创新性；

⑥ 计划进度、预期进展和预期成果；

⑦ 与本课题有关的资料积累、已有的前期研究成果。

学生应在规定时间按上述要求撰写开题报告并请导师签字确认后提交至教务办公室。

开题报告会在本学科或相关学科范围内公开进行，由至少 3 名相关学科专家对开题报告进行论证，学生需就所选课题进行详细报告。经专家小组审核，开题报告通过者即转入论文下阶段工作；开题报告存在部分问题但尚可修改的，则学生应根据专家意见及时（2周内）修改开题报告并重新提交专家小组审议，通过者即转入论文下阶段工作；开题报告不通过者则论文工作顺延，下阶段需重新开题。开题报告和专家意见等文档资料由学院教务办公室存档，学生需在研究生教育信息管理系统中录入、上传附件并提交审核。

注：在校学生原则上应现场参加开题报告会，如经导师和学院批准，学生参加海外交换等活动，则可以申请以远程视频方式进行开题报告。

学位论文中期检查

硕士学位论文中期检查将在第四学期末完成。中期检查由各学科点统一组织，采取报告会方式。

中期检查使用研究生院统一制定的"上海交通大学硕士学位论文中期检查报告"，报告正文一般不低于5000字，内容应包括：

① 论文工作是否按开题报告预定的内容及论文计划进度进行，如存在与开题报告内容不相符的部分，请说明其原因；

② 已完成的研究内容及成果，参加的科研学术情况；

③ 目前存在的或预期可能出现的问题，拟采用的解决方案等；

④ 下一步的工作计划和研究内容（如与开题报告内容不符，必须进行论证说明）。

学生应在规定时间按上述要求撰写中期检查报告并请导师签字确认后提交至教务办公室。学位论文中期检查时，学生的论文初稿应至少完成过半。

中期检查采取专家评议方式，由项目负责人召集相关学科专家对论文中期报告进行评审并给出结果，可分为优秀、合格和不合格3档。中期检查通过者即转入论文下阶段工作；中期报告存在部分问题但尚可修改的，则学生应根据专家意见及时（2周内）修改中期报告并重新提交专家小组审议，通过者即转入论文下阶段工作；中期报告不通过者（存在论文进展缓慢、内容或结构存在重大缺陷等），则论文工作顺延，下阶段需重新进行中期检查。论文中期检查报告和专家意见由学院教务办公室存档。

学术论文发表要求

学生申请学位论文答辩之前，应至少发表（或录用）1篇与学位论文主要内容相关的学术论文，学生原则上以投稿当年学院规定的研究生中文期刊列表、教师外文期刊列表为其发表学术论文的期刊目录。根据学校有关规定，学术型硕士留学生可不发表学术论文。

学位论文答辩前的审查

学生应按照"上海交通大学硕士学位论文撰写要求"的规定认真撰写论文。导师应在每年11月上旬（第五学期）对所指导学生的学位论文完成情况进行审查，对预期不能完成论文工作的学生提出延期建议。

学位论文提交

学生在导师的指导下，按计划完成了论文的开题、中期检查和论文终稿后，可以进入申请答辩阶段。导师应从论文质量、论文格式等方面对所指导的论文进行严格把关，填写并签署"硕士学位论文（终稿）答辩确认函"。论文通过导师审查、同意后，学生方可正式提交（网上PDF版和纸制版同时提交）学位论文终稿。提交终稿论文的截止时间为每年的11—12月（第五学期）的指定日期，逾期不再受理。

学位论文答辩

通过论文评审且达到学院规定的学术论文发表要求的学生，向所在学科提出答辩申请，经导师、学科、学院审核后可参加学位论文答辩会。

论文答辩会由各学科统一组织，答辩会遵循"坚持标准、保证质量、公正合理"的原则，发扬学术民主，以公开方式（涉密学位论文答辩按涉密程序办理）按照下述程序进行：

① 学生报告论文的主要内容（需准备汇报PPT）。

② 答辩委员会成员提问，学生答辩。

③ 休会。答辩委员会举行评议会，对学术论文的学术水平和学生的答辩情况进行评议，并以无记名投票表决得出答辩结论，拟定并通过答辩决议，答辩委员会签署答辩决议书。

④ 复会。主席宣布答辩委员会的答辩决议和答辩结论。

⑤ 答辩结论。答辩结论由答辩委员会无记名投票结果决定。"通过"得票

超过答辩委员会成员 2/3 者，为答辩通过，建议授予硕士学位并提请学院学位评定委员会审核。答辩未通过者，可在 1 年内（不超过规定的最长学校年限）修改论文，重新申请答辩 1 次。

学位申请和授予

学位资料归档：答辩通过后，学生应按照规定时间提交学位论文归档稿、原创性申明、版权授权书、学位申请表等材料，逾期将不受理其毕业及学位申请。

学位申请：经学院学位评定委员会、学部学位评定委员会和学校学位评定委员会审议学位论文相关资料并无记名投票通过后，学生将获得管理 / 经济学硕士学位。学位委员会召开的时间一般为每年的 3 月、6 月、9 月和 12 月。

学生在领取硕士研究生学历证书前需登录离校网确认离校手续已完成。

2.2.2 实例二 密歇根大学罗斯商学院硕士生培养指导实践

罗斯商学院的供应链管理硕士项目是 Gartner（全球领先的信息技术研究和顾问公司）榜单中排名第二的供应链管理研究生项目，该部分内容引用了罗斯商学院官网上关于供应链管理硕士项目（Master of Supply Chain Management）的公开信息。

1. 培养目标、培养流程与课程体系

该项目的培养目标是让学生全面了解供应链管理，并应对这个不断发展的行业中的任何挑战。该项目是经 STEM 认证的研究生项目，为期 10 个月，适用于具有 0～10 年工作经验的大学毕业生，侧重于端到端全球供应链管理的综合课程，该项目通过与行业实践的无缝衔接，提供了真实的供应链管理见解。具体必修课程项目时间表如表 2-1 所示。

夏季学期

该项目于每年 6 月份启动，夏季学期的课程将向学生介绍商业基础知识和管理工具以及它们在运营和供应链管理中的作用。具体内容如下：

- 领导力与职业培训；
- 商业基础训练营；
- 供应链讨论会。

秋季学期

本项目的核心课程安排在秋季学期，如应用分析和战略采购。这些课程旨在帮助学生建立对供应链领域的深刻理解，以及让学生获得相应的专业知识。此外，学生将积极参与在罗斯商学院举办的企业交流活动（如罗斯商学院年度全球运营会议），并在这些交流活动中与潜在的雇主建立联系。具体内容如下：

- 制造与供应运营；
- 应用商业分析；
- 战略采购与采购管理；
- 供应链与物流中的信息技术；
- 项目管理。

冬季学期

冬季学期的课程目标是完善学生的知识储备，并要求学生在沉浸式供应链咨询工作室中应用课程中所学到的知识。在课程中，学生将参与团队合作，在一个真正的组织中找到应对紧迫的供应链挑战的创造性解决方案，然后去现场进行研究，并向领导提出最终建议。具体内容如下：

- 供应链咨询工作室；
- 物流；
- 大数据管理；
- 全球供应链管理。

表2-1　罗斯商学院供应链管理硕士生项目必修课程项目时间表

夏季学期	秋季学期	冬季学期
领导与职业培训	选修科目	选修科目
商业基础训练营	制造与供应运营	供应链咨询工作室
供应链研讨会	应用商业分析	物流
	战略采购与采购管理	大数据管理
	供应链与物流中的信息技术	全球供应链管理
	项目管理	

2. 综合能力培养

供应链咨询工作室

供应链咨询工作室由一些全球领先的供应链公司赞助，学生将与来自工作室的高级领导者一起工作。在供应链管理硕士教师的指导下，学生将在一个团队中参与一个实际的公司项目，包括实地调研收集数据，并将供应链管理的知识付诸实践，提出建议。学生将进入企业，与团队合作完成各种类型的工作，包括数据分析、提出策略、风险评估和产品开发，并在完成复杂的工作后向公司领导层展示。

供应链管理硕士（MSCM）学生协会

MSCM 学生协会将组织很多活动，例如庆祝晚宴、志愿者郊游。所有学生都可以通过填写协会的参与意向调查来申请加入学生协会。

一年制硕士理事会

一年制硕士理事会由管理学硕士（MM）、会计学硕士（MAcc）和供应链管理硕士（MSCM）学生协会执行委员会成员以及 3 位交叉项目主席组成。该组织成立的目的是在所有领域中代表全体一年制硕士研究生表达意见。3 个交叉项目包括慈善、体育运动和 DEI（Diversity，Eqity and Inclusion，多元化、公平和包容）。每年迎新会上会进行这些职位的选举。

丰富的学生研究生俱乐部

罗斯商学院拥有超过 45 个学生俱乐部。这些学生俱乐部让学生找到与自己兴趣相投的同龄人，并在实践中挑战自我。

2.2.3　硕士项目实例小结

与上海交通大学的管理科学与工程硕士项目相比，密歇根大学的供应链管理硕士项目更偏向于为行业实践培养商业人才，因此学制更短，该项目期望让学生在学习中积累行业实践经验。上海交通大学的管理科学与工程硕士项目着重培养未来的学术型人才，课程设置上相对偏向于对理论知识的培养，但同样重视学生的全面发展。

两种培养取向的背后是中美两国的商学院对硕士生身份定位的差异，上海交通大学的安泰经管学院对于管理科学与工程硕士项目的定位是通过硕士阶段的教育，培养未来可能申请相关领域的博士学位并从事相关研究的人才，因此在项目的设置上更注重对于学术研究能力的培养与激励，与其他非商学院的硕士项目设置有较大的相似性。与之相对的，美国商学院的硕士生项目与博士生项目的衔接程度与中国不同，商学院的硕士项目大多是为准备在学校获得硕士学位后进入行业工作的申请者设计，同时由于项目时间短，学习大多数以授课为主，同时尽可能为学生提供更多的行业经验与交流机会，在学术能力培养和国际交换培养方面投注资源较少。

2.3 博士研究生的培养指导实践

2.3.1 实例三 上海交通大学管理科学与工程博士生指导培养实践

本部分主要参考安泰经济与管理学院博士研究生修业指南。

1. 培养目标与培养流程

培养目标

本学科旨在培养具有扎实的管理理论基础，掌握系统的数学与经济学知识，具有较强的计算机技能，善于在管理实践中发现问题并基于数据和模型提出合理解决方案的高层次研究型人才。

主要研究领域

① 金融工程及风险管理；

② 优化与运作管理；

③ 信息系统及管理；

④ 技术创新及管理。

学习年限和证书

普博生学习年限一般为 4 年，最长学习年限（含休学）不超过 6 年。直博生学习年限一般为 5 年，最长学习年限（含休学）不超过 7 年。

博士生在学校规定的年限内，按照培养计划完成学习任务，通过学位论文答辩，准予毕业，由学校颁发管理科学与工程专业毕业证书。通过学位委员会审核后，其可以获得管理学博士学位证书。

博士生在校时间达到或超过学校规定的基本学习年限，完成培养计划规定的课程学习，成绩合格，学位论文已开题，但尚未满足毕业要求，可以申请结业，由学校发给结业证书。结业2年内可以申请并完成博士学位论文答辩。符合毕业标准的，学校换发管理科学与工程专业毕业证书。通过学位委员会审核后，其可以获得管理学博士学位证书。

培养流程中的相关规定

博士研究生培养过程的主要环节包括：个人培养计划制订、课程学习与考核、资格考试、学术研究、学术论文发表、学位论文工作等。

个人培养计划的制订和修改

学生入学后两周内应在导师的指导下制订出切实可行的个人培养计划，并在研究生教育管理信息系统（http://www.yjs.sjtu.edu.cn/ssfw/login.jsp）录入并提交个人培养计划，打印出个人培养计划表并请导师审核签字，然后递交学院教务办审核、存档。

个人培养计划原则上不能修改，但因客观原因（仅限课程未开、课程调整、课程冲突）而不能执行或不能完全执行时，学生必须于变动课程授课学期开学后1周内登录研究生个人信息系统，填写与打印课程变更申请表，经导师审定同意后，递交学院教务办修改和存档。

2.课程体系与基础能力培养

课程学习

i. 开课规则

必修课按计划学期开课，无开课人数限制。选修课开课将根据师资情况和选课人数机动安排。若某一选修课课程选课人数少于3人，则该选修课在该学期将会被取消；超过3人但少于6人，则该课程两年开课一次；选课6人（含）以上则正常开课。已选择但该课程没有开出的学生可修改培养计划选择替代课程。

ii. 修读课程规则

学生根据个人培养计划和实际开课情况修读课程。学生每学期选课学分原则上不超过15学分。

学生应严格遵守《上海交通大学研究生教学管理实施细则》《上海交通大学关于攻读博士学位研究生培养工作的规定》及《上海交通大学研究生学籍管理实施细则》等规章制度，按时上课，不迟到早退。

学院将严格课堂考勤制度，如因故（病假、事假）不能上课者，应提前办理请假手续（填写研究生请假表并附相关证明），并在学院教务和学生管理部门备案。缺课学时数达到或超过所修课程总学时的 1/3 者，不得参加该门课程的考核，此门课程必须重修。无故缺课者将视情节严重程度予以相应纪律处分。

课程考核与重修

课程考核分为考试和考查两种。课程考试可以采取闭卷、开卷、课程论文、口试加笔试等不同的形式。 课程考查则是根据平时考勤、完成作业、课堂讨论、调研报告、社会实践等情况综合评定的成绩。课程考试或考查应遵循学校诚信条例，严禁抄袭等不诚信行为。

课程计划

课程主要由公共课和专业课模块构成。大陆学生、港澳台生和留学生所需修读的公共基础课不同，分别见公共基础课（大陆学生）、公共基础课（港澳台生）和公共基础课（留学生）模块。专业课模块包括：专业基础课程、专业前沿课程和专业选修课程。专业基础课程主要讲授管理科学与工程学科的理论基础和研究方法，专业前沿课程着重于管理科学与工程学科的研究前沿（理论和方法）的学习，专业选修课程则是该学科不同研究领域理论和内容的拓展。

本学科博士生课程修读总学分要求如下：中国学生需修读不低于 36 学分，留学生需修读不低于 40 学分。其中，研究工具类模块至少选修 2 学分，研究理论类模块至少选修 2 门课程，专业前沿课程模块课程至少修读 2 学分。学生可选修工商管理博士生培养方案和应用经济学博士生培养方案中的课程，亦计入总学分。课程学习原则上要求在 2 年内完成。［管理科学与工程专业（学术型博士）课程设置详见附录 2.2］。

课程阶段自检

为了保证课程修读的有序完成，学院建立了博士生课程阶段性自检制度。

① 第二学期末根据本人培养计划自检课程完成情况。

② 第四学期末根据本人培养计划自检课程完成情况（若在第五学期有重修课程需在教务办报备）。

资格考试

资格考试是在博士生基础课程学习结束之后、学位论文开始之前对博士生进行的一次综合考核，也是对博士生是否具有开始进行论文工作资质的审定，是博士生培养过程中的重要环节。直博生在参加资格考试前需完成所有GPA 源课程，且 GPA 达到 2.70。具体有关规定如表 2-2 所示。

表 2-2　管理科学与工程资格考试规定

学科	考试形式	考试时间	考试内容、方式、各科笔试比例和考试时长
管理科学与工程	笔试	每年秋季学期	运筹学或统计学 2 选 1；开卷考试；该课分数比例为 50%；考试时间 2 小时。
			金融工程及风险管理综合、优化与运作管理综合、信息系统及管理综合或技术创新管理综合 4 选 1；开卷考试；该课分数比例为 50%；考试时间 2 小时。
	导师综合评价	每年春季学期	导师全面评价学生的学术研究能力后，独立给出导师综合评价分。
	面试	每年春季学期	要求考生阅读相应学科（方向）资格考试委员会选定的论文，一周后根据该论文做一个 0.5～1 小时的学术报告，并指出未来可能的研究课题及研究思路。

① 管理科学与工程资格考试成绩满分 200 分，其中笔试成绩满分 100 分，60（含）分以上为合格；导师综合评价分满分 50 分，30（含）分以上为合格；面试成绩满分 50 分，30（含）分以上为合格。任何一项成绩不合格即为资格考试不通过。

② 笔试（含补考）不合格者不可进入导师评价和面试。

③ 导师评价不合格、面试不合格者无补考。

补考规定

资格考笔试不合格者可申请一次补考，补考时间为每年春季学期。补考科目的选择须与第一次考试科目相同，具体可以有两种选择：

① 补考第一次考试时选择的所有科目；

② 仅补考第一次考试中未达到60分的单科科目。

若补考不合格的学生学术研究能力较为突出，经学生申请，导师同意，且一级学科资格考试委员会审核通过，可给予一次重考机会。该生将可以参加下一届博士生的资格考试（需要参加相应学科资格考试规定的所有科目考试）。参加重考仍然不合格者，中止博士生培养。

导师评价不合格、面试不合格者无补考。

分流淘汰

未通过资格考试的博士生，将终止博士生培养。学生可以申请退学或转为硕士生培养。如果资格考试笔试成绩低于合格标准（60分）的60%，则不予转硕；如果资格考试笔试成绩超过合格标准（60分）的60%，则学生可以申请转硕。对在资格考试、开题报告、年度考核中建议转为硕士生培养的学生，在结果公布起5个工作日内，可向院系提出转为硕士生培养的申请，经导师同意、学科点审议、学院复议、报研究生院批准后，可转为同学科硕士研究生培养。

普博生转为硕士生后，学生须在规定时间内修读完同学科学术型硕士的课程学分、发表要求的学术论文和完成学位论文工作等。其中金融学和会计学方向的学生其课程学习要求同博士生培养方案修读要求。达到要求者可以获得硕士毕业证书和学位证书，否则按照博士肄业处理。

直博生转为硕士生培养后，课程学习要求同上，学位论文工作将跟下一级硕士生一起进行。

学生未及时提出转硕申请，或学生提出申请后院系审核未通过，或研究生院审批未通过者，建议退学。

3. 国际交流与国外（境外）合作导师的联合培养

目前对于博士生参加国际会议的资助主要包括学校和学院两个层面，学生应先行申请研究生院资助项目（具体参见《上海交通大学资助研究生参加国际会议项目管理办法》），未批准者或者获得批准但资助金额较低，不能维持会议期间基本开支的，可申请学院资助，由学院各学科点负责受理、审核、批准。

国际会议资助

i. 学校国际会议资助规定

申请条件

● 申请者应为全日制在校博士研究生及硕士研究生，包括留学生，不包括参加国家公派项目已在境外学习的研究生；

● 申请者拟参加的国际学术会议需在境外（含港澳台地区）举行，申请者应获得国际学术会议的正式邀请函，并将在会议上进行口头报告或墙报展示；

● 获得国际学术会议接收的论文需以本人作为第一作者，或导师作为第一作者和本人第二作者撰写，并以上海交通大学为第一署名单位，且一篇论文只资助一人次；

● 申请者应具有较强的科研能力和英语交流能力；

● 申请者在学期间每年至多只能获得一次该项基金的资助；

● 一位导师若推荐多名学生参加同一会议，原则上学校最多资助两人。

资助标准

国际学术会议按其在相应学科的影响力分为 A 类会议（代表本学科领域最高水平的国际会议）、B 类会议（代表本学科高水平国际会议）、C 类会议（学术水平较高、周期性或系列性国际会议）。会议等级类别将由各学院认定并申报，研究生院组织专家审核备案，并录入《上海交通大学各学科重要国际学术会议目录》。学校根据申请者具备的条件和论文录用情况，择优分等级资助。

ii. 学院国际会议资助申请

申请条件

● 申请者应为我院全日制在读博士（硕博连读）研究生；

● 申请者拟参加的国际学术会议，其主题应与申请者的研究内容紧密相关，且是 A 类国际会议或者 B 类国际会议（具体可参见《上海交通大学各学科重要国际学术会议目录》）；

● 申请者的论文被上述 A、B 类国际学术会议接收、有国际学术会议的正式邀请函及作"口头报告"或"论文张贴"的证明；

● 申请者应具有良好的外语沟通能力；

● 申请者获得国际学术会议接收的论文需以本人作为第一作者或第二作者撰写；申请者应以上海交通大学为第一署名单位，且一篇论文只资助一人次；

● 硕博连读生、博士研究生在学期间每年至多获得 2 次该项基金的资助；

● 每人每次资助总额（含学校资助额度）不超过 2 万元人民币（会议地点为非亚洲地区），每人每次资助总额（含学校资助额度）不超过 1 万元（会议地点为亚洲地区）。

资助范围

学院研究生参加国际会议的资助范围如表 2-3 所示。

表 2-3　安泰经管学院国际会议资助情况表

会议类型	口头报告	论文张贴
出席 A 类会议	资助国际旅费、会议注册费及住宿费	资助国际旅费、会议注册费
出席 B 类会议	资助国际旅费、会议注册费	资助国际旅费

注：出席 C 类会议请根据《上海交通大学资助研究生参加国际会议项目管理办法》申请资助。

博士研究生联合培养资助政策

博士生联合培养分为国家公派研究生项目、安泰经管学院博士生国外访学项目两类。

i. 国家公派研究生项目

启动时间：每年 11—12 月。

申请时间：次年 3 月 20 日至 4 月 5 日。

资助办法：一般为资助一次性往返国际旅费和规定留学期间的奖学金生活费。资助标准及方式按照国家有关规定执行。具体申请材料、程序等以当期通知为准。

ii. 安泰经管学院国外访学资助项目

为了促进博士生国际交流，拓展国际视野，提升学术研究水平，在国际期刊上发表学术论文，学院将对博士生国外访学给予资助。申请学院国外访学资助的前提是申请国家公派项目但未能获得资助。

资助对象

在校全日制博士（硕博连读）生［正常学制范围内，在职（定向、委培）的研究生除外］。

申请条件

● 修读完全部规定课程学分并通过博士生资格考试。

● 具有明确的研究计划；国外访学内容应是与学位论文相关的研究工作，应以科研指导和科研合作为主。

● 获得国外大学访学邀请信，且出访国外大学所在学科排名一般应在世界前 100 名。

● 申请但未能获得国家留学基金或上海交通大学研究生院出国访学资助；或申请并获得了上海交通大学研究生院出国访学资助，但资助金额较低，不能维持国外访学期间基本生活开支的。

● 申请时外语水平须参照《国家建设高水平大学公派研究生项目选派办法》，具体请见：http://www.csc.edu.cn/article/1129。

注：上述英语成绩应在有效期限内。

● 国外接收单位应指定一名导师（具有 tenure-track 教职）来指导博士生访学期间的学习和科研工作。

4. 科研能力培养与小论文撰写

学术交流

安泰经管学院为博士生科研能力的培养提供了多种学术交流活动，具体如表 2-4 所示。

表 2-4　博士生学术活动汇总表

活动	博士研究生
学术例会	博士生在校期间必须定期参加导师组织的学术例会，一般 1 个月至少 2 次。
博士生论坛	目标：成为学术研究交流的平台，帮助处于各个阶段的博士生拓宽研究视野，提高论文质量，为论文在高质量期刊上发表做准备。 组织形式：学院分学科每周组织 1 次博士生论坛，每期论坛由 1 名博士生主讲（无论是成型的论文还是处于探索阶段的论文均可报告），2～3 名相应领域的老师到场点评讨论。
博士生论坛	要求： ·每位博士生在课程学习阶段每学期应至少参加 2 次博士生论坛； ·每位博士生在开题阶段需至少在博士生论坛上主讲 1 次研究领域的动态及拟研究的题目和思路； ·每位博士生在预答辩前需至少在博士生论坛上主讲 1 次论文研究报告。

续表

活动	博士研究生
暑期学校	每年夏季学期，学院各学科将组织研究生暑期学校，鼓励博士生参加暑假学校，进行各相关学科学术前沿和专题的学习。

学术论文发表要求

学生在申请学位论文答辩之前，至少在学院规定的刊物上发表（或录用）2篇与学位论文主要内容相关的学术论文。发表论文总计积分须达到5分及以上。

学生在申请博士学位时，至多提交3篇具有代表性的学术论文送交学院学位评定分委员会评审，发表论文总积分只计算这3篇的积分，这3篇学术论文中至少要有1篇发表（或录用）在国际D类及以上或中文A类的刊物上；获得国外访学资助（包含获得国家留基委、学校、学院资助）的同学，申请博士学位时必须以第一或第二作者（导师或联合培养导师需为第一作者）在我院规定的国际期刊上发表或被接受1篇C类及以上或2篇D类论文。

为鼓励学生发表高水平论文，对发表高质量学术论文的学生，可减少发表学术论文数量的要求。

认定办法

学术论文必须在学生就读期间，以上海交通大学为第一单位发表（或录用）在学院指定的刊物上。以第一作者或通讯作者（外文期刊）发表的论文以1篇计；以第二作者发表的论文，如导师为第一作者的，以1/2篇计；第三作者及以后者不计。

若学生以第一作者或通讯作者的身份在学院规定的外文期刊目录中A－或A的刊物上发表（或录用）学术论文，1篇可按2篇计，依此类推。

期刊列表与积分办法

学院认可学生入学时或者投稿时学院规定的研究生中文期刊列表、教师外文期刊列表为其发表学术论文的期刊目录。

原则上发表论文计分按以下方法计算：

① 发表在学院指定中文期刊的计分方法：发表在A级期刊上的文章积分为5分；发表在B+级期刊上的文章积分为3分；发表在B级期刊上的文章积

分为 2 分；发表在 C 级期刊上的文章积分为 1 分。

② 发表在学院指定外文期刊的计分方法：发表在 A 类期刊上为 25 分；发表在 A– 类期刊上为 15 分；发表在 B 类期刊上为 10 分；发表在 C 类期刊上为 5 分，发表在 D 类期刊上为 3 分。

③ 论文能否计入积分以在期刊上发表或收到录用通知为准。录用的学术论文需同时提交交费凭证（杂志社无须支付出版费用的除外）。

其他说明

① 所有论文须为学术论文（article），短评、短论等不算。

② 若论文投稿时期刊级别与发表时不一致，以论文投稿时的期刊级别为准。

③ 中文期刊的增刊、专刊发表的学术论文不计入。

④ 论文发表以在规定的期刊上发表或收到录用通知为准。

附录

① 中文期刊目录：安泰经济与管理学院研究生发表期刊目录（2016 版）。

② 国际期刊目录：安泰经济与管理学院外文期刊发表目录。其中国际 D 类期刊是指 SSCI/SCI 经济与管理类期刊论文，即非学院国际 A、A–、B 和 C 类期刊，但属于 JCR 数据库中 BUSINESS、BUSINESS FINANCE、ECONOMICS、MANAGEMENT、OPERATIONS RESEARCH & MANAGEMENT SCIENCE 5 个经济与管理类学科的期刊。其他未在目录中的发表由学院学位评定分委员会认定。该目录可以在教务办或导师处查阅。

③ 学院每隔 1～2 年会对以上两个目录进行更新。

5. 博士生综合能力培养

社会实践——助教、助管和助研

获得学院培养费资助的博士研究生，在校期间须承担学院助教或助管工作，累计不少于 4 个学期，其间学院不支付助教津贴。如果导师愿意提供博士生培养费（学院不支付），则该生不需承担学院安排的助教或助管工作；导师承担的培养费须以助研津贴方式支付学生。

助教

申请担任助教的学生应主动联系导师或者授课教师，填写并打印研究生助教岗位申请书，请导师和聘用老师签字确定，将助教申请表交学院教务办备案，并根据学校要求在网上完成申请。

助管

申请担任助管的学生应主动联系行政部门负责人，填写并打印研究生助管岗位申请书，请部门负责人签字确定，将助管申请表交学院教务办备案，并根据学校要求在网上完成申请。

助研

申请担任助研的学生应主动联系导师，并提出申请。经导师同意后，根据导师的要求完成相关助研工作。

工作职责

助教。协助聘任老师的教学工作，每个助教的工作时间每学期不低于50个工作时段（每个工作时段4小时）。工作内容包括：

①48个工作时段：协助老师的教学工作，如随堂听课、习题课辅导、批改作业、监考、课程实验辅导、实习实践辅导、课程网站维护等。

②2个工作时段：完成学院安排的监考、答辩秘书等社会性工作。

特别说明：不得安排或要求助教承担本应由主讲教师承担的工作，如代替教师讲课、上占用教师教学时间的习题课等。

助管。协助各部门的日常工作，每个助管工作时间每学期不低于50个工作时段（每个工作时段为4小时，其中48个工作时段由所聘部门安排工作，2个时段由学院安排监考、答辩秘书等任务）。

助研。助研的工作安排由聘任教师确定，可以参加导师课题研究、搜集资料、数据分析等工作。

6.博士生学位论文的指导

学位论文是学生本人在导师的指导下独立完成的研究成果，论文不得抄袭和剽窃他人成果。学位论文的学术观点必须明确，且立论正确，推理严谨，数据可靠，层次分明，文字通畅。学位论文原则上使用中文撰写，参加国际评审和答辩的博士学位论文、留学生博士学位论文可以用英文撰写。博士学位论文字数一般为中文 8 万～ 10 万字（或同等字数要求的英文单词）。英文撰写的论文，需要提交一个比较详细的中文摘要。

学位论文工作包括开题报告、年度报告、预答辩、评审与答辩等。

学术规范

学生从事学术活动时必须自觉遵守有关法律法规，恪守学术道德和学术规范。详见"上海交通大学研究生学术规范"。

开题报告

学位论文开题工作是培养环节中的关键步骤之一，也是分流淘汰的重要环节。该工作应于资格考试通过后一年内完成。因故休学者或有其他特殊原因者，可申请推迟博士论文开题。参加国际联培的博士生若出访前未进行开题报告，可在合作高校举行论文开题工作，学校须至少有 3 位具有博士生指导资格的专家通过视频参加开题报告，开题报告结果应及时向学院、研究生院报备。开题报告会应在本学科或相关学科范围内公开进行，开题报告专家组应由 3 ～ 5 名具有博士生指导资格的教师组成。

参加论文开题的博士生应撰写论文开题报告，并在开题报告会上就所选课题进行详细报告。论文开题报告会先由博士生就论文选题背景与拟开展研究情况介绍至少 15 分钟，再由专家组及参会师生针对陈述内容及其他相关问题提问至少 15 分钟。

完成开题报告后，学生需在研究生管理信息系统中上传开题报告，并将开题报告复印件交至学院教务办存档。开题报告经院系审核通过后，博士生才能进入论文年度考核阶段。

学位论文年度考核

论文开题通过满 6 个月以上者应参加每年一次的年度考核。因故休学者（不含海外访学）或有其他特殊原因者，可申请免于参加年度考核。正在海外访学的博士生，也须提交年度考核报告。

博士生需撰写年度考核报告，详细阐述本年度论文研究工作的进展情况及所取得的阶段性成果，并以书面形式递交给所属学科。

年度报告考核小组及博士生导师应对年度报告做出综合评估，督促研究生顺利开展课题研究和学位论文撰写，并就考核做出"优秀""良好""合格"或"不合格"的结论。

年度考核不合格者，应由年度报告考核小组根据学生具体情况，做出"建议转为硕士培养"或"建议退学"的意见。

如博士生拟申请国际评审，可在完成年度报告后向学校进行申请。

预答辩

学生可在完成年度报告6～8个月后，根据学位论文完成情况申请预答辩。

i. 预答辩申请基本条件

预答辩应在学位论文初稿完成、学生论文发表达到基本要求时方能进行。一般预答辩时间安排在正式答辩前3个月进行。进行预答辩必须经过导师同意，并由导师事先就该学位论文的学术水平和主要贡献做出评价。

ii. 预答辩委员会组成

预答辩小组由所在学科组织5名副教授级以上（含副教授级）职称的同行专家组成，其中副教授级专家必须具有博士学位，且不超过3名。学生本人的指导教师须参加其学位论文预答辩，但不作为预答辩小组成员。

iii. 举办预答辩会

预答辩会举行之前，预答辩小组成员应对博士学位论文初稿、开题报告、专家的开题论证意见、学位论文年度检查评价和建议，以及年度总结报告等材料进行全面、细致、充分的预审。预答辩会主要内容如下：

① 介绍论文情况：论文作者重点对学位论文的创新性、关键性结论进行论证，导师对博士生的研究情况做全面介绍。

② 质疑并评价：预答辩小组成员对学位论文初稿进行质疑，对论文的创新性、学术水平及理论研究和实验研究的立论依据、研究成果、关键性结论等做出评价并得出结论。预答辩结论分为合格、基本合格、不合格。具体处理规定：

- 合格：提交学位论文评审。
- 基本合格：修改论文后将修改报告与学位论文一并提交评审。
- 不合格：全面修改论文，经导师审核后重新进行预答辩。

学位论文评审

论文评审一般于答辩前 3 个月进行，既可选择进行国内评审，也可选择进行国际评审。根据学校相关规定，院系将对学位论文盲审稿进行重复率检测。学院博士学位论文重复率检测结果（去除本人引用）须低于 15%，达到要求后方可进行论文评审工作。

国内评审。学位论文一式 3 份，分别由 3 位同行专家评审，其中 1 位由所在学科聘请 1 名副教授级以上（含副教授，副教授级专家须有博士学位）同行专家评审，另外 2 份由学校聘请 2 名校外同行专家进行盲审。

国际评审。参加国际评审与答辩的博士学位论文可用英文撰写，且不必参加学校组织的学位论文盲审，但国际评审的博士学位论文必须进行国际答辩。

学院的国际评审与答辩采取分管院长负责制，由各学科负责人负责实施并指定具体操作人员。

国际评审流程：

① 申请与备案。论文开题后 1 年内，由学生本人及导师申请，学科负责人评审，分管院长审核，提交研究生院备案。

② 提交评审论文。在研究生院备案的学生，预答辩合格且论文定稿后，下载并填妥"博士学位论文国际评审与答辩申请表"，将学位论文同时提交至学院和研究生院。

③ 聘请评审专家。导师提名至少 5 位同行专家、学科负责人审核确定评审专家。每篇论文需聘请至少 3 位海外专家评审，聘请的专家必须为终身教职轨制（Tenure-track）或高级讲师（Senior Lecturer）以上人员，其中至少 1 位终身教职（Tenured）正教授。

④ 派送论文及汇总意见。学科负责人指定的操作人员负责将论文发送给聘请的海外专家，并负责评审进程的跟踪和专家意见的回收、汇总。

⑤ 反馈评审意见。学科负责人指定的操作人员负责将汇总的专家评审意见反馈博士生及其导师。经学科点认定和分管院长的审核，符合答辩条件者进入国际答辩环节。

评审时效。论文评审一般在 2 个月内（自论文提交评审之日起计算）完成。评审意见超过 2 个月（寒暑假及国家法定假日除外）未返回者，经导师同意，可申请论文答辩，答辩通过后可申请博士学位。如答辩后返回的评审意见出现异议情况，论文作者仍应按照评审意见进一步修改、完善论文。

学位论文答辩

i. 组织国内答辩

所在学科聘请 5 名或 7 名副教授级以上（含副教授级）职称的校内外同行专家（其中至少 2 名校外专家）组成答辩委员会，其中副教授级专家须具有博士学位，且不超过 2 名。学生本人的导师可作为答辩委员会委员，但不能担任主席，如导师担任答辩委员会委员，答辩委员会须由 7 名专家（含导师）组成。

ii. 组织国际答辩

答辩委员会由 5～7 名专家组成，其中至少 1 位是该论文的国际评审专家或至少 2 位 Tenure-track 或 Senior Lecturer（英制）及以上海外专家。博士生导师作为答辩委员会委员的，答辩委员会须由 7 名专家组成，且导师不能担任答辩委员会主席。答辩委员会的组成及答辩申请人是否满足学校及学院规定的答辩要求等审核工作由学科及学院学位评定委员会负责。

学位审核及学位证书领取

所在学科及学位评定分委员会对学位论文的质量、答辩过程和学术论文发表情况进行审核，并通过无记名投票表决方式做出是否同意授予博士学位的决定。

得票数超过学位评定分委员会应到成员半数者，报学部及学校学位评定委员会审核；分委会同时将根据评审成绩确定重点审议名单。

未达最低得票数（应到成员半数以上）者，暂不授予博士学位，即日起 2 年内，作者可继续研究、修改论文，重新进行学位论文答辩并申请学位，逾期不再受理。

学位申请须通过学院学位评定分委员会、学部学位评定委员会、学校评定委员会三级审核，通过学位申请的博士生名单会在研究生院网站上公示。

学院学位评定一般在每年 2 月下旬、6 月上旬、9 月上旬及 11 月下旬举行，申请学位的博士生需至少提前 3 周完成正式答辩的工作，至少提前 2 周按要求提交相关材料至学院教务办公室。

2.3.2 实例四 密歇根大学技术与运营博士生培养指导实践

本部分主要内容引用自密歇根大学罗斯商学院博士生项目宣传册（Michigan Ross PhD Program Viewbook）和技术与运营博士生项目手册（*Technology and Operations Doctoral Program*，2020）。

1.培养目标

罗斯商学院博士生项目专注于培训商业技术和运营领域的思想领袖和行动领袖，包括但不限于特定领域，如供应链管理、信息系统和技术、创新、医疗保健和公共运营，以及管理科学。罗斯商学院通过包括课程、研究和教学发展的全面教育为世界顶级商学院培养未来的师资。罗斯的毕业生将利用他们的研究、发现来塑造商业世界。罗斯的教师和博士生通过与商业领袖的密切互动来推动他们的研究，从而确定在商业最高层次上直接相关和具有重大影响的问题。因此，罗斯商学院的学者的研究不仅在学术上严谨和彻底，而且旨在提供关键性的见解和政策建议，可用于提供信息和支持战略商业决策。博士生通过严格的课程学习和与导师的密切互动，为进行这样的研究做准备。此外，博士生要在适当的指导和准备下教授一整个学期的课程，为教师职业生涯的教学方面做准备。在这种情况下，他们要对所有的活动负责，包括讲课、作业和与学生的互动。

2.培养流程

到校

入学后第一年的8月，学生与博士生项目协调人和博士生办公室保持联系，以计划他们的入学。

学生通常在8月初入学，特别是如果他们想要注册 ECON 600 课程，以满足基本的分析要求的话。在此期间，学生们经常与博士协调人会面，由协调人评估他们的研究倾向。导师是由博士生协调人根据学生和教师的喜好在第一年9月底分配的。学生们被告知，尽管他们可以随时更换导师，但建议他们至少要坚持到第一个暑假结束。学生们还可以在选择和注册秋季学期的课程方面得到帮助。

第一份暑期研究论文

学生在第一个暑期与他们的博士导师一起研究一个课题。第一个暑假的研究没有论文要求。

第一阶段：课程作业和进度回顾（第二年2月）

在第二年的2月，学生们要对所有系内的教师做一次大约25分钟的关于他们第一次暑期研究的报告。然后，教师会根据学生的陈述和导师的反馈来评估学生的研究，也会对学生的课程作业（核心、研讨课和广度）进行初步评估。综合反馈意见由博士生协调人在2月底前传达给学生。这一阶段尤其重要，因为学生最初研究的课题是由指导老师指派的，而不是自己选择的。因此，这种评估也为学生提供了改变方向和研究新课题的机会。学生可以与新的指导老师一起工作，以准备他们的第二次暑期研究。

第二阶段：考试（第二年12月至次年5月）笔试

如果学生未能满足博士委员会所确定的5门课程要求中的任何1门，则需在每个领域进行由院系管理的笔试。博士学位考试委员会除了测试学生未能获得豁免证书的领域外，还可以考查由博士学位考试委员会和学生导师选择的其他科目。

第三阶段：候选资格评估（第三年9月上半月）

学生必须在二年级的8月31日前向博士协调员提交一份完整的书面暑期报告。论文被分配到至少2位系内的教师，由他们进行阅读和评审。在9月的前两周内，学生也要做一个约25分钟的研究报告。演讲结束后，教师对学生进行评估，以确定其早期博士生候选资格。对学生进行各个方面的博士教育评估：研究、课程作业（核心、研讨会和广度）、教学潜力等。

这种评估有3个可能的结果：

① 如果整体成绩令人满意，学生可以提前获得候选资格。

② 若系内教师反馈该生不适合修读博士课程，则该生将于第三学年秋季学期结束时终止项目并获得硕士学位。

③ 如果教师评估确定该学生有潜力，但尚未表现出能力，那么该学生可以在以下条件下继续学习该课程：

a.在第三年2月形成一个明确的计划，以满足课程和研究要求。

b. 学生被告知需要在第三年2月提交研究论文和报告，此时只有两种可能的结果：晋升为候选人，或在第三年冬季结束时终止项目并获得硕士学位。

综合反馈，包括建议的下一步，将由博士项目协调人传达给学生。

教学：学生通常在三、四年级的冬天参与教学工作。

罗斯鼓励学生在三年级任教，但在安排教学时要考虑几个因素：学生的准备情况、教学时间的可用性、学生的进度等。此外，系内强烈建议学生在计划教学的前一年，在他们要教的课程中担任助教。

第四阶段：提案答辩（在第四年结束前）

罗斯博士学习项目要求学生组成论文委员会，并在第四年的8月31日之前答辩。

第五阶段：最终答辩（在五年级结束前）

罗斯期望学生在5年内完成博士教育并毕业。学生在5年后没有任何资金保障，如果他们在美国学习超过6年，则学生需要自行支付学费。

3. 课程体系、基础能力与科研能力培养

博士项目的主要组成部分是：

课程

学生们将在前三年学习一系列博士水平的课程，作为他们进行原创论文研究的前奏。这些课程涵盖了方法论基础（例如真实分析、计量经济学和随机过程），理论基础（例如微观经济学和动态规划）和高级操作专题研讨会。学生在与导师协商后，选择与个人兴趣相关的选修课。

研究

鼓励博士生一踏入校园就开始研究。一篇适合最终提交到顶级期刊的大规模研究论文，由学生在第二年年底完成。这篇论文作为学生论文的第一篇论文，通常由一到两位教师指导。

初步审查和候选资格

在第二年的12月至第三年的5月期间，将举行一次包括方法和理论基础的初步考试。该考试确保学生掌握了成为学者所必需的能力，但如果他们的课程成绩证明了他们对这项能力的掌握，学生可以免除考试。第二学年结束时，如果学生成功地撰写了完整的研究论文并提交给系里，就会被评估为博士候选人。预计大多数学生将在 5 年内完成学位要求。

所有被录取的学生都将得到全额经济资助，包括学费减免和 5 年的生活费资助。更多关于资助的信息请访问 https://michiganross.umich.edu/programs/phd/funding。

详细的博士学位资格考试和核心课程要求

博士生将在第三学期末到第四学期末（12 月底到来年 5 月初）参加一次考试。在这次考试中，学生要在 5 个科目中表现出能力。有 7 个可能的科目领域，学生必须展示其中 5 个领域的能力。学生可以咨询博士生导师，选择其中的 5 个。学生如在核心能力课程中达到以下成绩标准，便可获得每门科目的免修（如果某一科目得到豁免，则可以在资格考试中免考这一科目）。

对于在优化、概率、动态规划、微观经济学、分析和其他导师建议的科目等专业领域的博士生：

● 在任何学科领域，如果一个学生在核心课程中收到 B+ 或者更低的成绩，则无论在该领域的其他课程取得什么样的出色成绩，都需要在博士资格考试中参加这一领域的考试。

● 如果学生在一个领域选修了多门课程，则学生的平均成绩必须达到 A 或以上，或学生至少有一门课程得 A+，其他所有课程不得低于 A−，才能获得这一领域的豁免。

对于实证建模领域的博士生：

● 如果学生使用 Econ 671 和 / 或 Econ 672 作为完成该领域的课程，则这些课程的平均成绩必须是 A−。

● 如果学生使用 Econ 675 作为完成该领域的课程，则该课程成绩必须为 A 或以上。

● 须同时达到上述两个条件才能获得该领域的豁免。（Econ 671 等为课程代码。）

各领域的核心能力课程及豁免要求如下，除另有说明的情况外，所有课程为3学分。

①优化：IOE 510（线性规划），IOE 511（非线性规划），IOE 610（高级线性规划），IOE 611（高级非线性规划）。学生至少要在该领域内选择一门3学分的课程。

②概率：IOE 515（随机过程），IOE 516（随机过程Ⅱ），MATH 525（概率论），STAT 620（应用概率与随机建模）。学生至少要在该领域内选择一门3学分的课程。

③动态规划：IOE 512（动态规划），EECS 558（随机控制），OMS 899（随机库存或动态规划）。学生至少要在该领域内选择一门3学分的课程。

ECON 610（随机动态优化，半学期课程）：如果一个学生在上述课程中获得了A−的成绩，则可以选修 ECON 610，如果学生在 ECON 610 获得 A+ 的成绩则可以免除该领域的考试。

④微观经济学：ECON 601、602、603、604（微观经济学理论Ⅰ、Ⅱ、Ⅲ、Ⅳ，每门课程1.5学分）。学生至少要在该领域内选择3门共4.5学分的课程，并在3门课程中获得至少A的成绩。或者，学生也可以通过在 ECON 617（高级博弈论）课程中获得 A 或 A+ 的成绩获得豁免。

⑤分析：数学有两个要求——基础和高级。学生需要满足这两方面的要求。

【基本要求】如果学生主修数学或参加高级/研究生水平分析课程，经博士委员会批准，可以取消基本要求。没有上过正式分析课的学生必须在第一学期选修 ECON 600*（经济学数学）或 MATH 451*（高级微积分Ⅰ）以满足基本要求。如果学生在其中一门课上得了 A 或 A+，就可以获得基本要求的豁免。如果学生未能获得 A 及以上的成绩，那么学生必须：在资格考试中增加一门"入门分析"，或在第二个学期选修一门由博士学位委员会推荐的后续课程（如果这样的课程是在冬季）得到 A 及以上的成绩。

*注：从历史上看，ECON 600 从8月中旬开始到10月初结束。想要参加 ECON 600 的学生必须在8月初到达安娜堡。

【高级要求】所有的学生需要完成以下要求之一。第一，在他们博士项目开始的前两年，完成下列课程当中的一门：MATH 597（实分析Ⅱ），STAT 520

（统计数学方法），STAT 620（应用概率和随机建模），STAT 621（概率论 II），或 STAT 625（概率和随机过程）。第二，通过其他方法向博士学位委员会展示其优秀的数学能力。如果一个学生在他们所选的课程中获得 A 或 A+，他们将达到高等数学的要求。如果学生在这些课程中没有获得 A 或 A+，博士委员会和指导老师可以要求学生参加后续课程以提高数学技能。请注意，后续课程每年都有所不同。因此，学生必须尽可能早地注册。

⑥实证模型：ECON 671（计量经济学分析 I）、ECON 672（计量经济学分析 II）、ECON 675（计量经济学）。学生需修满 6 个学分。

⑦指导老师提出的选择

学生在咨询指导老师后，可以向博士生项目协调人提出用一门或多门课程替代原有计划中的课程的申请。该课程必须至少有 3 个学分，最多 6 个学分。这必须由学生在导师的批准下，在第一个夏天的 6 月底前提出。学生需要提供书面说明，指明该课程为何适合自己的研究。指导教师还必须证明所建议的课程内容与现有的课程要求相当。在学生注册该路线的所有课程之前，该申请必须获得批准。

例：机器学习、高级博弈论、实验方法等。

系研讨班：

技术与运营系每学期开设研究研习班。所有一、二、三年级的学生都必须修习此课程以获得学分，除非已修习此课程。

宽度要求：

除上述系内核心要求外，学生还必须满足商学院对 MBA 宽度的要求。学生必须在技术与运营系外学习 2 门 MBA 课程。预计在第四年结束前或在论文开题答辩前完成，以较早的时间为准。学生可以参加一门高管教育课程来满足这一要求（最受欢迎的领域是金融、管理与组织）。

基于之前的研究生经历的申请课程免修要求

i. 核心课程的免修

学生在进入课程之前，如果已经作为研究生教育的一部分学习了同等程度的研究生水平课程，可以申请免修课程要求。

获得此项豁免的具体规则如下：

- 至多有两个领域可获免修。
- 只有作为研究生学位的一部分研究生课程才算作免修课程。
- 在开始我们的课程之前，相关课程必须不早于在罗斯的项目开始的两年前。
- 学生必须在第一学年秋季学期结束前申请免修。
- 申请免修必须包括课程大纲和一份显示成绩的官方成绩单。博士项目协调员也可以要求其他信息。

ii. 免修宽度要求

学生只有在过去两年内选修过同样的 MBA 课程，才能申请豁免宽度要求。即使学生不是在攻读 MBA，在选修过 MBA 项目内的课程也是符合要求的。此外，上述 5 条规则也适用于这些豁免。

4. 其他政策和奖励以及生育支持

研究奖励

如果一篇研究论文在 A 级期刊上第　轮就获得"R&R"（Revision and Resubmit）的意见，该学生将获得 3000 美元的现金奖励。如果论文修改后再提交，或在指定会议，或在指定论文竞赛中获得 R&R，学生将获得 1000 美元的现金奖励。一篇论文最多可获得一个会议奖或竞赛奖，期刊发表奖最多可获得一个奖项，即不超过 4000 美元。每年夏天该奖项会进行年度评审，并在 8 月的年度博士颁奖典礼上颁发。

生育支持

如果博士生在读博士期间有了孩子，在博士生有良好的学术地位和资金支持的情况下，技术与运营系将给其一学期（4 个月）的全薪假期。以后所有的最后期限也将延长一学期。学生需向博士生协调主任提出申请，由至少 3 人组成的委员会（如博士生指导老师、博士生协调主任、系主任等）对申请进行审核并做出决定。

2.3.3 博士项目实例小结

上海交通大学的管理科学与工程博士项目在国内相关领域处于领先地位，

注重提升博士生的学术水平，并且以多种方式支持学生的研究工作。通过海外交流来拓展在研究领域的认识，提升学术水平，是近年来国内高校与国际领先的高校接轨的重要手段之一。而密歇根大学的技术与运营博士生项目，作为美国成熟的博士培养体系的杰出代表，其在课程选择、考评标准设置的科学性和有效性等方面，都已经受了时间的考验。在特定环境下，这样的培养体系能够实现对博士生各方面能力的全面提升。

2.4 总结

本章主要介绍了国内外的博士生培养与硕士生培养的相关研究，并选取了上海交通大学管理科学与工程硕士、密歇根大学供应链管理硕士，上海交通大学管理科学与工程博士以及密歇根大学技术与运营博士共 4 个项目的培养方案作为国内外领先的硕士生、博士生生项目培养实例。

在总结我国研究生培养相关文献的过程中，我们发现通过多年的发展与探索，我国的高等教育在正规化、科学化的道路上已经有了长足的发展，在某些学校和专业还出现了一定程度上的培养方案创新。在硕士培养方面，能够通过课程设置和资源整合，让学生充分利用在校时间学习理论知识的同时，将理论知识应用于实践中。但鉴于欧美发达国家在高等教育领域的先发优势以及对培养体系的不断优化，其经验和模式仍然值得我国借鉴。

欧洲的博士培养充分利用了当地成熟企业数量众多的优势，建立了特色的"校企联合培养"博士制度，让产学研互惠互利的过程形成了良性循环。而美国则充分利用了在学术地位和人才聚集方面的优势，坚持占据了学术领域话语权的高地，在各学科领域的前沿引领研究方向，形成了持续吸纳和输出优势教育资源的良性循环。

尽管我国目前还不具备欧洲的区域企业优势，在学术话语权争夺方面也还处在后发者、追赶者的地位，但是我国拥有显著的市场优势。国内快速发展的市场，以及衍生的行业需求、行业问题等都是能够促进相关领域快速发展的要素。因此，促进国内优秀高校与行业内领先龙头企业的深度合作，在人才培养、课题研究等方面展开全方位的结合，对国家、高校、企业、个人均有益处。未来，专业博士、校企联合培养研究生将是具有潜力的发展方向。响应国家号召，推动产学研一体化，是符合市场规律并且能够客观上推动工业界、学术界、个人以及社会共同发展的必然方向。

第3章

CHAPTER 3

专业学位研究生的培养指导

✉ **本章要点**

　　本章以浙江大学管理学院为例，分别介绍供应链物流领域专业学位研究生（MBA、EMBA、工程硕士）的培养目标和培养体系、课程体系与国际交流、导师对学位论文的指导、学位论文的实例分析以及经验总结。

3.1　浙江大学管理学院专业学位研究生介绍

　　目前，浙江大学涉及供应链物流管理领域的专业学位项目共有两类，分别是浙江大学 MBA 教育中心下设的工商管理硕士项目（MBA），包括全日制工商管理硕士（Full-time MBA）、非全日制工商管理硕士（Part-time MBA）及全球制造与供应链管理硕士（GMSCM），和浙江大学 EMBA 教育中心下设的高级管理人员工商管理硕士（EMBA）项目。我在浙大任教 20 年以来总计培养了专业硕士 118 人次，有颇深的体会。

　　浙江大学 MBA 项目始于 1994 年，历经近 30 年发展日趋成熟，已通过了包括 AACSB（国际高等商学院协会）、EQUIS（欧洲质量发展体系）、AMBA（英国工商管理硕士协会）、CAMEA（中国高质量工商管理教育认证）、CEEMAN IQA（国际质量认证）、QS（Quacquarelli Symonds）之星世界一流商学院综合质量评估认证体系等一系列国际、国内权威认证。MBA 教育中心以培养具有国际视野、创新创业精神、卓越领导能力和高度社会责任感的中高级管理人才和创业型人才为己任。项目通过对引领时代发展的经典管理思想和前沿管理理念的传授，以及对推动行业健康发展的企业管理实践的研讨，来培养和提升学员的职业意识、专业素养和系统思维能力，以充分适应未来不确定环境中的复杂管理任务。

浙江大学EMBA教育中心是浙江大学管理学院下辖的、经教育部和国务院学位委员会批准的、浙江省唯一具有合法资质开展EMBA硕士学位教育的办学机构。在管理新思想不断涌现、新技术日新月异、新实践层出迭现的当今时代，浙大EMBA立足于中国最具创新活力、民营经济最为发达的长三角地区，坚持"国际引领、开放包容"的办学理念，致力于打造"商学"＋教育生态系统，以引领中国最佳商业实践，构筑链接商业前沿与管理新知的中国EMBA教育高端平台，成为浙商精神与新商业文明的积极倡导者、建设者和引领者。根据2018中国最佳EMBA排行榜，浙大EMBA综合排名全国第三，其中课程项目（包括课程创新、多科融合、学科前瞻3个子维度）和EMBA学生评价综合效用均位列第一。

此外，浙江大学在供应链物流管理领域还曾开展过相关的工程硕士（ME）项目。

3.2 培养目标与培养流程

本节从培养目标与培养流程角度分别介绍相关的5种专业学位研究生。

3.2.1 全日制工商管理硕士（Full-time MBA）

2018年，浙江大学对全日制MBA项目进行了全新打造，正式升级为"浙江大学MBA新动力班"。

浙江大学MBA新动力班致力于培养能够引领中国经济社会健康发展的创业型领袖人才。为实现这样的培养目标，新动力班着力打造"商学＋"课程体系，在深化和升级面向特定职能的管理课程，提升学员职业管理素质的同时，增加了领袖素养（儒家文化与企业管理、战略领导力、企业社会责任与伦理）课程模块，以此来提升学员的文化自信和领袖气质。同时，跟世界一流企业合作，开设更多面向数字经济和新兴产业趋势的特色课程和讲座，让同学们对新兴技术和产业演进规律有更加深入的理解和认识，进而为未来更好地驾驭和引领新趋势奠定知识和能力基础。

该专业硕士项目要求学生掌握现代经济学和管理学的基础理论知识，如经济学、管理学和组织行为学；掌握企业管理所需要的基本分析方法与工具，如统计分析和决策分析；掌握与企业职能管理相联系的专业知识，如会计、财务、营销、运营、人力资源管理、信息管理等；还需掌握与企业综合管理相联系的专业知识，如领导、决策、创业、公司治理、战略、商业伦理与企业社会责任等。录取进入该项目的学生应具有在全球视野下把握全局的战略思维和分析能力，具有解决复杂问题的科学决策能力，具有团队意识和沟通能力，具有创新能力和组织领导能力。

该项目课程设置紧密围绕培养目标，每门课程有清晰明确的学习目标，课程教学需确保学习目标之达成；注重培养过程规范性与质量，按照《浙江大学MBA研究生管理制度》对相关培养环节进行管理；注重学位论文质量，根据《浙江大学MBA学位工作细则》《浙江大学MBA学位论文评阅、答辩实施办法》《管理学院关于研究生学术规范实施细则》《管理学院优秀学位论文奖励条例》等制度对论文和学位申请环节进行管理。项目学制为2年，要求学生完成专业实践环节，即参加商务实践或海外访学活动，并提交报告；要求开题报告在第1～1.5学年完成，开题报告完成至少6个月后，才能进行论文送审、答辩。

该项目毕业和授予学位标准为：

① 修完必修课程且达到本专业培养方案最低课程学分要求。

② 完成所有培养过程环节考核并达到相关要求。

③ 通过学位论文答辩。

3.2.2　非全日制工商管理硕士（Part-time MBA）

浙江大学非全日制MBA项目以培养具有高度社会责任感和职业素养，具有国际化视野、系统的管理理念、创新创业精神和卓越领导力的中高级管理人才和创业型人才为己任。项目通过对引领时代发展的经典管理思想和前沿管理理念的传授，以及对推动行业健康发展的企业管理实践的研讨，来培养和提升学员的职业意识、专业素养和系统思维能力，以充分适应未来不确定环境中的复杂管理任务。

项目学生应具有良好的学术道德和商业道德，具有企业公民意识、社会责任意识和可持续发展意识，具有人文精神、科学精神和创新创业精神。与全日制 MBA 项目一样，非全日制 MBA 项目要求学生掌握现代经济学和管理学的基础理论知识，掌握企业管理所需要的基本分析方法与工具，掌握与企业职能管理相联系的专业知识，以及掌握与企业综合管理相联系的专业知识。通过完成该项目，学生应具有在全球视野下把握全局的战略思维和分析能力，具有解决复杂问题的科学决策能力，具有团队意识和沟通能力，具有创新能力和组织领导能力。

非全日制 MBA 项目的培养流程与全日制 MBA 项目类似，只是学制为 2.5 年，项目要求开题报告在第 2 学年完成，开题报告完成至少 6 个月后，才能进行论文送审、答辩。

该项目毕业和授予学位标准同样为：

① 修完必修课程且达到本专业培养方案最低课程学分要求。

② 完成所有培养过程环节考核并达到相关要求。

③ 通过学位论文答辩。

3.2.3 全球制造与供应链管理硕士（GMSCM）

全球制造与供应链管理硕士项目（Master in Global Manufacturing and Supply Chain Management）是由加拿大麦吉尔大学（McGill University）与浙江大学两所著名高校联合创办的双学位硕士项目，基于原有的加拿大麦吉尔大学的制造管理硕士项目（MMM）和浙江大学工商管理硕士项目（MBA）设计而成。完成该项目学习的学生将获得两所大学所颁发的硕士学位。该项目致力于培养具有国际化视野的制造业、生产性服务业和物流企业的核心经理人员。

该项目学制 2.5 年，其培养流程具有以下特色与优势：

① 国际化的师资团队。项目授课语言为英语，加拿大麦吉尔大学与浙江大学两所国际名校整合两校优秀师资，打造一流教学管理团队。50% 左右的课程由加拿大麦吉尔大学教授亲临杭州授课。

② 前沿性的课程体系。课程针对国际制造业管理实践前沿，同时也结合中国国情，分析中国制造业管理实践与发展趋势。

③ 人性化的学习方式。学员可采取集中式的在职学习方式。

④ 丰厚的赞助企业奖学金。赞助企业将会为 GMSCM 项目提供充足的奖学金名额。

⑤ 丰富的教学模块。浙大 MBA 选修课对 GMSCM 项目学生开放；同时麦吉尔大学在加拿大设有海外模块，供 GMSCM 项目学生选修。GMSCM 项目学生可以选修在加拿大蒙特利尔授课的 MMM 项目课程并可参访当地企业。

⑥ 双硕士学位项目。课程修满、成绩合格的学生，可获得浙江大学 MBA 硕士学位及研究生学历证书和加拿大麦吉尔大学的 Master of Manufacturing Management 学位证书。

⑦ 充足的实习机会。GMSCM 项目合作企业会向 GMSCM 项目学生提供大量的实习岗位，帮助 GMSCM 学生更好地调整职业发展方向。

⑧ 广阔的校友网络。2019 级项目新入学同学平均有 11 年以上制造、服务物流、供应链等相关行业从业经验。毕业生可终身享受两校的职业发展、企业实习等校友服务，融入两校精英荟萃的校友网络。

3.2.4 高级管理人员工商管理硕士（EMBA）

高级管理人员工商管理硕士（Executive Master of Business Administration，EMBA）教育是由美国芝加哥大学管理学院首创的。其实质特征是一种具有学位的在职培训，它是随着商界领袖及中层管理人员对补充和更新商务知识，提高经营本领的要求而产生、发展的。其课程以全日制工商管理硕士（MBA）课程为基础，专门针对高级管理人员的实际需求定制，是工商管理（MBA）专业学位教育的一种高级形式。

与 MBA 相比，EMBA 招生的对象要求更加严格，一般要求有 8 年以上的工作年限和丰富的实际管理经验，且大多为公司副总经理以上的高管、董事或股东等企业家群体；两者教师队伍也不相同，EMBA 的教授中至少 30% 必须是欧美一流大学商学院具有丰富的 EMBA 教育经验的知名教授，国内师资一般应同时具有博士学位、海外留学背景、管理咨询经验和 EMBA 教学经验，他们均是各校商学院最受欢迎的一流精英教授。

MBA 的培养方案偏重于非高管职业经理人的标准化训练，而 EMBA 授课特别注重提高学员的决策水平、战略管理及创新能力的培养，除帮助学员建立全面系统的商学知识体系外，还将通过大量置入"商学＋人文＋科技"的案例分析、实战模拟、团队合作以及海外访学等多种方式来培养学员的企业家精神、全球视野与领导力。

浙江大学EMBA致力于培养具有"国际视野、创新能力、创业精神和社会责任"的卓越企业家、创新型创业者和高级管理人才，以"商学＋科技、商学＋人文"的创新型学科交叉培养模式不断深化教学改革，构筑以浙商为内核、辐射全球的创新创业生态系统。

该项目要求学生具有良好的学术道德和商业道德；系统掌握商科经典基础理论知识，具备运用管理相关知识和理论工具分析解决实际问题的能力。该项目广泛采用案例分析、计算机模拟、小组讨论、专题研讨、企业考察、实境训练、咨询式经营管理研讨会、海外访学等教学创新模式，提倡互动式教学和案例教学，注重国际视野、创业精神、创新能力和社会责任四大方面的知识培养。该项目要求学生具有较为独立的发现、分析和解决问题的能力，具有引领企业转型发展和持续变革的创业能力，具有开拓发展的创新能力，能在不断变化的环境下经营企业、管理决策等。同时，具备能以口头或书面的形式展示学术专长的学术交流能力。

该项目引入国际认证AACSB的AOL质量保证体系，课程设置紧密围绕培养目标，每门课程有清晰明确的学习目标，课程教学需确保学习目标达成；注重培养过程规范性与质量，按照《浙江大学EMBA研究生管理细则》对相关培养环节进行管理；注重学位论文质量，根据《浙江大学EMBA学位论文撰写基本要求》《浙江大学EMBA学位论文审查、评阅、答辩和学位申请工作细则》《浙江大学EMBA学位论文评审标准》《浙江大学EMBA学位论文规范格式》《浙江大学EMBA优秀学位评审与奖励办法》等制度对论文和学位申请环节进行管理。该项目学制2年，要求学生完成专业实践环节，计1学分；参加海外访学并提交实践报告，计2学分。项目要求开题报告在第1～1.5学年末完成，开题报告完成至少3个月后，才能进行论文送审、答辩。

该项目毕业和授予学位标准为：

① 修完必修课程且达到本专业培养方案最低32学分。

② 完成所有培养过程环节考核并达到相关要求。

③ 通过学位论文答辩。

3.2.5　工程硕士（Master of Engineering, ME）

浙江大学管理学院曾经拥有两个工程硕士（ME）项目，分别是物流工程领域工程硕士和项目管理领域工程硕士。

物流工程领域工程硕士旨在培养从事物流产业发展规划，物流基础设施与信息平台规划，物流企业经营与管理，物流系统规划与设计，供应链的规划、组织与控制等现代物流工程高级人才。该项目要求掌握现代管理理论和方法及各种工程领域的现代规划、设计和开发使用的理论与方法，如交通运输现代化理论和方法，电子、信息及控制技术，系统工程，计算机应用等；要求掌握一门外语，有较强的笔译和口语能力。

项目管理领域工程硕士则期望培养从事项目决策、计划、实施、评估等项目全寿命期管理工作的复合型、应用型高级项目管理人才。该项目要求具备本领域坚实的理论基础和宽广的知识，了解项目管理在国内外的发展趋势，能独立从事项目策划与评估、项目融资、项目组织、项目采购、项目计划、项目实施与控制、项目风险管理、项目人力资源与沟通管理等工作；具有较好的外语水平，能顺利阅读相关文献并能进行一定的口头和书面沟通。

物流工程领域工程硕士与项目管理领域工程硕士培养流程一致，均包括：

① 采取进校不离岗方式学习，在校学习时间累计不少于 6 个月（外地教学点除外），课程实行学分制，采取多学科综合、宽口径的培养方式。

② 论文采取双导师制，包括文献检索与论文导写、论文选题报告、学位论文写作。

③ 学习年限一般为 2.5 ～ 3 年，最长不超过 5 年。

物流工程领域工程硕士项目要求论文选题必须解决工程实际问题，有明确的工程应用背景和应用价值；需结合所在部门的实际进行研究工作，并撰写论文。论文可以是一个完整的工程技术项目，或某工程项目的子项目，必须有相关方案的比较、评估、设计计算和完整的图纸等相关文件；可以是某项规划、设计项目，必须有相应的技术经济比较；可以是新产品、新流程、新方法的设计和开发，必须有设计开发的全部技术资料以及分析；可以是某物流信息系统的设计和开发，必须有系统的相关技术文档以及相关软件；可以是物流工程领域的成果，必须有新的经营管理理论、方法和效果分析等。

类似地，项目管理领域工程硕士项目同样要求论文选题必须解决工程实际问题，有明确的工程应用背景和应用价值，并且应解决一个（或以上）完整的项目管理问题。对于基础性技术、管理模式或软件开发性研究，应该给出其理论依据、完整描述、应用范围、应用实例及结果分析。对于应用性研究，应该给出问题的完整描述、解决问题的方法、结论、合理性分析和效益。这种应用性研究可以是项目策划、融资、组织方案的设计，项目计划与控制的模式或方法的研究，项目纠纷处理方案，也可以是项目管理模式、技术、方法、环境的研究等。

3.3 课程体系与国际交流

本节将简要介绍浙江大学 5 种专业学位的课程体系和国际交流情况。随着科技、经济、社会的发展，物流与供应链管理交叉学科研究生的人才规格需求日益多样化。浙江大学依托综合性大学多学科的优势，遵循物流学科和供应链管理发展趋势和规律，为拓宽口径，加强基础教学和学科交叉，对专业学位硕士项目的培养方案进行提升完善，对课程体系进行整合优化。专业学位硕士的课程分为平台（必修）课程和方向（选修）课程两部分。专业学位必修课程注重基础教学，选修课程的涉及面则更为广泛，包含物流与供应链管理在内的多种方向，为多样性物流人才培养和学科之间的交叉发展创造教育教学空间。

5 种专业学位硕士项目在开设国际交流环节的同时，积极鼓励学生参与国际交流，提升国际视野，其中以全球制造与供应链管理硕士项目（GMSCM）最具代表性。

3.3.1 全日制工商管理硕士（Full-time MBA）

浙江大学 MBA 新动力班致力于培养能够引领中国经济社会健康发展的创业型领袖人才。为了实现这一培养目标，浙江大学将着力打造"商学＋"课程体系。首先，提升通识教育的内容，增加领袖素养（儒家文化与企业管理、战略领导力、企业社会责任与伦理）课程模块，以此来提升学员的文化自信和领袖气质；其次，深化和升级面向特定职能的管理课程，提升学员的职业管理素质；最后，开设更多面向新兴技术和产业趋势的特色课程和讲座，让同学们对新兴技术和产业有更多深入的理解和认识，以此来培养学员的独特管理能力。

该项目包括学前模块、领导力模块、分析技能性模块和职能模块 4 个必修模块，如图 3-1 所示。

必修课模块

Module P 学前模块 Pre-term

P1　入学导向 Orientation
P2　前置课程 Pre-courses

Module A 领导力模块 Leadership

A1　领导力与组织行为 Leadership and Organizational Behavior
A2　企业家精神 Entrepreneurship
A3　创新与变革管理 Innovation and Managing Change
A4　企业社会责任与伦理 Corporate Social Responsibility and Ethics
A5　战略管理 Strategic Management

Module B 分析技能性模块 Analytic Skills

B1　批判性思维 Critical Thinking
B2　财务会计 Financial Accounting
B3　商务统计分析 Business Statistical Analysis
B4　管理经济学 Managerial Economics
B5　宏观经济分析与政策 Macro-economic Analysis and Policy

Module C 职能模块 Business Fundamentals

C1　营销管理 Marketing Management
C2　运营管理 Operations Management
C3　人力资源管理 Human Resource Management
C4　公司财务 Corporate Finance
C5　管理会计 Managerial Accounting

图 3-1　全日制工商管理硕士必修课模块

（来源：http://mba.zju.edu.cn/page-xdl.html）

而选修模块则围绕着"领袖素养""数据思维""创业精神"和"全球视野" 4 个方面展开。以 2019 级浙江大学 MBA 新动力班为例，部分方向选修课程如表 3-1 所示。全部全日制 MBA 课程设置见附录 3.1。

表 3-1　浙江大学 MBA 新动力班选修课模块

管理素质	领袖素养	数据思维	创业精神	全球视野
课程设置	为商通说	人工智能与数据挖掘	开放创新与公司内部创业	国际商务
	儒家文化与企业管理	消费者数据分析	商业模式设计	国际金融
	战略领导力	数据驱动的社交媒体营销	创新与变革管理	跨文化管理
	企业社会责任与伦理	电商网站数据分析与优化	——	全球化知识产权博弈、策略和管理

（来源：http://mba.zju.edu.cn/page-xdl.html）

行动学习（action learning）是浙江大学 MBA 新动力班的核心课程，学员以行动学习小组的方式组成团队，共同帮助企业解决真实存在的管理问题。包括阿里云、大华在内的世界一流企业将会为学生们提供待解决的管理问题。MBA 教育中心为学员配备指导教授，帮助同学提升问题发现、分析和解决的能力，同时推动大家的职业发展规划。

项目还开设海外访学和国际企业实践环节，通过国外课程进修、项目咨询等形式，扩大学生的国际视野，为未来的职业转型发展做好准备。

在专业硕士的课程教学方面，我先后主讲了两门 MBA 必修课程：管理经济学（中文、全英文）、管理统计学（早期名称，后来改成"商务统计分析"）。其中全英文管理经济学（managerial economics）是浙大管院第一门全英文课程。21 世纪初是中国范围内 MBA 教育的早期快速发展阶段，我作为 MBA 教育的一名探索者，"筚路蓝缕，以启山林"，也为浙大 MBA 课程体系的建立完善贡献出了自己的一分力量。

1. MBA "管理经济学"课程教学

我于 2000—2001、2001—2002 学年为 MBA 学生讲授了"管理经济学"课程。该课程以微观经济学为基础，讲述管理经济学的理论和方法，侧重探讨经济学原理在管理决策中的应用。主要内容包括需求分析、生产和成本理论、市场结构分析、产品和投入要素定价、企业决策与政府管制等。具体课程大纲如下：

教材

[美] H. 克雷格·彼得森，W. 克里斯·刘易斯 . 管理经济学 . 北京：中国人民大学出版社，1998.

参考书

[美] J. 麦圭根，R. 莫耶，F. 哈里斯 . 管理经济学 . 北京：机械工业出版社，2000.

袁志刚 . 管理经济学 . 上海：复旦大学出版社，1999.

何国华，胡志强，肖卫国 . 管理经济学 . 武汉：武汉大学出版社，1998.

孙多勇，等 . 管理经济学 . 长沙：国防科技大学出版社，1999.

李宝山，黄海 . 工商管理案例：管理经济学卷 . 北京：中国人民大学出版社，1999.

成绩评估

课程成绩将根据学生的课堂参与、平时作业、案例分析报告和期末考试成绩，按表3-2所示的比例决定。

表3-2　MBA"管理经济学"课程成绩评估比例

项　目	比　例
课堂参与	10%
回家作业	10%
案例分析	20%
期末考试	60%

● 每次所留作业应在规定时间交给授课教师，晚交作业按零分处理。

● 案例分析采用小组形式课下讨论，每组选代表上台做演讲，最后以案例分析报告形式上交。案例分析成绩将根据演讲和报告水平打分。

课程内容与进度

具体如表3-3所示。

表3-3　MBA"管理经济学"课程内容与进度

讲 / 周	课程题目	课程要求（阅读与作业）
第一讲 （2001-9-17）	绪论	《管理经济学》第一、二章；
	个人需求和消费者行为	《管理经济学》第三章；
第二讲 （2001-9-24）	市场需求和弹性分析	《管理经济学》第三章；
	案例分析	案例汇编
	—	作业一
第三讲 （2001-10-8）	需求的估计与预测	《管理经济学》第四、五章；
	生产和成本：生产理论	《管理经济学》第六章；
第四讲 （2001-10-15）	生产和成本：成本理论	《管理经济学》第七章；
	案例分析	案例汇编
	—	交作业一
第五讲 （2001-10-22）	市场结构	《管理经济学》第九章；
	—	作业二

续表

讲/周	课程题目	课程要求（阅读与作业）
第六讲 （2001-10-29）	市场结构（续）	《管理经济学》第十章；
	定价决策	《管理经济学》第十二、十三章；
	案例分析	案例汇编
第七讲 （2001-11-5）	企业长期计划决策	《管理经济学》第十四、十五章；
	企业决策与政府管制	《管理经济学》第十八、十九章；
	—	交作业二
第八讲 （2001-1-12）	案例分析	案例汇编
	课程总结	交案例分析报告

2. 全英文"管理经济学"课程教学

我先后于 2000—2001、2007—2008 学年，为全日制 MBA、创业管理班硕士生用英文讲授"管理经济学"课程。具体英文教学大纲如下：

Course Description

The objective of this course is to provide the students with an understanding of how microeconomic theories and methods can be applied to business decision making. The course covers topics such as demand, production and cost, market structure, pricing, risk and capital budgeting.

Textbook

H. C. Peterson and W. C. Lewis. Managerial Economics, 4th Edition. Upper Saddle River: Prentice-Hall.

[美] H. 克雷格·彼得森，W. 克里斯·刘易斯. 管理经济学（注释版）. 北京：中国人民大学出版社，2006.

J. McGuigan, R.C. Moyer, and F. Harris. Managerial Economics: Applications, Strategy, and Tactics, 9th Edition. Beijing: China Machine Press, 2003.

Edwin Mansfield. Study Guide and Casebook for Managerial Economics, 2nd Edition. New York: W.W.Nerton & Company, 1993.

Evaluation

A student's final grade will be determined according to the following proportion, as shown in Table 3-4.

表3-4　Course Evaluation for Managerial Economics

Item	Proportion
Case Presentation (2)	20%
Case Study Report	20%
Final examination	60%

Course Schedule

表3-5　Course Schedule for Managerial Economics

Week	Topic	Reading and Assignment
1 (Sep.10, 2007)	Overview	"Managerial Economics" Chapter 1-2
2 (Sep.17, 2007)	Demand	"Managerial Economics" Chapter 3-4
3 (Sep.24, 2007)	Supply: Production	"Managerial Economics" Chapter 6
4 (Oct.8, 2007)	Supply: Cost	"Managerial Economics" Chapter 7
5 (Oct.15, 2007)	Market Structure	"Managerial Economics" Chapter 9-10
6 (Oct.22, 2007)	Pricing	"Managerial Economics" Chapter 12-13
7 (Oct.29, 2007)	Risk and Capital Budgeting	"Managerial Economics" Chapter 14-15
8 (Nov.5, 2007)	Business Decisions & Government	"Managerial Economics" Chapter 18-19
(November, 2007)	Final Examination	—

3.MBA"管理统计学"课程教学

我于2002—2003、2003—2004学年为MBA学生讲授了"管理统计学"课程。管理统计是管理科学领域应用最为广泛的定量分析方法。正确地掌握和应用管理统计学方法，对大多数管理问题的研究而言，都是重要的。本课程强调统计学对管理问题的应用，培养学生对概念的透彻理解和统计软件的应用。在讲授统计学理论与方法的同时引进案例教学，学生便能较为熟练地应用统计方法对管理实际问题进行分析，并可自行上机实习，从而巩固学习内容，体会统计方法的应用及计算机实践。

本课程的主要内容包括如下几部分：数据统计与决策、描述统计、概率和概率分布、抽样和抽样分布、参数估计、假设检验、回归分析、时间序列分析与预测。本课程进行定量分析的主要手段是管理软件的应用。电子表格软件包（Spreadsheet，如 Excel）提供了一个不需要掌握数学知识而进行定量分析的强大武器。除 Excel 外，本课程应用的软件还有 SPSS（统计分析软件）。具体教学大纲如下：

教材

[美] 戴维·安德森，丹尼斯·斯威尼，托马斯·威廉姆斯. 商务与经济统计. 北京：机械工业出版社，2000.

参考书

[加] 钟彼德（Peter C. Bell）. 管理统计案例. 北京：机械工业出版社，1999.

马庆国. 管理统计. 北京：科学出版社，2002.

成绩评估

本课程的最后成绩将根据学生的课堂参与、平时作业、案例分析和期末考试成绩，按表3-6所示比例决定。

表3-6 MBA"管理统计学"课程成绩评估比例

项 目	比 例
课堂参与	10%
回家作业（2～3次，每人）	10%
案例分析（2～3次，小组）	20%
期末考试	60%

本课程鼓励课堂中学员热烈参与讨论，这部分成绩将根据出勤次数和参与程度打分。教材的每章后面有大量习题，学员必须在规定时间内完成布置的作业。案例分析采用小组形式课下讨论，每组选代表上台做演讲（PowerPoint 形式）。案例分析成绩将根据演讲水平打分。

课程内容与进度

具体如表3-7所示。

表 3-7　MBA"管理统计学"课程内容与进度

讲/周	课程题目	课程要求（阅读、作业）
第 1 讲（2006-9-13）	绪论，描述统计	《商务与经济统计》第 1～3 章
作业一：第 1 章 5、19，第 2 章 39、47、51，第 3 章 59、63、69		
第 2 讲（2006-9-20）	概率和概率分布	《商务与经济统计》第 4～6 章
第 3 讲（2006-9-27）	抽样和抽样分布	《商务与经济统计》第 7 章
第 4 讲（2006-10-11）	参数估计	《商务与经济统计》第 8 章
第 5 讲（2006-10-18）	假设检验	《商务与经济统计》第 9～11 章
作业二：第 4 章 59、69，第 5 章 69，第 6 章 47，第 7 章 59、65，第 8 章 45、57		
第 6 讲（2006-10-25）	方差分析	《商务与经济统计》第 13 章
第 7 讲（2006-11-1）	回归分析	《商务与经济统计》第 14～16 章
第 8 讲（2006-11-8）	时间序列分析与预测	《商务与经济统计》第 18 章
作业三：第 9 章 71、83，第 10 章 43，第 13 章 51，第 14 章 65，第 15 章 47，第 18 章 29、35		
（2006-11-24）	期末考试	—

附：案例分析及报告要求

下面简要介绍一下如何撰写案例分析报告。案例报告是将对案例的分析与建议有说服力地清楚表达出来的一种途径。尽管你的报告可能会与下面给出的要求不尽相同，但是报告一定要将论点、论据和结论有逻辑地陈述出来。牢记你的责任是要使读者信服，因为他们是评价你的报告的法官。下面分别进行论述。

问题概要：这一部分先概要介绍一下你对问题的基本认识，并说明你的认识与理解所基于的主要事实和假设。如果你对问题的看法与案例中的人物的看法和陈述截然不同，就必须简要讨论一下这些差异并证明你的看法的合理性。

分析：这一部分陈述了你对问题所包含的事实的解释。运用课堂和教材中所介绍过的思想和模型，描述问题或机会产生的背景与原因。在分析的这一部分里，不需要总结或重申案例所陈述的事实，而是假设读者已经熟悉案例的内容，但是千万不要认为他们会跟你有同样的认识和看法。这里分析的事实仅仅是你得出结论的证据。你所做出的结论必须清楚明了，因为你的目标是要使你的读者相信你对整个问题彻底了解，基于这一了解，你的建议也是真实可行的。

用图表显示复杂的信息是说明结论的一种很有用的方法。尽管你可以将大量的信息作为附件放在报告的后面，但是千万不要以为读者会仔细阅读后面的附件。因此，你要把所有关键的数据和结论都放在报告的正文中，附件只用于存放支持论点的数据或者一些附加的说明。

可供选择的行动方案：描述从你的分析中得出的 2～4 种可供选择的行动方案，比较各自的优缺点。这里，同样需要运用案例所提供的信息来支持各种方案的可行性，而不要只讲空话和套话，要知道你的目标是要使读者相信你对问题的各个方面都有全面的认识。如果处理得好的话，各种可供选择的行动方案的比较和说明是说服读者的一种很好的方法。

建议：简要地陈述建议的行动方案，并简要说明为什么这些建议会很好地解决你所分析的问题。讨论在实施各个行动方案时，必须遵循的重要原则。明确事情的先后和重要次序，并做一些处理意外事件的计划。如果你的建议得到实施，你希望最终的结果如何，什么地方可能出错，要采取怎样的相应措施，这些都是在这一部分中必须回答的问题。

3.3.2　非全日制工商管理硕士（Part-time MBA）

非全日制 MBA 项目为中文授课，课程体系包括 4 个必修课模块和若干选修课模块，其中必修模块与浙大 MBA 新动力班相同。

结合学院的学科特点和社会发展需求，非全日制 MBA 选修课分专业方向开设。每个专业方向都有明确的培养目标与完善的理论体系，保持与企业最新实践前沿的同步，并体现一定的特色。每个选修课模块包含 10～16 学分，除授课教师外，还将邀请一定比例的实务界资深精英参与选修课的课程设计和教学研讨。

该项目的课程体系中，专业学位课"运营管理"，专业选修课"项目管理""供应链物流管理实践与创新"和"国际运营和采购"都适宜供应链物流管理方向的研究生学习。全部非全日制 MBA 课程设置见附录 3.2。

3.3.3　全球制造与供应链管理硕士（GMSCM）

该项目授课语言为英语，由加拿大麦吉尔大学与浙江大学两所国际名校整合两校优秀师资，打造一流教学管理团队授课。50% 左右的课程由加拿大麦吉尔大学教授亲临杭州授课。课程针对国际制造业管理实践前沿，同时也结合中国国情，分析中国制造业管理实践与发展趋势。

此外，麦吉尔大学在加拿大设有海外模块，供 GMSCM 项目学生选修。GMSCM 项目学生可以选修在加拿大蒙特利尔授课的 MMM 项目课程并可参访当地企业。

该项目课程体系如表 3-8 所示。

表 3-8　全球制造与供应链管理硕士项目课程设置

模块名称	课程名称
硕士核心模块（General Management Module）	财务会计（Financial Accounting）
	组织行为学（Organizational Behavior）
	现代金融原理（Elements of Modern Finance）
	市场营销（Marketing）
	企业社会责任（Corporate Social Responsibility）
供应链管理模块（Supply Chain Management module）	战略运营管理（Strategic Management of Operation）
	全面质量管理（Total Quality Management）
	采购与分销（Procurement and Distribution）
	数据决策与模型（Data Decisions and Models）
	生产运营分析（Analysis: Production Operations）
制造管理模块（Manufacturing Management Module）	计算机集成制造（Computer Integrated Manufacturing）
	产品设计（Product Design）
	制造信息系统（Manufacturing Information Systems）
限选课模块（Compulsory Electives）	入学导向（Orientation）
	跨文化管理（Cross Cultural Management）
	组织变革管理（Managing Organizational Change）
	管理沟通（Managerial Communication）
	物流管理（Logistics Management）

模块名称	课程名称
行业模块（Industry Module）	制造行业阶段（Manufacturing Industrial Stage）
	制造案例分析（Manufacturing Case Studies）
	制造行业讲座（Manufacturing Industrial Seminar）
研究生公共课（Common Courses）	批判性思维（Critical Thinking）
	研究生英语基础技能（English Proficiency Test）
	研究生英语能力提升（English Communication Skills）

（来源：http://mba.zju.edu.cn/lists-zlxz.html）

3.3.4　高级管理人员工商管理硕士（EMBA）

浙大 EMBA 项目聘请享誉全球的学术行业大师讲授。课程融"国际视野、创新能力、创业精神、社会责任"于一体，用国际前沿管理理念分析当今中国社会经济改革实践中的矛盾和问题，竭力为各界管理精英构建一个产学研无缝对接和终身学习的平台。

参照国际权威管理教育质量认证体系的标准，考虑浙大 EMBA 生源特色，以及区域经济、民营经济、全球经济发展，浙大 EMBA 采取课堂授课、专题讲座、高级工商管理案例分析、移动课题、海外访学等个性化选修课程方式，让学生拓宽经营视野，以达到活学活用、创新商业问题解决方案的目的。

该项目课程体系以"商科精要"模块为基础、以"创新创业"模块与"金融资本"模块为双核驱动、以"四大思维"模块为前瞻牵引，打造浙大 EMBA 独具特色的"大格局"整体培养方案。具体课程体系如图 3-2 所示。

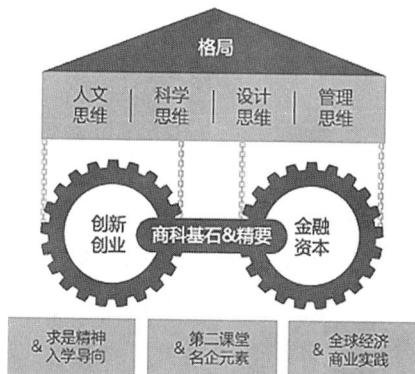

图 3-2　高级管理人员工商管理硕士课程体系
（来源：http://emba.zju.edu.cn/lists-zlxz.html）

为了适应国际环境变化趋势和我国经济转型升级的现代教育发展趋势，开展创新创业综合管理的复合型高级管理人才专业化特色培养，EMBA项目包含多门特色选修课程，以帮助学员在全球环境下了解如何创新与创业，理解并运用商科相关知识和理论工具分析实践问题，并在不断变化的环境下良好地经营企业。该项目的所有必修和选修课程设置详见附录3.3。

该项目的课程体系中，专业选修课"生产运营与供应链物流管理"适宜供应链物流管理方向的研究生学习。2004年秋，浙大管理EMBA中心邀请美国韦恩州立大学（Wayne State University）Allen W. Batteau教授为首届EMBA学员讲授该课程，我作为同声翻译参与了这门课的教学。

3.3.5 工程硕士（ME）

物流工程领域与项目管理领域的工程硕士课程设置紧贴专业方向，各有特色。物流工程领域要求必修"现代物流与供应链管理""物流系统规划与设计""物流系统建模与仿真""物流系统运作管理""物流信息系统""物流工程专题"等课程。而项目管理领域则必修"项目管理学""项目计划与控制""项目管理软件与应用""项目管理专题"等课程。

两者专业选修课均可根据不同行业、培养单位和培养对象的具体情况设置。物流工程领域主要有"运输与配送管理""仓储与库存管理""国际物流""物流技术""质量管理""人力资源管理""项目管理""创新管理"等选修课程。项目管理领域的选修课程涉及技术、经济、法律、管理等方面，主要有"项目质量管理""项目采购管理""项目管理法律实务""项目人力资源管理""沟通管理""财务管理""项目融资""战略管理""创新管理""信息管理"等。工程硕士的课程学习总学分不少于33学分。该项目具体课程设置详见附录3.4。

我于2006—2011学年，为浙大管院工程硕士研究生（物流工程和项目管理专业）讲授了必修课"现代物流与供应链管理"。在此之前，我曾为MBA学生讲授过"物流与供应链管理"（选修课）。现代物流作为一种先进的管理技术，被广泛认为是企业发展中，继降低资源消耗、提高劳动生产率之后的第三种利润源泉。本课程采用系统管理科学的观点，阐述了现代物流管理的基本理念、过程管理及其应用。主要内容包括供应链物流管理导论、企业物流及其合理化、供应与生产物流、销售物流、库存管理、第三方物流、物流信息技术、全球物流等。通过本课程的学习，学生将掌握现代物流与供应链管理领域的最新发展。具体课程大纲如下：

教材

邹辉霞.供应链物流管理（第2版）.北京：清华大学出版社，2009.

参考书

[美]唐纳德·J.鲍尔索克斯，戴维·J.克劳斯，M.比克斯比·库珀，等.供应链物流管理（第2版）.马士华，张慧玉等译注.北京：机械工业出版社，2007.

马士华，林勇，陈志祥.供应链管理.北京：机械工业出版社，2000.

周德科.物流案例与实践（一）（二）.北京：高等教育出版社，2005.

国家发展改革委员会经济运行局，南开大学现代物流研究中心.中国现代物流发展报告2009年.北京：机械工业出版社，2009.

成绩评估

本课程的最后成绩将根据学生的课堂参与、案例研究、期末考试成绩，按表3-9所示比例决定。

表3-9　ME"现代物流与供应链管理"课程成绩评估比例

项　目	比　例
课堂参与	10%
案例研究	30%
期末考试	60%

● 本课程鼓励课堂中学员参与讨论，这部分成绩将根据出勤次数和参与程度打分。

● 案例研究为啤酒游戏实验（实验规则另发），采用小组形式进行，实验结束后每组选代表上台做演讲（PowerPoint形式），并完成案例报告（Word）。案例研究成绩将根据演讲水平和案例报告情况打分。

课程内容与进度

课程内容与进度如表3-10所示。

表3-10　ME"现代物流与供应链管理"课程内容与进度

讲/周	课程题目	课程要求（阅读、作业）
第1讲（2011-10-22）	供应链物流管理导论	《供应链物流管理》第1章
第2讲（2011-10-22）	企业物流及其合理化	《供应链物流管理》第1章
第3讲（2011-10-29）	采购与生产物流	《供应链物流管理》第2～3章
第4讲（2011-10-29）	销售物流与需求预测	《供应链物流管理》第4～5章
第5讲（2011-11-12）	库存管理	《供应链物流管理》第6章
第6讲（2011-11-12）	第三方物流	《供应链物流管理》第11章
第7讲（2011-11-19）	物流信息技术	《供应链物流管理》第12章
第8讲（2011-11-19）	全球物流、物流运输	《供应链物流管理》第13章
2011-12-10	期末考试	—

3.4　学位论文的写作方法

根据我国的《学位条例》（2004），硕士学位获得者应达到的学术水平是在本门学科的学习中掌握坚实的基础理论和系统的专门知识，具有从事科学研究或独立担负专门技术工作的能力。

学位论文是高等学校和科研机构的研究生独立完成的总结性作业，是研究生为获得学位而撰写和提交的论文。完成学位论文是培养研究生的科研技能和独立科研能力的一个重要环节，同时也是学位申请者学术水平与科研能力的证明。

与学术型学位不同，专业型学位的培养对象主要是从事各行业实际工作的专门人才，因此，在对学位论文质量的要求和衡量标准方面，专业学位论文的侧重也不同。

浙江大学对于MBA专业学位论文的定位是：立足现实的管理实践，针对特定企业或组织识别一个切实存在的管理问题或难题，恰当运用现有的理论框架和分析工具对问题进行系统性的分析，并在此基础上提出具有可操作性的管理问题解决方案。我们不要求 MBA 专业学位论文对相关学术文献进行评述，也不对论文的创造性理论贡献做要求。

同样，浙江大学工程硕士学位论文的选题也侧重于管理实践，要求必须解决工程实际问题，有明确的工程应用背景和应用价值。项目管理领域工程硕士学位论文必须结合项目管理领域实际问题，物流工程领域工程硕士学位论文必须结合物流工程领域实际问题。

尽管教学项目不同，浙江大学专业学位研究生论文所遵循的流程规范基本一致：

① 学生在选定导师后，应及时与导师商定论文题目，尽早开始收集和积累资料，开展调查研究。学位论文工作时间为不少于 6 个月。

② 专业学位论文选题应来源于管理实践，要求从企业管理的实际需要中发现问题，在自己调查研究的基础上，紧密结合工作单位的实际需要或经济改革与发展中的某一具体问题，在导师指导下确定论文题目。

③ 学位论文题目确定后，要写出开题报告，并组织开题论证，听取其他老师和学生的意见和建议，修改完善论文写作方案。

④ 学生撰写学位论文，学位论文的具体形式可以是管理问题研究类，也可以是案例研究类。

⑤ 完成学位论文撰写的研究生可进入学位申请阶段，进行论文评阅、答辩。

研究生进入论文阶段后，从论文的选题直到论文定稿提交答辩之前的这段时间，是研究生集中精力从事论文的科研与写作的过程，同时也是导师付出精力、指导学生的关键时期。根据多年的指导 MBA 论文经验，我总结了如下论文写作方法：发现问题、提出问题、分析问题、解决问题、方案评估。本节将从学位论文写作的各个阶段详细阐述导师的指导作用。

3.4.1 导师面试

第一学年，专业学位研究生并未确定导师，主要是 MBA 专业必修和选修课程的学习。第二学年，专业学位研究生需要通过双选环节确定导师，进入毕业论文开题及后续阶段。

在双选过程中，我作为导师会浏览相关专业学位研究生简历，根据其学术背景、工作经历确定初步人选，随后进行一对一面试。面试过程中，会询问学生的工作背景、研究意向，以及选择物流与供应链管理领域的原因等。结合双选和面试结果，我更会倾向于选择拥有制造业背景的学生。因为这些学生或多或少已经接触过物流与供应链管理领域，能够更加快速地发现制造业企业存在的问题，以便从中提取出一个可以分析的管理学问题，并采用相应的定量分析手段解决该问题，这也有利于其毕业论文的开题和撰写。

3.4.2　论文选题与开题报告

论文选题的理论意义和使用价值是对学位论文进行质量评定的重要标准之一。论文选题应当选取对科学发展、社会发展有着重大理论意义和现实意义的问题，这是学科发展和社会发展的需要。如前文所述，供应链物流管理领域的专业学位论文选题应来源于管理实践，我作为导师会要求学生从企业管理的实际需要中发现问题，在自己调查研究的基础上，紧密结合工作单位的实际需要或经济改革与发展中的某一具体问题，确定论文题目。简而言之，供应链物流管理领域的专业学位论文选题需满足以下两个重点：一是研究主题属于供应链物流管理学科领域；二是研究主题以企业存在的问题为导向，具有管理实践意义。

由于专业学位项目面向的群体是有一定工作经验的人员，学生的从业经历及背景在选题阶段发挥了重要作用。根据浙江大学 MBA 教育中心统计，浙江大学 2019 年 MBA 项目录取学生的平均工龄为 9.18 年，行业背景覆盖了制造（22.4%）、金融（22.2%）、信息 / 通信（11.8%）、零售 / 贸易 (10.2%)、建筑 / 房地产（6.2%）、医药 / 卫生（5.6%）、能源 / 化工（3.6%）等领域。依据以往指导经验，供应链物流管理领域的专业学位申请者通常集中在制造行业。

以下为本人指导的 71 篇专业学位论文作者的从业背景分类，其中制造业占比最高，达 34%。其次是能源 / 化工行业和生产性服务业 / 物流运输行业，分别达 20% 和 17%（见图 3-3）。有不少论文作者此前在知名制造业企业工作过一段时间，例如博世集团、西子奥的斯集团、上海通用公司、东芝公司等。部分论文作者还拥有物流运输领域的从业经历，例如传化公司、百世物流、APL 物流中国有限公司、马士基航运公司等。

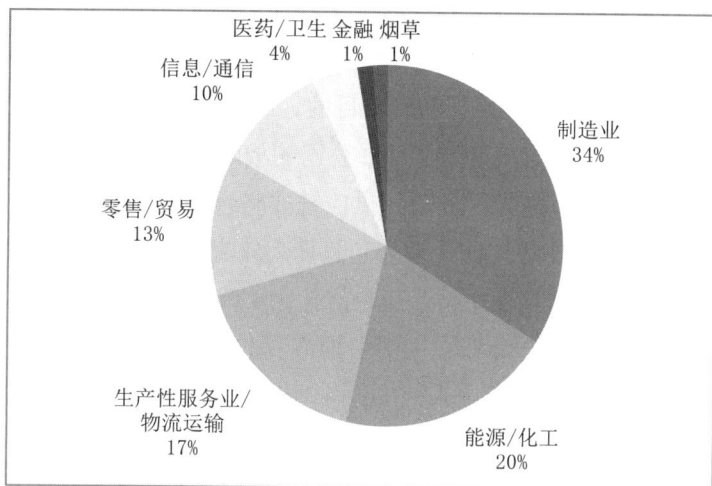

图3-3 71名专业学位论文作者的从业背景分类

物流业属于生产性服务业，制造业与物流业的关系向来密不可分，因此供应链物流管理领域的硕士研究生在选题上具有一定优势，导师应积极鼓励其学位论文的选题依托从业经历，根据兴趣和优势，突破"纯理论"的框架，更多地将自身从业过程中遇到的急需解决的理论问题和实际问题相结合，使其具有原创性和现实意义。

专业学位研究生在选题上存在以下典型问题：

● 选题范围过大，题目不够具体，如"现阶段我国中小企业（生产型企业）的物流战略"；

● 没有结合实际供应链物流管理问题或没有针对具体企业问题，如"信息系统在通信运营商资产管理中的应用研究"；

● 论文预期研究内容重点不够突出，如"M公司的战略合作伙伴评估模型"；

● 其他，如题目表述存在问题等，如"制造业外包管理高效流程的机制研究"。

针对以上典型问题，导师需要严格把握标准，并考虑研究难度与硕士研究生能力范围的匹配程度，帮助研究生进一步思考，改进研究问题。例如，针对"现阶段我国中小企业（生产型企业）的物流战略"这个题目，深入挖掘学生从业经历后聚焦于具体企业和具体物流环节，修改后选题为"B公司配送网点中长期布局规划研究"；针对"信息系统在通信运营商资产管理中的应用研究"，进一步明确工程应用背景和研究目的，修改后选题为"杭州联通通信建设项目供应链考核指标研究分析"；"M公司的战略合作伙伴评估模型"，修改后选题为"基于多目标规划的M公司供应链战略合作伙伴评估研究"，突出运用的研究方法和预期效果；"制造业外包管理高效流程的机制研究"，修改后选题为"供应链环境下制造业外包管理中信息化（改造）工程研究"，强调了研究问题的核心概念，对研究问题做出明确界定和阐述。

学位论文主题确定后即进入开题报告环节。为避免研究工作的盲目性和保证论文质量，促使研究生做好学位论文的准备工作，一般要求研究生在导师的指导下选定论文题目后进一步收集资料并准备论文开题报告。论文的开题报告不仅要说明选题的依据、理论与实践的意义以及研究目的，还要阐明研究的创新性、难度、可行性及预期结果。

相关学者对学位论文的创新性所做的描述和解释大同小异。例如王伯年认为以下7个方面的内容均可属于创造性的成果：① 用一种新的理论或方法解决了前人所未解决的问题；② 用一种新的理论或方法，以较简单的方式解决了前人用复杂的方式所解决的问题；③ 对一个未曾严格证明的问题给予严格的证明；④ 纠正了前人的错误，诸如提法的错误、结论的错误、解决方法或途径的错误；⑤ 实验中首次验证了或改进性地验证了理论上的预言；⑥ 把一些零星的知识综合化或系统化，或扩大了原先某一体系或系统所概括的内容；⑦ 提出一个甚有意义的新问题，即使自己目前未能解决它。[41]

而田丽和周润智则认为硕士学位论文的创新性通常表现在新观点、新论据、新方法和新运用4个方面。①新观点表现为：提出了前人未提出过的观点，或有争议的观点；全部纠正了或部分纠正了前人所提出的观点；对前人的观点进行了较系统全面的比较，从而使人们更清楚、全面、系统地认识了前人的观点。②新论据表现为：对已经确认的观点，提出了全新的论据，填补了论据方面的空白；发展或补充了前人提出的论据；全部纠正或部分纠正了前任所提出的论据；对前人所提出的论据进行了全面系统的比较，从而形成了一套新的论据体系。③新方法表现为：采用了全新的研究方法或部分采用了新的研究方法；全部纠正或部分纠正了前人所采用的错误的或不科学的研究方法；发展或补充了前人所采用的研究方法；对前人所采用的研究方法进行全面系统的比较，从而使人们对研究方法有了更清晰更完整的认识。④新运用表现为：结合新的形势和新时代新特点，全部重新认识和运用前人的观点，这里主要是纠正别人对一些观点的错误认识；部分运用前人所提出的观点，认识和解决新形势下的问题。这里主要是对前人观点的部分认可，对前人观点过去的运用进行比较，从而提出新形势下的运用。[40]

在此基础上，我们认为，对于偏向实际应用研究的专业学位论文，其创新性主要体现在"用新方法解决新问题""用老方法解决新问题"以及"用新方法解决老问题"3个方面。实践问题的出现是企业发展的必然结果，不少专业硕士研究生本身即"带着问题来深造"；用研究生阶段习得的方法解决实践中遇到的新老问题不仅满足创新性要求，还体现了理论与实践的结合。

文献综述在开题报告中具有重要作用，是学位论文的逻辑起点。回顾前人的研究，可检查相关主题已有研究的优缺点，找到研究的最佳切入点，证实研究课题的价值。因此，文献综述的目的，既是体现和尊重前人的劳动成果，更是论文创新的需要。[42]

文献阅读一般包括精读（基础文献、经典文献）和泛读（知识点、跨学科文献）两个层面。在文献综述部分，专业学位硕士常有的典型问题是：① 所选文献偏离主题，内容赘余。阅读文献时应围绕研究方向领域或关键词选择文献，与研究主题无关的研究便不必加入，同时所选文献要尽量权威和前沿。② 资料堆积。材料罗列多、分析概括少，没有合理的吸收与借鉴。前人的研究只是借来装裱门面，很难看出研究者个人对已有研究的认识、评价和个人的观点倾向，缺乏深度。因此文献综述不仅要列出以往的研究，而且要对其进行分析和评价，说明这些研究的优缺点，针对研究问题形成研究者自己的理论体系基础和分析逻辑。对以往文献的分析，根据研究的目的可以着重分析研究的理论，或者着重分析研究的结果，或者着重考察研究方法的运用。

学位论文对研究方法的要求，是为了证明学位论文的创新是严格按照科学的方法进行的，得出的结论是可靠的，因此研究方法须选择得当，研究技术路线须清晰明确。对于专业硕士学位论文，通常鼓励研究生结合定性方法与定量方法。运用一些基本概念和理论观点对所要研究的问题进行定性和规范分析，确定研究对象的内涵与外延、特点与本质。由于论文的研究问题贴合实际，数据采集相对容易，在此基础上，研究生可以将具体问题抽象化，借助数理工具，建立分析模型，深化对所要研究问题的认识和理解。在此之后，可继续使用定性的分析工具，补充分析不可量化的问题，进一步完善研究成果。

以下为本人指导的 71 篇专业学位论文研究方法分类结果，其中接近 90% 的论文采用定性与定量集合的分析方法（见图 3-4）。

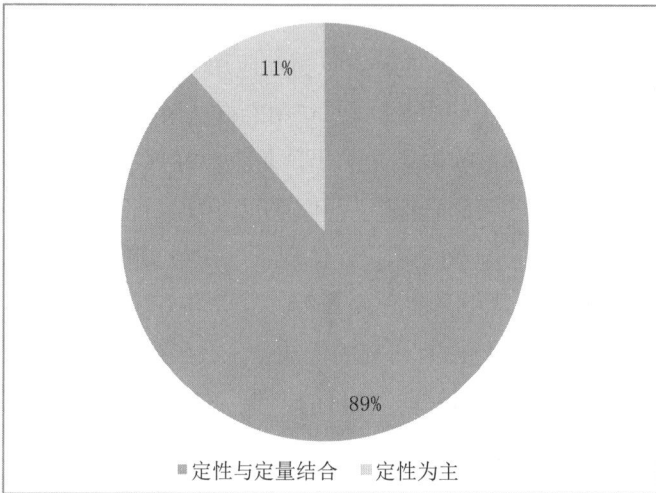

图 3-4　71 篇专业学位论文研究方法分类

对于采取定量分析的论文，我们对其采用的定量分析方法进行初步分类，得到如图 3-5 所示的结果。

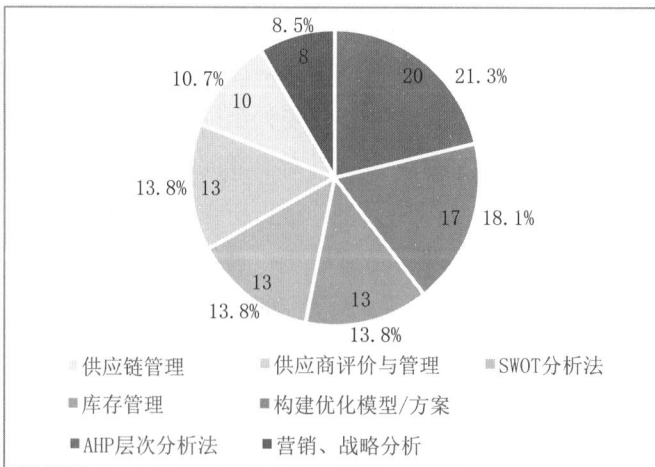

图 3-5　专业学位论文定量分析研究方法分类

采取定量分析的论文，其效果评估指标包括但不限于以下几类：

- 时间效益（例如响应速度、交货时间、物流效率）；
- 成本效益（例如物流成本、采购成本、供应链成本）；
- 质量效益（例如客户满意度、采购产品质量、服务水平）；
- 库存水平指标；
- 绩效水平与评价；
- 供应商评价选择指标。

专业硕士学位论文在开题报告中还应包括研究的初步方案和预期结论。这两部分不仅从侧面展示研究的难度和可行性，还可以为日后检查论文的完成程度提供参考。

3.4.3　论文撰写

导师作为研究生学位论文质量的第一责任人，应在专业学位研究生论文的撰写过程中持续跟进指导。受限于学生的工作、研究能力等，我指导的少数学生在开题报告后论文进展缓慢，直至需要提交论文前期才进行突击写作，这样的论文往往很难达到硕士学位论文的水平，质量难以保证，因此导师的跟进指导是保障论文质量的重要一环。

指导研究工作的方式可以采取批改计划、听取汇报并提出意见、阶段工作讨论等。导师应对学位论文的写作情况进行认真评议：① 了解写作进度，即论文工作是否按照开题报告预定的内容及进度要求进行，是否取得了预期的研究成果，是否达到了预期的研究目标；② 了解研究中目前存在的或预期可能会出现的问题；③ 检查针对存在的困难所拟定的后期研究计划与论文修改方案，是否切实可行；④ 论文的创新性如何，是否存在违反学术规范的现象。对论文工作进展缓慢、阶段成果较少的要督促其加快研究进展；对论文选题不当或写作中遇到很大困难等问题严重者，应要求其尽早调整方案，或提出延期答辩的申请。[30]

3.4.4 论文初审与修改

专业学位硕士研究生论文的初稿完成后，导师应仔细评阅论文，对论文提出改进或修改意见，提高论文质量。

根据《浙江大学工商管理硕士学位论文基本规范（2019 版）》，MBA 学位论文要综合反映学生独立运用所学知识发现问题、分析问题和解决问题的能力以及调查研究和文字表达的能力，要求内容充实，联系实际，观点鲜明，论据充分，论文所得结论应对解决实际管理问题有指导意义和参考价值。论文必须逻辑清楚，结构合理，文字通顺。

根据《浙江大学管理学院工程硕士培养方案》：物流工程领域工程硕士学位论文可以是一个完整的工程技术项目，或某工程项目的子项目，必须有相关方案的比较、评估、设计计算和完整的图纸等相关文件；可以是某项规划、设计项目，必须有相应的技术经济比较；可以是新产品、新流程、新方法的设计和开发，必须有设计开发的全部技术资料以及分析；可以是某物流信息系统的设计和开发，必须有系统的相关技术文档以及相关软件；可以是物流工程领域的成果，必须有新的经营管理理论、方法和效果分析等。

项目管理领域工程硕士应解决一个（或以上）完整的项目管理问题。对于基础性技术、管理模式或软件开发性研究，应该给出其理论依据、完整描述、应用范围、应用实例及结果分析；对于应用性研究，应该给出问题的完整描述、解决问题的方法、结论、合理性分析和效益。

由此可见，专业学位论文首先必须满足知识发展的需要，因此是否具有学术性，是否具有重大的理论意义，成为评价研究生学位论文优劣的重要标志；其次，学位论文质量应当满足社会发展的需要，表现为其成果对社会发展的贡献，即社会价值的大小，因此，社会效益和经济效益成为评价学位论文质量的标准；最后，学位论文质量还应满足学生发展的需要，学位论文质量所要求的结构上的逻辑性和推理的严密性，正是对研究生通过科学的训练提高能力的最佳途径。

专业学位硕士研究生应根据导师意见，及时修改、补充和完善学位论文。在我的指导实践中，一部分专业学位学生由于基础薄弱，对于学位论文写作规范不甚了解。针对这种现象，学院应在学院网站上将专业学位研究生论文格式规范进行公布，学生可以据此修改自己的论文格式。但只有这些还不够，还有一部分学生的论文格式与标准模板有差距。因此，导师也需要花一些时间指导学生进行论文写作规范方面的修改。

此外，也需要增加论文格式审核环节。在保证和提高学位论文内在质量的同时，也不可忽视其外在质量。学位论文的外在质量不仅是指印刷、装帧等方面的质量，还指论文的形式和格式。为此，浙江大学管理学院制定了《浙江大学管理学院研究生学位论文规范格式》，对论文和摘要的格式、字数及封面的格式等，都做了明确的规定。虽然这些不直接反映论文的学术水平，但它们也是评价学位论文质量的重要方面。论文格式不合格的学位论文不能进入下一个环节——论文评阅。

论文评阅。学位论文盲审是保证学位论文质量的一项重要措施。浙江大学管理学院专业学位研究生论文全部采取双盲审的论文评阅制度，即导师和学生都不知道是哪三位评阅专家对学位论文进行评审，评阅专家也不知道评审的是哪位导师的哪个学生的论文。三位评阅专家（一位来自校内，两位来自企业）中只要有一位专家认为该论文不能通过评审，学生就必须推迟学位论文答辩，并根据专家提出的意见在导师的指导下修改论文。

3.4.5 论文答辩

学位论文答辩是指答辩老师围绕论文的论点内容及相关问题进行提问，学生进行回答和论辩的一种方式。论文答辩的主要目的：一是检查学生学习、运用专业知识发现问题、分析问题、解决问题的能力；二是反映学生的写作能力与口头表述能力；三是审查论文选题、写作结构及其完整性；四是鉴别论文的真实性。论文答辩不仅是对学位论文水平的再评价，也是学生再学习的过程。通过答辩，学生能对自己的论文进行再思考，从答辩老师的提问和指导中得到启示，深化对问题的认识[61][52]。

在论文答辩环节，我建议导师可以从以下几个方面进行指导：

一是关心学生答辩心态。有的学生学位论文写得很好，但真正答辩的时候由于紧张而不能正常表达自己的想法，或是轻视了答辩的重要性，认为答辩只是走走过场，结果临阵仓促慌张，答辩失常。导师应帮助学生树立正确的答辩动机，克服焦虑或轻率心理，发挥应有的答辩水平。

二是协助学生做好答辩知识准备。心态固然重要，但归根究底论文水平和对论文的理解才是决定答辩成败的关键，因此在答辩前"备考"非常重要。答辩知识准备应以自己的论文为中心，推敲论文的观点和逻辑关系，寻找论文存在的漏洞、不足和错误，将存在的问题逐一解决。

三是进行答辩辅导。学位论文盲审通过之后，学生在正式答辩之前，由导师对学生进行答辩辅导。答辩辅导的主要目的和意义在于：① 让学生在模拟答辩的过程中了解答辩的流程以及在答辩过程中应该注意的一些问题；② 通过学生模拟答辩，导师模拟提问，尽快适应答辩环境和气氛，克服恐惧、紧张的心理，做好充足的准备。

论文答辩要求论文答辩委员会（由 5 名专家组成，其中 3 ～ 4 名专家来自校内，1 ～ 2 名专家来自企业）对专业学位申请人的毕业论文按其学位的授予标准进行认真的审查，并以无记名投票表决的方式做出授予或不授予学位的建议。

3.5　MBA（ME）学位论文实例分析

实例一　《基于精益物流的卷烟成品仓储物流优化研究——以浙江中烟为例》

该论文的作者是 2012 级工商管理硕士生盛佳绮同学，就职于浙江中烟公司。她依托从业经验，敏锐发现了卷烟成品实施精益物流的发展趋势，然后运用精益思想，综合多种精益分析方法，在浙江中烟两次改造卷烟成品中心库的硬件基础上，研究烟草成品物流仓储的作业优化和流程改造。该选题对于烟草精益物流研究和实践来说，既有研究应用的一手资料和需求，又具有十分重要的现实意义。

该研究以浙江中烟东洲成品仓库为应用对象，通过深入分析卷烟成品仓储物流作业流程现状，将研究重点锁定于卷烟成品物流的时间、空间、人力、资源浪费问题。作者采用定性方法分析浪费问题形成的历史和管理原因，提出采用质量管理戴明环（包括计划、执行、检查和处理 4 个步骤，简称 PDCA）实施模型对卷烟成品物流各环节进行持续改进，并深入论述了相应的基础技术条件和管理条件，阐明物流精益化的改造思路。其中，作者针对月台排程不合理问题，提出了一套出库装车分配策略模型。对于该数学模型，作者在考虑多种因素后设计了出库算法，实现系统自动给出月台排程的最优解，减少现场调度人员的人工干预。

论文还采用统计分析方法对精益化改进的效果进行实证研究。通过对比实施精益物流前后的装卸资源利用率、直接和间接经济效益 3 个指标，得出了改进之后浪费得到有效遏制的结论，在论证研究具有可行性的同时也体现了研究的实际应用价值。

实例二　《基于公路港物流平台的协同方评价与选择研究——以 TF 公司为例》

该论文的作者是 2013 级工商管理硕士生许杰同学，就职于传化公司。该公司首创的公路港物流平台通过整合协同方等各方资源，为工商企业提供多元化的供应链解决方案，是国内较为成熟的第四方物流平台。公路港物流平台出现不过 20 余年，其作为供应链系统集成商却在全国范围内进行连锁复制、快速发展，公路港物流平台上的协同方也在快速集聚和成长壮大。

平台的发展对协同方的选择和评价提出了迫切的要求。科学选择和评价平台上的协同方，可以提升公路港物流平台的协同效率，降低协同成本和风险，使公路港物流平台的整合效益得到最大限度的发挥。但由于该模式创新性较强，国内外相关研究内容均十分有限，对于公路港物流平台协同方的评价与选择研究更是缺乏。以这一现实问题为契机，作者在对公司业务模式梳理的基础上，与业务部门进行沟通调研，也与协同方的各类企业进行调研互动，收集相关数据并进行统计分析，对这一问题进行深入分析，其研究成果可以为业务部门在评价和选择供应链协同方的过程中提供参考借鉴。

作者行文逻辑连贯，首先阐述了公路港物流平台产生的背景，分析了公路港物流平台的内涵、运作特点、理论基础，通过分析现有选择与评价方法的不足，从整合运营和供应链管理视角，提出了公路港物流平台供应链协同方评价和选择的方法，即运用需求层次分析（Analytic Hierarchy Process，AHP）和数据包络分析（Data Envelopment Analysis，DEA）相结合的方法，构建公路港物流平台协同方评价与选择的两阶段模型。第一阶段，运用层次分析法，基于公路港物流平台协同方的共性因素，构建评价指标体系，初选出各环节协同方。第二阶段，基于公路港物流平台整体经营的角度，运用 AHP 和 DEA 相结合的方法，从公路港物流平台的系统层面构建平台整体评价指标体系，优选并最终确定有效的公路港物流平台供应链协同方。论文充分结合了定性分析和定量分析方法，保证了研究的严谨性和可靠性。作者将提出的两阶段模型应用于 TF 公司，通过对其实施效果进行评估，确定了模型的可行性，为公路港物流平台协同方评价和选择决策提供更加合理和科学的依据和指导。

该论文首次从供应链协同的视角对公路港物流平台上的协同方进行集中研究，提出了基于供应链视角的协同方的评价和选择方法，并发展了若干评价指标，结合物流业务进行了效果评估。这样把公路港物流平台和供应链协同从宏观和微观层面结合起来研究，为供应链协同的实践和应用提供了很好的现实案例，总结和提炼了公路港物流平台协同方的评价、选择方法和指标，为今后公路港物流平台的推广和应用拓展了研究路径。

实例三 《电动工具原材料供应商评价与选择问题的研究——以 BO 公司为例》

该论文的作者是 2011 级工商管理硕士生陈乐同学，就职于博世电动工具（中国）有限公司。该论文研究立足于电动工具行业构建基于供应链管理的供应商评价体系，选题针对供应链管理中的采购环节，选取了"供应商评价与选择"这一研究热点，结合行业特点以及目前存在的问题，针对处于电动工具行业的 BO 公司进行研究。这一研究结果对于企业自身的发展、对于企业所在供应链竞争力的提升以及管理的完善都有着积极的理论和现实意义。

该论文通过对现有供应商选择模型的研究和总结，选择了数据包络分析（DEA）交叉评价模型以及数据包络分析和需求层次分析（AHP）相结合的 DEA/AHP 混合模型进行多目标决策，定性与定量结合，模型分析有一定深度。

在以往类似研究中，电动工具行业的供应商层级以及供应商信号灯很少被涉及，而该论文创新性地增添了这两个与供应商选择战略相关的指标，并以 BO 公司为例进行应用，客观有效地验证了新模型的可行性。随后，论文将建立的供应商选择模型与常用的 ABC 成本法做对比，进一步体现了新的供应商评价和选择方式在供应链环境下的有效性。论文整体结构完整，逻辑通顺，语言简洁。作者学以致用，展现了其发现问题和解决问题的能力。

实例四 《SGM 的中长期网络布局规划研究》

该论文的作者是 2010 级物流工程专业工程硕士生黄颖华同学，就职于上海通用汽车售后事业部。该论文重点关注上海通用（SGM）的售后配件物流网络在保障业务成长与提升运营能力方面的作用，并进行中长期规划设计。论文选题契合专业方向，且从上海通用的实际情况出发，运用合理的模型和合适的分析方法研究 SGM 的未来物流网络布点。该论文能够为企业管理者的决策提供可靠的理论依据，也能够使上海通用汽车从广度和深度上增强资源整合力和供应链主导能力，从而提高自身的核心竞争力，同时，对相关行业的物流布点研究来说，该论文的结论也具有十分重要的参考意义。

物流网络布点是物流战略的核心部分，其合理性将直接影响到未来的物流运营能力是否能够支撑业务的主要发展诉求。该论文针对不同的研究问题合理采用定性或定量分析方法：采用粗略定量对需求进行预测，采用定性方法选择合理的物流网络层级模式，利用混合整数规划求解和定性调整确定中心库和区域库的布局选址，最后利用定性方法确定暂存库选址。

该论文从降低成本和提升企业价值两方面分析了 SCM 售后配件物流网络规划的预期经济效益，通过评估进一步论证方案的合理性。中长期网络规划是重要的战略规划，该研究不仅考虑了物流中心目前的静态状况，还考虑到未来的需求变化。

实例五 《饮料企业自动化立体仓库方案设计研究——以 B 公司为例》

该论文的作者是 2009 级物流工程专业工程硕士生朱辉同学，就职于 B 公司。该论文首先从公司的实际情况出发，分析了公司仓储物流业务的问题和需求，并用对比分析的方法确定自动化立体仓库是改善公司物流现状的最佳方法。该论文的研究成果，将为我国饮料企业的物流革新提供借鉴意义，也可以为同行业企业开展类似的仓储管理项目提供参考和借鉴。

国内外针对自动化仓库相关理论的研究，针对优化算法和理论的研究比较多，针对行业应用的研究比较少，针对局部设计的研究比较多，针对整体规划的研究比较少，运用物流仿真技术进行方案评估的研究比较多，运用投资回报率分析进行方案评估的研究比较少。该研究在国内外研究的丰富理论基础上做出突破。

该论文从理论和实践两个角度来证明上述设计方案的有效性。理论方面主要通过财务的投资回报率分析来验证方案的经济可行性，实践方面以 B 公司自动化立体仓库建成后一年的运行数据与建成前的数据进行对比来证明方案实施达到预期效果。该论文运用统计学、仿真技术等理论和方法，详细研究了自动化立体仓库方案设计的方法和步骤，包括主体结构设计、建造分期及位置选择、产品流与输送系统设计、仓储管理系统设计、配套辅助设备设计及厂房物流动线规划等内容。最后，采用动态投资回报分析模型对方案的设计进行评估。公司自动化立体仓库项目建成投产以后，运行结果完全符合企业需求，由此证明该文提出的设计方法是有效的。

该论文针对仓储管理领域设计的自动化立体仓库方案以需求为导向，考虑行业特性（淡旺季差异明显），从项目前期阶段、项目准备阶段、项目实施阶段和项目交付投产阶段，利用定性分析和定量分析，对方案进行了完整、科学的设计，是一个优秀的复合型、应用型实践。

实例六　《三级石油公司成品油配送中心物流成本优化的研究》

该篇论文的作者是 2004 级物流工程专业工程硕士生周雄江同学，就职于某石油公司。该论文选题结合实际，以某石油公司的物流运作为例深入研究，反映行业现实，且具有较强的针对性。我国成品油销售企业过高的管理费用、过量库存、昂贵的分销费用，最终导致边际利润缩减和收益下降，使自身在市场竞争中处于不利境地。

该论文文献综述部分逻辑合理严密，层层递进；每一部分综述与其后的优化建议对应，为其提供必要的理论参考，不多余，不累赘。最终形成的物流成本优化方案贴合行业背景，合理运用专业知识，采用定性研究与定量研究结合的方法，从运输方式规划、配送中心选址、库存管理、物流服务商选择 4 个角度设计优化方案。

该论文定性分析部分充分考虑了产品（成品油）特性及实际运作流程，从物流运作现状着手，通过对比其与标杆企业的差距，提出运输方式优化建议；同时采用重心模型，进行了重新布局配送中心和设计库存，该部分的定量研究输入数据采用实际数据，完整翔实，因而提高了输出结果的可靠性。此外，作者结合了定性和定量方法，从成本测算、损耗与准时、安全环保性 3 个方面建立了第三方物流公司科学绩效考核体系。

该论文进一步从财务角度定量评估了优化方案，证明了文章优化建议的可行性。该论文最后提出了 3 点较为切实的未来研究展望，为之后的深入研究奠定基础，包括进一步研究与炼油厂超远距离、超近距离以及采用以水路运输为主等各类成品油销售企业物流成本优化问题；对多油库布局及对应的经济区域划分进行研究；充分考虑建设油库使用期内加油站销售变化趋势，从而更科学地确定模型要货量问题，实现更佳的选址。

3.6　经验总结

随着我国经济的快速发展，社会对物流管理领域高层次应用型专门人才的需求日益旺盛，各个高校对于该领域专业学位研究生的教育得到了迅猛的发展。物流管理领域专业学位研究生的指导培养中，学位论文是培养模式的最后一环，也是衡量专业学位研究生教育质量的重要标准，如何提高硕士学位论文质量是提高专业学位研究生教育质量这项系统工程的重中之重。

因此，在本章我通过梳理浙江大学 5 类专业学位研究生指导培养的各个流程环节，指出物流管理领域专业学位论文指导中存在的一系列问题，分析其产生的原因。根据本人指导的 70 多篇专业学位论文统计分析结果可以得出以下经验总结：

第一，具有制造业或物流业从业背景的专业学位研究生在论文选题上具有一定优势，导师应积极鼓励其学位论文的选题依托从业经历，根据兴趣和优势，突破"纯理论"的框架，更多地挖掘其从业过程中遇到的急需解决的理论问题和实际问题，使其具有原创性和现实意义。

第二，对于专业学位硕士研究生论文，导师应鼓励研究生结合定性方法与定量方法，考虑多样化的评估指标对研究结果进行分析探讨，从而得出更加科学合理的论文结论。

第三，此外，专业学位论文综合反映专业学位研究生独立运用所学知识发现问题、分析问题和解决问题的能力以及调查研究和文字表达的能力。因此，导师应在论文内容充实与否，是否联系实际、观点鲜明、论据充分，以及论文所得结论对解决实际管理问题是否有指导意义和参考价值上综合把关。同时，导师还需把控学生论文的逻辑与结构、行文流畅度和格式的规范性。

CHAPTER 4

科学硕士研究生的培养指导

✉ **本章要点**

本章以浙江大学管理学院为例，分别介绍供应链物流领域科学硕士研究生的培养目标和培养流程、课程体系、国际交流、学位论文选题、科学研究与科学硕士研究能力的培养、学位论文写作、学位论文实例分析、经验总结。

4.1 培养目标与培养流程

在浙江大学管理学院的研究生培养模式下，物流管理领域的科学硕士培养隶属于一级学科"管理科学与工程"专业，其细分培养方向为"供应链、物流与优化管理"。在 2015 年之前，浙江大学尚未加入 QTEM（Quantitative Techniques for Economics and Management，经济管理量化技术）网络，其"管科科学与工程"学术硕士的学制为 2.5 年。自 2015 年起，浙江大学加入 QTEM 网络后将"管理科学与工程"学术硕士培养模式进行了国际化的改革，更名为"管理科学与工程国际硕士"，在课程上与其他 QTEM 网络的成员学校接轨，专业课程全面采用英文授课，学制改为 2 年，其中至少包含 1 学期的 QTEM 网络成员学校交换。本章内容会注明培养模式改动前后的相关差异。

4.1.1 培养目标

浙江大学管理学院管理科学与工程专业科学硕士的培养目标与时俱进，

旨在培养具有管理学、经济学、数据科学等多学科知识背景，具有一定的理论建模和定量分析能力以及实践能力，能够综合运用相关理论、方法与工具分析解决经济与社会中的复杂管理问题，具备国际视野、创新能力、创业精神、社会责任的国际化复合型人才。

　　浙江大学对于科学硕士的要求体现在品德素质、知识结构和基本能力3方面。首先，品德素质是育人之本，要求研究生严格遵守国家的法律法规及相关规章制度，坚持实事求是、严谨治学的学风，恪守学术道德，有社会责任感和团队合作精神，身心健康。其次，在知识结构方面，要求研究生掌握坚实宽广的管理学、经济学、数据科学等多学科知识，系统掌握相关学科的理论体系与应用方法，了解相关学科的现状和发展趋势。最后，在基本能力方面，要求研究生具有一定的理论建模和定量分析能力以及实践能力，能够综合运用相关理论、方法与工具分析解决经济与社会中的复杂管理问题。

　　在浙江大学管理学院加入QTEM网络之前，管理科学与工程专业科学硕士主要有管理信息系统、供应链与物流管理、项目管理、电子商务与电子政务和生产运作管理这5个二级培养方向。在接轨QTEM网络之后，培养方向精简为信息管理与电子商务，技术与创新管理，供应链、物流与优化管理以及服务科学与工程4个。科学硕士研究生的培养方向和导师的研究方向保持一致，在课程体系上至少选择相关二级方向的一门专业选修课，学位论文需和培养方向相关。

4.1.2　培养流程

　　因为科学硕士学制有所调整，本章将分别叙述2.5年学制和2年学制的科学硕士培养流程。

1. 2.5年制科学硕士

　　研究生在校期间需修完必修课程且达到本专业培养方案最低课程学分要求，完成所有培养过程环节考核并达到相关要求，并且通过学位论文答辩。其学位论文开题报告要求在第1～1.5学年末完成，开题报告完成至少半年后，才能进行论文送审、答辩。此外，研究生需做读书报告4次，其中至少公开在学科的学术论坛做1次，计必修2学分。

2.2 年制国际硕士（2015—2020 年）

研究生在校期间需修完必修课程且达到本专业培养方案最低课程学分要求，完成所有培养过程环节考核并达到相关要求，并且通过学位论文答辩。培养方案课程全部安排在秋冬学期，春夏学期不安排课程。建议研究生于第一学年秋冬学期和第二学年秋冬学期完成并通过所有培养方案课程，第一学年春夏学期出国赴 QTEM 网络学校交换完成 QTEM 网络相关课程。硕士研究生的开题报告要求在第 1～1.5 学年末完成；开题报告完成至少半年后，才能进行论文送审、答辩。硕士研究生应填写规定格式的开题报告，包括研究问题、研究意义、研究文献基础、研究内容设计、研究方法与计划、研究的潜在创新点、研究参考文献等。经导师签字同意后，由学科组织相关导师（组）对硕士研究生开题报告进行统一审核（开题组成员不少于 3 人），审核通过后学生开始撰写学位论文，不设置学位论文预答辩环节。管理科学与工程专业国际硕士设有中期考核，在第二学年初进行，由学科考核小组负责，重点考察课程学习、专业文献阅读及报告，对中期考核不合格者做劝其退学或做肄业处理。此外，要求每位硕士研究生在学期间做读书报告或参加讨论班（seminar）4 次，计必修 2 学分。

3.2.5 年制国际硕士（筹）（2021 年起）

浙江大学管理学院计划从 2021 年起将国际硕士的学制调整至 2.5 年，增加发表小论文的要求，其余课程和其他培养内容与之前 2 年制国际硕士保持一致，如图 4-1 所示。

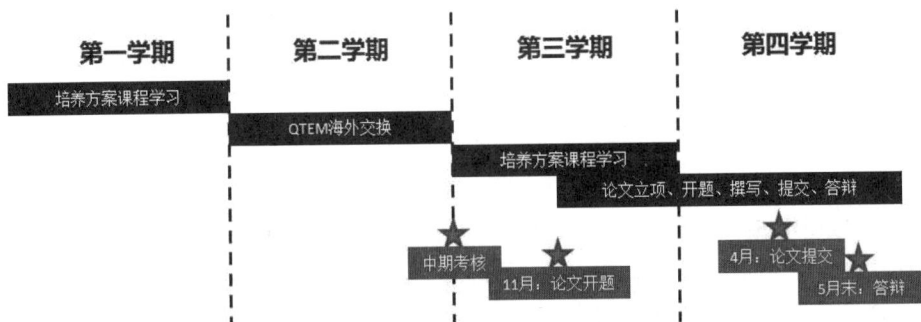

图 4-1 管理科学与工程国际硕士的培养流程

4.2　课程体系

管理科学与工程科学硕士注重培养过程的规范性与质量，课程设置紧密围绕培养目标，每门课程有清晰明确的学习目标，课程教学需确保学习目标之达成。因为科学硕士培养方案有所调整，本章将分别叙述 2.5 年学制和 2 年学制的科学硕士课程体系。

4.2.1　2.5 年制科学硕士

科学硕士要求的最低总学分为 24 学分，其中公共学位课最低要求 5 学分，专业课程最低 15 学分，其中包括最低 10 学分专业学位课程。对于不同的培养方向，学生至少应选择 1 门相关方向的专业选修课。所有课程及其描述详见附录 4.1。其中，平台课程为全校研究生的平台通识课程。方向课程中的专业学位课为管理科学与工程专业所有方向学生的必修课程，涉及管理学、经济学、数据科学等基础知识、工具方法，旨在培养学生利用理论知识进行建模和定量分析的能力。专业选修课则分为管理信息系统、供应链与物流管理、项目管理、电子商务与电子政务、生产运作管理 5 个方向，学生至少需要选择本方向的 1 门课程，此外可以按照自我兴趣进行选择。

在科学硕士培养的过程中，我也深耕于课堂教学的一线，从课程教学中了解硕士们学习的需求，有针对性地开展指导。

1. 硕士生"管理统计学"课程教学

"管理统计学"是我讲授的科学硕士生必选课程（2002—2009 学年）。管理统计学是管理科学领域中应用最为广泛的数量研究方法。正确地掌握和应用管理统计学方法，对大多数管理问题的研究而言，都是重要的。本课程强调统计学对管理问题的应用，培养学生对概念的透彻理解和统计软件的应用。在讲授统计学理论与方法的同时引进案例教学，学生便能较为熟练地应用统计方法对实际管理问题进行分析，并可自行上机实习，从而巩固学习内容，体会统计方法的应用及计算机实践。

本课程与前面 MBA "管理统计学"相比，在授课内容上是有差异的，主要增加了多元统计分析内容；此外也适当添加了一些数理统计内容。授课内容包括如下几部分：描述统计、概率与概率分布、抽样分布和参数点估计、参数区间估计、假设检验、方差分析、相关分析、回归分析、多元统计分析初步等。本课程进行定量分析的主要工具包括电子表格软件包（Spreadsheet，如Excel），统计分析软件SPSS。具体课程大纲如下：

教材

马庆国.管理统计.北京：科学出版社，2002.

李金林，赵中秋.管理统计学.北京：清华大学出版社，2006.

参考书

李金林，马宝龙.管理统计学应用与实践.北京：清华大学出版社，2007.

高祥宝，董寒青.数据分析与SPSS应用.北京：清华大学出版社，2007.

贾俊平.统计学（第二版）.北京：中国人民大学出版社，2006.

[美]戴维·安德森，丹尼斯·斯威尼，托马斯·威廉姆斯.商务与经济统计.北京：机械工业出版社，2000.

成绩评估

本课程的最后成绩由3部分组成：回家作业（10%）、案例研究（20%）和期末考试（70%）。案例研究采用小组形式进行，包括案例收集、案例分析和案例报告。

课程内容与进度（2008年秋学期）

具体内容如表4-1所示。

表4-1　"管理统计学"课程内容与进度

讲 / 周	课程题目	课程要求（阅读）
第1讲（2008-9-3）	数据统计与管理决策简介	《管理统计》第2章，《管理统计学》第1～2章
第2讲（2008-9-5）	描述统计	《管理统计》第3章，《管理统计学》第3～4章
作业一		
第3讲（2008-9-10）	概率与概率分布	《管理统计》第1章，《管理统计学》第5章

续表

讲／周	课程题目	课程要求（阅读）
第4讲（2008-9-12）	抽样分布和参数点估计	《管理统计》第5章,《管理统计学》第6章
第5讲（2008-9-17）	参数区间估计	《管理统计》第5章,《管理统计学》第7章
第6讲（2008-9-19）	假设检验Ⅰ：单个总体	《管理统计》第6章,《管理统计学》第8章
作业二		
第6讲（2008-9-24）	假设检验Ⅱ：两个总体	《管理统计》第6章,《管理统计学》第8章
第7讲（2008-9-26）	方差分析Ⅰ：单因素	《管理统计》第8章,《管理统计学》第9章
第8讲（2008-10-8）	方差分析Ⅱ：双因素	《管理统计》第8章,《管理统计学》第9章
第9讲（2008-10-1）	相关分析	《管理统计》第9章,《管理统计学》第11章
第10讲（2008 10 15）	线性回归分析	《管理统计》第10章,《管理统计学》第11章
第11讲（2008-10-17）	(9-28补)线性回归模型的扩展	《管理统计》第10章,参考资料
作业三		
第12讲（2008-10-22）	多元统计分析初步：聚类分析	《管理统计》第12章,《管理统计学》第14章
第13讲（2008-10-24）	多元统计分析初步：因子分析	《管理统计》第11章,《管理统计学》第15章
第14讲（2008-10-29）	学生案例报告1	交案例分析报告
第15讲（2008-10-31）	学生案例报告2	
第16讲（2008-11月3～8日）	期末考试	

附：案例分析及报告要求（参见MBA"管理统计学"课程教学）

2. 硕士生"计量经济分析"课程教学

"计量经济分析"是 2009—2010、2010—2011、2012—2013 学年，我为科学硕士生讲授的一门选修课程。计量经济分析是用定量方法研究经济活动规律及其应用的一门科学。该课程以管理经济学、宏观经济学、微积分、线性代数、管理统计等前期课程作为基础。该课程目的是让学生了解、掌握现代计量经济学的理论和方法，训练和培养学生运用这些方法分析、解决现实经济中各类问题的能力。除了讲授计量经济学前沿理论与方法之外，课程还讲解重要的计量经济学专用软件（如 Eviews）的运用，并讨论结合我国经济发展的案例。该课程的主要内容包括导论，多元线性回归模型，异方差性，序列相关，多重共线性问题，随机解释变量问题，虚拟变量、滞后变量模型，联立方程模型，扩展的计量经济模型等。课程大纲 2013 年春学期如下：

教材

李子奈，潘文卿 . 计量经济学 . 北京：高等教育出版社，2005.

参考文献

张晓峒 . EViews 使用指南与案例 . 北京：机械工业出版社，2007.

朱平芳 . 现代计量经济学 . 上海：上海财经大学出版社，2004.

[美]William Greene，Econometric Analysis. Beijing: Tsinghua University Press，2001.

[美] 拉姆·拉玛纳山 . 应用经济计量学 . 北京：机械工业出版社，2003.

成绩评估

该课程的最后成绩由 3 部分组成：回家作业（20%）、案例研究（20%）和期末考试（60%）。其中案例研究采用小组形式进行，包括案例收集、案例分析和案例报告。案例报告主要包括：问题概述、模型与数据、模型分析（使用 EViews 等）、结论建议等。

课程内容与进度

具体如表 4-2 所示。

表4-2　"计量经济分析"课程内容与进度

讲/周	课程题目	课程要求（阅读、作业）
第1讲（2013-03-08）	导论	《计量经济学》第1章
第2讲（2013-03-15）	一元、多元线性回归模型	《计量经济学》第2、3章
第3讲（2013-03-22）	异方差性、序列相关	《计量经济学》第4章
第4讲（2013-03-29）	多重共线性、随机解释变量	《计量经济学》第4章
第5讲（2013-04-07）（调课）	虚拟变量、滞后变量等模型	《计量经济学》第5、7章
第6讲（2013-04-12）	联立方程模型	《计量经济学》第6章
第7讲（2013-04-17）	扩展的计量经济模型	《计量经济学》第8章
第8讲（2013-04-19）（补课）	课程总结、课堂报告	
期末考试		

4.2.2　2年制国际硕士

国际硕士所有专业课均为全英文教学，与QTEM网络接轨。最低总学分为24学分，其中公共学位课最低要求6学分，专业课程最低18学分，其中包括最低8学分专业学位课程。所有课程及其描述如附录4.2所示，QTEM网络课程要求将在后面国际交流部分叙述。其中，平台课程包括全校研究生的公共学位课、专业学位课和专业选修课，不区分方向课程。学位课为管理科学与工程专业所有方向学生的必修课程，涉及管理学、经济学、数据科学等基础知识、工具方法，旨在培养学生利用理论知识进行建模和定量分析的能力，包括R语言与数据分析、非结构数据分析、数据挖掘和研究生论文写作指导。专业选修课除"QTEM海外模块"和"商务计划与实践"之外均为选修，分为信息管理与电子商务，技术与创新管理，供应链、物流与优化管理以及服务科学与工程4类，建议学生修读与本方向相关的专业选修课但无强制要求，此外可以按照自己兴趣进行选择。

为了配合并推进浙大管院科学硕士的培养方案国际化改革，我积极改变课程教学模式，开设了相关全英文的课程，和国际接轨。

2004—2007学年，我曾为科学硕士生讲授了"物流与供应链管理"课程。从2017—2018学年开始，我为国际硕士生讲授全英文"物流与供应链管理"课程。现代物流和供应链管理作为一种先进的管理技术，被广泛认为是企业发展中继降低资源消耗、提高劳动生产率之后的第三种利润源泉。在经济全球化的大背景下，在国家实施"一带一路"倡议和发展海洋经济的政策指引下，以全球化的视野，将物流与供应链系统延伸至整个世界，对于提高我国企业的国际竞争力至关重要。

考虑到管理工程国际硕士的国际化要求，该课程以国际物流为背景，阐述国际供应链管理，国际贸易运营，运输在供应链管理、全球贸易规划和实行中的作用，以及各种国际运输方式等专题。除教师授课外，课程鼓励学生参与讨论、开展实验并完成案例报告，该课程的最后成绩将根据学生的课堂参与、案例研究和期末考试成绩综合评定。通过对该课程的学习，学生将掌握全球物流与供应链管理领域的最新发展。具体英文课程大纲如下：

I. Course Introduction

This course is designed to provide management science and engineering major students with an opportunity to integrate theory and principles learned in other required courses, and to analyze global logistics and transportation issues, make optimized decisions, and solve practical problems through case studies and real situations. In the international logistics context, topics covered in this course include international supply chain management, operations in international trades, transportation's roles in supply chain management, in global trade planning, and in global trade execution, respectively, and various modes of international transportation and so on. A practical emphasis of this course will be placed on using scientific research to address real-life issues related to the logistics industry all of the world, such as identifying logistics demands, understanding transportation motivations, operations of international trade, and modeling for transportation demands, etc. Students will undertake assignments and project work which will allow them to gain practical training in the main theories and methods being taught. The course is aimed at students who are interested in undertaking primary research towards their master thesis and will lead to their competence in primary research design, analysis and critique for both practical and academic purposes.

II. Course Requirements

Teaching Methods and Requirements

1) Every week students must attend two 1.5-hour lectures.

2) Lectures will be given to present the key conceptual material through discussion and interaction between lecturers and students. Lectures are supported by readings, class discussions and illustrations of real-world case examples.

3) Presentations may be used to critically evaluate the integration of principles and practices of supply chain management, and to discuss the latest issues facing the global logistics industry.

4) Course calendar. The course calendar details scheduling information. Note that this calendar may change as the course proceeds. Any changes will be announced at lectures and be detailed on Blackboard.

Course Evaluation and Grading

The course evaluation is given in Table 4-3. All material presented is examinable (except where stated otherwise) by assignments and the final examination. All important assessment information such as due dates and times, content, guidelines and so on will be discussed at lectures and, where appropriate, detailed on Blackboard. Students are responsible for ensuring that they are aware of this information, keeping track of their own progress, and catching up on any missed classes.

表 4-3　Course evaluation for logistics and supply chian management

Assessment	Due date	% of Final Grade
Class Participation	On Going	10%
Research Project	TBC	30%
Project Presentation	TBC	10%
Final Exam	Formal University Exam Period	50%

Referencing Style and Style Guide

For this paper the referencing style is APA or Harvard. Style guides will be made available in the first lecture.

Dishonest Practice and Plagiarism

Students should ensure that all submitted work is their own. Plagiarism is a form of dishonest practice (cheating). It is defined as copying or paraphrasing another's work and presenting it as one's own. Any student found responsible for dishonest practice in any piece of work submitted for assessment shall be subject to the University's dishonest practice regulations, which may result in serious penalties, including forfeiture of marks for the piece of work submitted, a zero grade for the course, or in extreme cases, exclusion from the University. The university reserves the right to use plagiarism detection tools. Students are advised to inform themselves about University policies concerning dishonest practice and take up opportunities to improve their academic and information literacy.

III. References and Recommended Readings

Two textbooks are recommended below and other relevant reading specific to each lecture will be made available to students electronically at least a week before the scheduled lecture.

[美] Pierre A. David. International Logistics: the Management of International Trade Operations, 4th Edition. 北京：清华大学出版社，2014.（清华物流学系列英文版教材）。

[美] John Coyle, Robert Novack, Brian Gibson, Edward Bardi. Management of Transportation. 7th ed. Cengage Learning, 2011.

IV. Teaching Schedule (to be revised based on the new calendar)

The teaching schedule is given in Table 4–4.

表4-4 Teaching schedule for logistics and supply chain management

Lecture	Week	Date	Topic	Reading
1	1	Nov. 11, 2019	Course Introduction, International Trade	"International Logistics" Ch.1
2		Nov. 15	International Supply Chain Management, International Infrastructure	"International Logistics" Ch.2, Ch.3
3	2	Nov. 18	International Infrastructure, Transportation's Roles in Supply Chain Management	"International Logistics" Ch.3, "Management of Transportation" Ch. 1
4		Nov. 22	To be made up on Nov.18 & 22	
5	3	Nov. 25	Transportation's Roles in Global Trade Planning, I	"Management of Transportation" Ch. 3, "International Logistics" Ch.6
6		Nov. 29	Transportation's Roles in Global Trade Planning, II, Transportation's Roles in Global Trade Execution I	"Management of Transportation" Ch. 3, "International Logistics" Ch.7-9
7	4	Dec. 2	Transportation's Roles in Global Trade Execution II, The Instruments of Trade Policy	"Management of Transportation" Ch. 4, "International Logistics" Ch.7-9
8	4	Dec. 6	Transportation's Roles in Global Trade Execution II, Case of COSCO SHIPPING	"Management of Transportation" Ch. 4, "International Logistics" Ch.16
9	5	Dec. 9	Project discussion	
10		Dec.13	International Ocean Transportation	"International Logistics" Ch. 11
11	6	Dec. 16	International Air Transportation	"International Logistics" Ch. 12
12		Dec. 20	Company visit: SF Express	

续表

Lecture	Week	Date	Topic	Reading
13	7	Dec. 23	International Land and Multimodal Transportation, Case of European Container Terminal	"International Logistics" Ch. 13
14		Dec. 27	International Logistics Security, academic papers in Management Science	"International Logistics" Ch. 15
15	8	Dec. 30	Summary and Review	
16		Jan. 3,2020	Team Project Presentations	
	9	Jan. 2020	Final Exam	

4.3 国际交流

浙江大学管理学院奉行"培养具有全球视野、创新能力、创业精神和社会责任感的高级管理专业人才与未来领导者"的办学宗旨，一直以来在专业设计、课程安排和师资配置上都着眼于培养学生的全球视野。2015年之前浙大管院还未加入QTEM网络，其管理科学与工程科学硕士学制为2.5年，学生经导师批准自愿参与学院和学校的交换项目，前往美国、英国、法国、德国、西班牙等国家及香港、台湾地区进行学习交流一学期。2015年浙江大学管理学院正式加入QTEM网络，2年制的管理科学与工程国际硕士项目诞生，所有专业课程均以全英文授课，和QTEM成员学校接轨，学生可以选择去QTEM网络学校交换一学期，完成相关课程、实习、定量分析比赛的要求，取得QTEM网络颁发的硕士学位。2018级之前学生可以自愿选择是否参加QTEM网络交换，2018级之后全体学生都要去参加QTEM网络交换。本部分主要介绍管理科学与工程国际硕士的QTEM网络交换情况。本部分内容主要参考自QTEM官网与相关文件。

QTEM网络全称为Quantitative Techniques for Economics and Management，是一个集全球优秀学生、学术伙伴学校以及国际大公司（或企业）的国际网络，在伯恩海姆基金会的资助下成立于2012年9月。QTEM的使命在于通过高校的国际合作培养学生在国际化视野下的决策制定中的定量分析技能。QTEM 有三大核心价值，分别是学术卓越、商政合一、国际合作。QTEM 硕士学位对在网络成员学校相关专业优秀的硕士研究生开放申请。截至 2019 年年底，QTEM 网络在全球共有 24 个成员高校，包括阿姆斯特丹大学商学院、华威大学商学院、慕尼黑工业大学商学院、早稻田大学商学院等著名的高校商学院，分布在全球 16 个国家，一共涵盖了 105 个硕士项目。浙江大学管理学院于 2015 年秋季正式加入，是中国第一所加入 QTEM 网络的商学院，随之依托 QTEM 网络开启其管理科学与工程硕士国际化的培养模式，在 2015 秋季开始招收第一届管理科学与工程国际硕士，迄今已经招收 5 届学生（QTEM 网络成员高校统计详见附录 4.3）。QTEM 模块统计如表 4-5 所示。

　　作为 QTEM 网络成员高校的学生，其在完成本校所有毕业要求获取本校硕士研究生学位后，还需要满足以下条件才能获得 QTEM 硕士证书：

●　被选上 QTEM 项目 [GMAT 成绩达到 650 或者 600（需经学校推荐），且为 QTEM 项目专业]。

●　参与一学期或者　学年的 QTEM 网络高校海外交换，每个学期至少修读 22 QTEM 学分的课程。

●　掌握定量分析技能。

●　参与完成 QTEM 数据挑战。

●　完成至少一个 QTEM 模块课程。QTEM 一共有金融与风险管理、应用经济学与公共政策、创新与战略、营销与供应链以及商业智能与大数据 5 个模块，学生需要至少在本校或交换期间完成一个模块 20 QTEM 学分的课程；

●　完成 QTEM 实习，至少完成 240 工作时的实习。

表 4-5　QTEM 模块统计

QTEM 模块	QTEM 子模块（根据 QTEM 课程数据库）
1. 金融与风险管理	（1）控制与会计
	（2）金融 - 精算
	（3）金融 - 银行业与金融机构管理
	（4）金融 - 公司金融

续表

QTEM 模块	QTEM 子模块（根据 QTEM 课程数据库）
1. 金融与风险管理	（5）金融 - 金融市场及其衍生
	（6）风险管理
2. 应用经济学与公共政策	（1）微观经济学，合同与拍卖理论
	（2）政策与规则制定，定价
	（3）公共财政与税收
	（4）宏观经济学模型，经济预测与发展
3. 创新与战略	（1）创新与创业
	（2）战略与工业组织
4. 营销与供应链	（1）市场与销售
	（2）供应链、运营与物流管理
5. 商业智能与大数据	（1）定量分析及其工具
	（2）商业智能
其他（非 QTEM 模块）	（1）社会与文化

  浙江大学管理学院自 2015 年开始招收管理科学与工程国际硕士，迄今已经派出 5 届共 39 名学生，在 6 所成员高校交换，共有 11 名学生获得 QTEM 硕士学位，如图 4-2 所示。QTEM 网络平台为科学硕士提供了一个非常广阔的国际平台，科学硕士在交换过程中学习对方课程，提升英文水平，了解西方先进的供应链物流体系，甚至参与到相关的实习中，其科研和就业都能从中获得非常大的帮助。

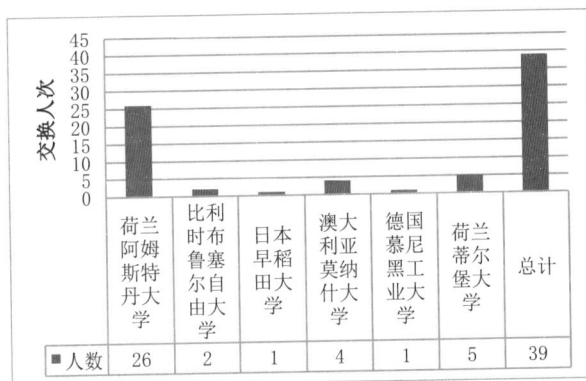

	荷兰阿姆斯特丹大学	比利时布鲁塞尔自由大学	日本早稻田大学	澳大利亚莫纳什大学	德国慕尼黑工业大学	荷兰蒂尔堡大学	总计
■人数	26	2	1	4	1	5	39

图 4-2　浙江大学管理学院 QTEM 学生交换情况统计

（数据来源：浙大管院 QTEM 办公室，截至 2020 年）

4.4 科学硕士的学位论文选题

我们在第 3 章中提到过，学位论文是硕士研究生为获得学位而撰写的总结性作业，是其申请相关学位的学术水平和科研能力证明。管理科学与工程专业的科学硕士是学术型学位，其论文质量、标准相较于专业型硕士有着更高的学术要求。

4.4.1 论文选题的基本要求

浙江大学管理学院在管理科学与工程科学硕士的学位论文方面，有如下几项基本要求：

- 学位论文选题内容需与培养方案中的二级方向以及导师研究领域相关；
- 学位论文（除参考文献）查重比低于或等于 10%；
- 学位论文中无学术失范行为；
- 学位论文通过匿名评阅方可进入答辩环节。

我从 2000 年起开始培养和指导管理科学与工程科学硕士，将研究生培养与科学研究有机结合，至今已培养 28 名物流与供应链方向的科学硕士（该统计未包含本人指导的深圳班 8 名硕士研究生），指导撰写学位论文以及小论文共 46 篇，其中学位论文 28 篇，小论文 18 篇。本小节主要分享一下本人在指导科学硕士论文撰写方面的心得经验。

前文阐述了学位论文选题的重要性和意义，与专业学位硕士研究生的培养不同，科学硕士的培养更侧重于培养学生的科研能力和学术水平，其论文选题需要有更高的学术理论高度以及实际应用价值，要求学生在研究方法上有所创新。论文选题是论文撰写的第一步，决定着研究的方向和目标，也体现了研究者的科研能力，有着举足轻重的决定性作用。科学硕士虽然在知识积累、科研能力方面比本科生高出一个层次，但是在论文选题方面仍然存在一些共性的问题：

- 选题笼统空泛，研究范围过大，缺少聚焦；
- 选题缺少学术词汇和理论支持，过于通俗化、口语化；
- 选题和已经发表的文献雷同或相似，缺少创新；
- 选题写作难度过大，数据搜集分析成本过高，远远超越自身科研水平；
- 选题陈旧，落后于时代发展，已失去研究意义；
- 选题脱离专业学科，超越供应链、交通、物流领域的范畴。

针对以上共性的问题，作为导师，需要和研究生保持密切沟通，及时纠正其选题方面的错误，找到突破点，帮助其选择感兴趣的、可行的、具有创新性的学位论文题目。我在指导科学硕士论文题目和研究方法选取的过程中，会对学生提出以下要求：

- 选题范围在物流、供应链、交通运输学科领域内，尽量与本人团队研究的纵向和横向课题紧密结合；
- 研究内容应具有实际的企业政府管理问题背景，在保证论文可行性的前提下追求应用价值和创新性；
- 采用定量与定性分析相结合的研究方法，倾向于数学建模的研究方法。

我指导的科学硕士学位论文和小论文中，主要有 3 种选题方式和类型，分别为纵向项目背景选题、横向项目背景选题以及自主选题。这 3 种选题方式各有利弊，指导方式方法也各有差异。前文提到过，浙江大学在 2015 年之前要求 2.5 年学制的科学硕士发表小论文，之后培养方案更改为 2 年学制后则不作要求，故本章节在统计时会分开统计分析。

4.4.2 纵向项目背景选题

纵向项目指由各级政府指定的科研行政单位代表政府立项的课题项目，主要是科教主管部门批准立项的各类规划和基金项目，分为国家级、省部级和厅局级。纵向项目具有一定的指标性，代表了学科领域的前沿研究领域，具有较高的研究价值和理论价值，一般较难获得，因此往往成为衡量一个单位科研水平的重要指标。我在科学硕士的培养过程中，坚持研究生培养和科学研究有机结合的原则，鼓励科学硕士在学习课程之余积极参与导师科研团队的科研项目，特别是国家级的纵向项目，培养锻炼强化学生的科研能力。

在参与纵向项目的基础上，其学位论文选题可以在团队研究中选取某一相关的感兴趣的方向进行，或者将自己的学位论文的撰写作为纵向课题项目的单个子课题进行。这种选题方式在科学硕士的学位论文选题中非常常见，本人培养的科学硕士的小论文和学位论文大部分采取了这种选题方式。在这种选题机制下，学生亲身参与过纵向项目研究，对课题的背景知识、研究方法、技术路线等都非常熟悉，对基于纵向项目的选题有比较好的理解和知识储备，比较容易上手。此外，论文选题建立在团队整体的研究成果之上，前期团队的数据和相关成果都可以为之提供借鉴参考，能够有效帮助学生提高理解程度和撰写效率。在导师方面，导师主导纵向项目的进展，对整体的纵向项目内容都非常熟悉，有比较好的指导效率，能够在学位论文撰写中给出针对性比较强的指导。这种选题方法的不足之处在于，如果项目本身的研究内容学生不感兴趣或者超越了学生的能力范围，学生就会缺少积极性，不利于论文的进展。

4.4.3　横向项目背景选题

横向项目指企事业单位、社会团体、各级政府及政府职能部门等委托科研机构研究的课题项目，侧重于运用理论手段来解决实际公司管理、社会治理中出现的问题，有较高的应用价值。横向项目是高校扩大对外联系，服务地方经济建设，提高科研水平和知名度的重要途径。本人的科研团队也承担过很多浙江省内政企的横向项目，主要涉及交通和物流领域。与纵向项目相同，我也非常鼓励研究生参与到横向项目的研究中来，将自己的专业知识和科研能力运用到解决实际的管理问题中去。科学硕士的论文选题可以在团队研究的基础上，就项目中企业或者政府存在的管理问题展开研究。横向项目背景选题的优缺点和纵向项目类似，此外横向项目有实际的政企管理问题的背景，能够更好地体现学位论文的应用价值，也有利于学生在相关领域就业。但是学生在写作的过程中要注意数据和相关内容的使用，切忌泄露商业机密。

4.4.4　自主选题

兴趣是最好的老师，自主选题则是学生自己从兴趣中选取创新性的研究题目作为其学位论文的研究方向。通常而言，自主选题的来源有3方面。首先，很多科学硕士在学习培养方案的专业课程时会对相关物流供应链方面的知识点产生浓厚兴趣，课本中也存在很多尚未解决或者不完善的问题，学生会针对相关的知识点和问题进行探索，查找文献资料，与导师同学交流心得，形成自己的研究方向和思路。其次，学生在参与课题组相关的研究过程中，对某相关领域以及在实际生产管理中存在的问题产生浓厚兴趣，经过相关探索深入研究，选择其题目。最后，学生在就读供应链物流方向的科学硕士项目后，积极关注领域内的时事热点，对某个领域存在的相关问题有深刻理解，和导师讨论后选择相关题目。

自主选题的优势在于学位论文的研究内容和方向是学生感兴趣的内容，学生自己对相关领域的知识有着一定的积累储备，同时对相关问题有自己独到的见解，在撰写的过程中有较高的积极性和效率。自主选题最大的弊端在于学生自主选择的研究题目、方向和领域，导师未必非常熟悉了解，往往不能做出直接有效的指导，会出现研究内容可行性不高、脱离专业和生产实际等问题，导致在后期的审核和答辩过程中无法通过。所以导师在指导同学自主选题的过程中一定要严格把关，多和学生进行沟通，了解其研究思路以及需要解决的问题，确保选题有较高的可行性，符合专业和行业实际。在撰写的全过程中，导师需要随时跟进，检查进度，把控主体方向，在方法论上给予相关的指导。在我指导的科学硕士中有一小部分同学的学位论文和小论文属于自主选题，这种情况主要集中于导师生涯早期，也曾出现过自主选题学位论文研究质量不高从而大修的情况，但是大部分自主选题的同学都会积极和导师沟通，取得不错的成果。比如2000级的郑齐明同学，其学位论文《企业外包决策的模型、过程和方法》以及小论文《创新：商品批发市场的生存之道》都属于自主选题，本人在其选题和写作的过程中积极引导，充分发挥了他在企业创新管理方面的研究兴趣和积极性。

4.4.5　论文选题的统计分析

总体来看，截至2020年年底，我一共指导了46篇科学硕士的学位论文和小论文，其中学位论文28篇，小论文18篇。在学位论文方面，纵向课题选题、横向课题和自选的数量分别为23篇、2篇、3篇，分别占比82%，7%，

11%（见图 4-3）。在小论文方面，纵向课题选题和自选的数量分别为 16 篇、2 篇，分别占比 89%、11%（见图 4-4）。由此可见，本人指导的科学硕士无论在学位论文还是小论文选题方面，都倾向于纵向课题背景选题，自选和横向课题背景选题的同学只占了很小一部分。这一现象也契合本人研究生培养与科学研究有机结合的指导原则，做到论文和专业领域、论文和团队研究方向两个协调统一，指导帮助学生在参与团队科研的过程中提升科研能力，获取论文撰写的灵感和思路。

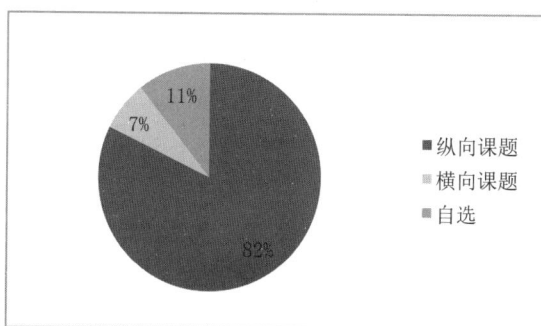

图 4-3　科学硕士学位论文选题情况统计（截至 2020 年年底）

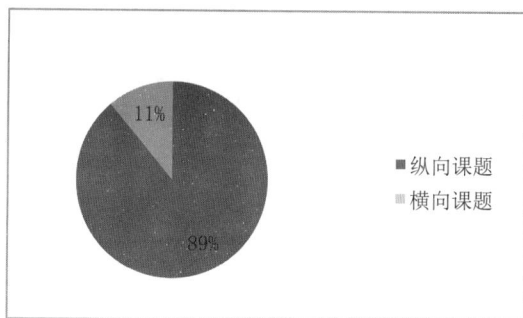

图 4-4　科学硕士小论文选题情况统计（截至 2020 年年底）

本人的科研团队自 2000 年成立以来，承接过大量的纵向课题项目和横向课题项目，这些项目很多都成为科学硕士论文选题的来源。相较于纵向项目，横向项目一般研究的范围比较局限，持续周期较短，不能很好地贯穿 2 ~ 3 年的科学硕士培养周期，学生参与度较少，所以科学硕士横向项目背景选题的论文数量要远远少于纵向。此外，很多横向项目和纵向项目在时间上是同步进行的，科学硕士会更多地参与到工作量相对较大的纵向项目中去，这也是横向项目背景论文数量偏少的一个原因。

对于纵向项目选题的 39 篇学位论文和小论文，其选题范围基于不同的项目也有所差异。其中，基于国家自然科学基金项目和国家社会科学基金项目的论文数量分别为 13 篇和 16 篇，分别占比 33% 和 41%。本人的科研团队承担过 6 个国家自然科学基金项目和 4 个国家社会科学基金项目，研究领域涉及应急物流、物流发展、电子商务、道路定价等多个领域，持续时间较长，研究范围比较广。在我的指导下，大部分科学硕士都在培养周期内参与其中，所以大部分硕士的论文选题都基于这两类国家级基金项目。此外，还有 6 篇与港口相关的论文选题基于浙江省社会科学基金重点项目，4 篇论文选题基于教育部新世纪优秀人才支持计划，分别占比 16% 和 10%。具体如表 4-6、图 4-5 所示。

表 4-6　团队纵向和横向项目和对应论文选题数统计

国家自然科学基金项目（N）				
编号	题目	时间	选题论文数	备注
N1	城市道路系统多时段次优拥挤定价的效率和公平问题研究	2005 年 1 月—2007 年 12 月	7	面上项目
N2	城市应急物流中不完全扑灭的多商品分配问题研究	2008 年 1 月—2010 年 12 月	3	面上项目
N3	基于组群信息刷新的非常规突发事件资源配置优化决策研究	2010 年 1 月—2012 年 12 月	2	重大研究计划"非常规突发事件应急管理研究"培育项目
N4	非常规突发事件下港口—腹地物流运输网络弹性的测度与优化研究	2015 年 1 月—2018 年 12 月	1	面上项目
N5	中韩"腹地—港口—港口—腹地"集装箱调度与风险管理研究	2015 年 7 月—2017 年 6 月	—	国家自然科学基金委员会与韩国国家研究基金会联合资助合作交流项目

续表

编号	题目	时间	选题论文数	备注
N6	电子商务驱动浙江产业集群转型与竞争力提升研究——基于电子商务的集群式供应链物流资源整合与竞争力提升研究	2016年1月—2019年12月	—	NSFC-浙江两化融合联合基金重点项目子课题

国家社会科学基金项目（S）

编号	题目	时间	选题论文数	备注
S1	高速公路社会经济效益的定量分析方法与应用研究	2001年—2002年	5	国家社会科学基金一般项目
S2	我国现代物流发展的问题及对策研究	2004年—2006年	11	国家社会科学基金一般项目
S3	重大装备工业的质量管理研究-供应链管理研究	2013年1月—2015年12月	—	国家社科基金重大项目子课题
S4	我国区域港口群的优化整合与环境协调策略研究-区域港口群的优化整合与环境协调理论分析研究	2020年12月—2025年12月	1	国家社科基金重大项目子课题

教育部新世纪优秀人才支持计划(M)

编号	题目	时间	选题论文数	备注
M1	物流交通规划与管理	2006年—2008年	4	

浙江省社会科学基金重点项目（P）

编号	题目	时间	选题论文数	备注
P1	长三角区域港口协调规划的系统研究	2007年—2009年	6	

浙江省交通运输厅等厅局项目（B）

编号	题目	时间	选题论文数	所属单位
B1	浙江省高速公路综合经济效益的定量分析研究	2004年1月—2005年6月	—	浙江省交通厅/公路管理局

续表

编号	题目	时间	选题论文数	所属单位
B2	浙江省公路建设投资经济效益的投入产出分析	2005 年 1 月— 2005 年 6 月	—	浙江省统计局
B3	基于 GPS、GIS 技术的交通实时路况系统分析与研究	2007 年 7 月— 2008 年 7 月	1	浙江省交通厅信息中心
B4	现代物流信息中心战略研究	2011 年 12 月— 2013 年 12 月	—	浙江省交通运输物流信息服务中心
企业、社会组织项目（E）				
编号	题目	时间	选题论文数	所属单位
E1	浙江省物产集团新煤东运规划咨询项目	2009 年 5 月— 2009 年 10 月	—	浙江省物产集团公司
E2	浙江省物产集团物流产业发展战略规划咨询项目	2009 年 5 月— 2010 年 12 月	—	浙江省物产集团公司
E3	浙江物产南疆物流园规划方案项目	2010 年 8 月— 2011 年 2 月	—	浙江省物产集团公司
E4	"公路港"支撑要素分析与运营管理研究	2014 年 8 月— 2015 年 2 月	—	浙江省发展和改革委员会 / 浙江供应链协会
E5	富日物流浙江物流骨干网项目（高速公路甩挂运输循环系统）的可行性分析	2015 年 9 月— 2016 年 3 月	1	杭州富日物流有限公司
E6	浙江公路在综合交通运输体系中的作用评估研究	2015 年 9 月— 2016 年 6 月	—	浙江省公路学会

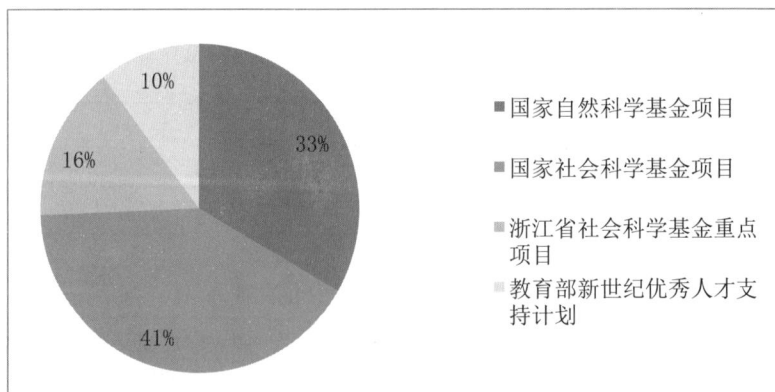

图 4-5　科学硕士学位论文、小论文纵向课题选题情况统计（截至 2020 年）

4.5 科学研究与科学硕士研究能力的培养

我本人一直坚持研究生培养与科学研究有机结合的原则，鼓励研究生主动参与到导师的相关纵向或者横向项目中去，在导师和师兄师姐的引导下提升科研能力，最后形成其学位论文选题。截至目前，本人科研团队共承接过21个纵向和横向项目，其中有6个国家自然科学基金项目，4个国家社会科学基金项目，1个教育部新世纪优秀人才支持计划项目，1个浙江省社会科学基金重点项目，4个浙江省统计局、交通运输厅项目以及6个企业、社会组织项目。本部分将按照时间和项目序列梳理本人科研团队重要的纵向和横向项目，并讨论其和科学硕士选题的关联性。

4.5.1 国家自然科学基金项目研究

1. 城市道路系统多时段次优拥挤定价的效率和公平问题研究

该课题的大背景是随着我国城市化和经济水平的快速发展，人口和机动车增长速度超过道路交通基础设施的建设速度，交通需求超越交通供给，造成城市交通拥挤。拥挤定价及收费政策作为交通需求管理的一个重要方法，已经受到了国内外交通部门的关注。本项目运用次优定价理论并结合城市交通模型，构造拥挤定价模型，计算拥挤费，分析拥挤收费对交通量分配和缓解交通拥挤的影响，并评估拥挤定价的社会福利影响。在深入分析多时段简单路网模型的基础上，提出多时段一般路网系统次优拥挤定价模型。通过理论模型研究和数值模拟分析，研究次优拥挤定价的效率和公平问题，证明次优拥挤定价策略能有效控制交通出行，促进合理出行方式和出行时段转换，改善社会各出行群体的社会福利，为拥挤定价方案实施提供理论依据和政策启示。该课题主要分为两个阶段：首先，对于简单路网模型，开展多时段、多方式、不同类型用户群次优定价模型研究，并就其中的效率与公平问题形成若干篇相关论文；其次，将简单路网模型推广到一般路网次优拥挤定价模型研究，并就其中的效率与公平问题形成若干篇相关论文。

在研究生培养方面，共有4名科学硕士结合课题内容撰写了3篇学位论文和4篇小论文。出于难度的考量，科学硕士的论文选题主要集中于本课题第一阶段的内容，即简单路网效率研究和简单路网公平研究。在简单路网效率研究方面，陈鸣飞同学发表了小论文《城市道路系统多时段、多出行方式拥挤定价模型》；吴兆峰同学撰写了学位论文《城市交通需求管理多时段、多用户次优拥挤定价模型研究》，发表了小论文《多时段、多用户次优拥挤定价模型》和《多时段城市路网系统最优与次优拥挤定价收费模型》；潘小森同学撰写了学位论文《带公平因素的多时段、多方式拥挤定价模型研究》，并获评浙江大学管理学院2007年优秀硕士学位论文。在简单路网公平研究方面，吴兆峰同学发表了小论文《带公平限制的多时段次优拥挤定价模型》。此外，陈煜澈同学选择关注城市交通中比较具体的城市公交网络系统，撰写了学位论文《城市公交网络系统管理对策研究》。

2. 城市应急物流中不完全扑灭的多商品分配问题研究

该课题是国家自然科学基金面上项目。该项目运用物流系统理论、福利经济学、公共突发事件管理理论，构造完全扑灭供给、不完全扑灭供给情形下城市物流系统应急物资分配模型，分析突发事件最优物资分配问题，并评估各分配模型的效率及其社会公平性。在深入分析单一服务点、单一需求点、单一商品分配模型的基础上，构造多服务点多需求点多商品（multi-commodity）分配模型，并拓展至带供应能力限制（如完全扑灭供给、不完全扑灭供给）的服务点物资分配模型，同时研究各分配模型的公平问题。通过理论模型研究和数值模拟分析，研究各分配模型的可行性和服务点的供应效率与公平问题，为突发事件应急物资配置体系的建立与实施提供理论依据和政策启示。该课题的研究分为两个阶段：首先，对于单商品分配模型，开展多服务点、多需求点的物资分配模型研究，并扩展到不完全扑灭和带公平限制的物资分配模型，形成若干篇相关论文。其次，将单商品分配模型推广到多商品分配模型，形成若干篇相关论文。该课题的研究有一定的前瞻性和较高的应用价值，相关研究内容对汶川地震后的应急物流和物资分配有着一定理论支持作用。此外，该项目的成果也运用到了山东省应急物流系统的建设中。

在研究生培养方面，共有2位科学硕士参与到了本课题的研究中，结合研究内容撰写了1篇学位论文和2篇小论文。唐康同学考虑了单个和多个阶段、受灾点、救援点、应急物资复杂情况，建立了基于需求动态变化的物资分配模型，撰写了学位论文《基于受灾点需求动态变化的多阶段应急物资分配问题研究》和小论文《基于随机需求的应急物资分配模型》。干华栋同学则关注受灾点的需求变动情况，发表了小论文《基于需求动态变化分析的应急物资分配决策模型》。

3. 基于组群信息刷新的非常规突发事件资源配置优化决策研究

该课题是国家自然科学基金重大研究计划培育项目，和前一个国家自然科学基金项目"城市应急物流中不完全扑灭的多商品分配问题研究"同属于应急物流领域。该课题的大背景是汶川地震、2008年雪灾等非常规突发事件下，如何运用组群信息建模优化应急资源配置。该项目综合运用物流系统理论、区域灾害系统论、灾害链理论、微观经济学、应急管理理论及统计决策理论，构造非常规突发事件资源配置优化决策模型，并评估各配置优化模型的效率及其社会公平性。选取随突发事件演化而变化的、影响应急资源配置决策的关键信息作为决策模型的组群信息。随着每次组群信息刷新（GIU），决策者可以停止观测和信息刷新进而制订应急资源配置优化决策方案，或者再继续下一次观测，此决策过程即为应急资源配置的序贯决策。构造存在 GIU 的单出救点、多受灾点应急资源配置优化序贯决策模型，并拓展至多出救点、多受灾点的情景。将统计分析与运筹优化方法相结合，设计具有 GIU 特性的随机运筹优化方法。通过理论模型研究和数值模拟分析，分析比较各应急资源配置优化模型的可行性、效率与公平性，为非常规突发事件应急资源配置体系的建立与实施提供理论依据和政策启示。

在研究生培养方面，共有3位科学硕士参与到本课题的研究中，共撰写了1篇学位论文和1篇小论文。两篇论文都侧重于医疗物资的优化配置，其中干华栋同学撰写了学位论文《第三方物流参与下的医药供应链协调与收益分配研究》，段璐璐同学和干华栋同学一同发表了小论文《基于行业价值链模型分析的我国医药流通行业发展对策研究》。

4. 非常规突发事件下港口—腹地物流运输网络弹性的测度与优化研究

该课题为国家自然科学基金常规面上项目，研究内容主要分为港口—腹地物流运输网络弹性的测度和优化研究、港口运作系统的弹性测度和优化研究以及腹地物流运输网络弹性的测度和优化研究3部分。该项目综合运用物流系统、港口运输规划管理、应急管理等的相关理论，构建非常规突发事件下港口—腹地物流运输网络弹性的测度及优化模型。首先，分别对系统的 3 个组成部分（港口运作系统、腹地物流运输网络、港口—腹地物流运输网络）的结构、构成要素及运作模式进行深入分析，为整个系统的弹性研究打下坚实基础。其次，在第一步分析的基础上，提出影响港口、腹地物流运输网络及整个系统的弹性指标，对其进行量化并构建弹性测度的数学模型。最后，采用随机规划方法，构建非常规突发事件下各系统的弹性优化模型，并对其进行求解，分析影响系统弹性的决策变量及其影响机理，为优化港口—腹地物流运输网络系统在灾前准备—灾后恢复阶段固定预算的投资配置，并提升该网络系统的弹性水平提供理论依据和政策启示。

因为我后期的研究生培养重心逐渐向博士生转移，所以在研究生培养方面，该课题主要由博士研究生参与负责，科学硕士只有 1 人参与到本课题研究并撰写了 1 篇学位论文。臧玳跃同学选择了辽宁省集装箱港口群为研究对象进行算例分析研究非常规突发事件下集装箱港口群网络弹性问题，撰写了学位论文《非常规突发事件下集装箱港口群网络弹性问题研究》。

5. 电子商务驱动浙江产业集群转型与竞争力提升研究——基于电子商务的集群式供应链物流资源整合与竞争力提升研究

该课题为 NSFC-浙江两化融合联合基金重点项目，本人的科研团队主要负责其中的子研究"基于电子商务的集群式供应链物流资源整合与竞争力提升研究"。产业集群转型与竞争力提升必须以集群内部企业协调发展为支撑，该研究首先从集群式供应链内部企业的垂直合作度、水平合作度的竞合关系为出发点，以博弈论为视角，探讨影响企业发展的因素。其次，与传统供应链不同的是，集群式供应链具有跨链特征，内部网络结构极其复杂。在电子商务平台下，对核心企业的识别具有一定挑战性。基于此，本子课题从物流网络设计的角度对集群内物流基础设施的布局进行分析与探讨。最后，本子课题考虑在柔性动态生产技术支撑下如何优化供应链内部结构以应对市场波动，优化配送路线，缩短配送时间，实现电子商务环境下集群式供应链的资源配置优化。

在研究生培养方面，因为本人自 2015 年后的重点培养对象主要是博士研究生，招收的科学硕士很少，所以该课题研究主要由博士研究生参与，目前还没有相关科学硕士结合本课题进行论文选题。

4.5.2　国家社会科学基金项目研究

1. 高速公路社会经济效益的定量分析方法与应用研究

该课题的大背景是随着我国经济的快速发展，我国高速公路里程迅速增加，其社会效益不断扩大，对国民经济的拉动作用日渐增强。在吸取国内外先进分析方法的基础上，本课题全面而系统地阐述了一套评估高速公路社会效益的方法，并提供若干政策建议。课题首先从理论和实践上阐述高速公路对国民经济和社会发展的影响，给出了高速公路社会效益的定义和分类。随后应用包括投入产出模型、成本—效益分析、系统动力学模型等数量分析方法，分别对高速公路建设阶段社会效益、高速公路运营阶段直接社会效益、高速公路运营阶段间接社会效益进行了评估，并针对我国部分省市高速公路的建设和运营进行了案例分析。最后对我国高速公路发展尤其是西部大开发中高等级公路交通发展提供了若干政策建议。

在研究生培养方面，参与本课题研究的科学硕士共有 3 人，共撰写了 1 篇学位论文和 4 篇小论文。这些论文的选题主要侧重于研究交通和物流基础设施对国民经济和区域经济发展的影响，并结合我国部分区域的实际情况进行案例分析。其中周庆明同学的学位论文《交通基础设施对区域经济增长的空间溢出作用研究》获评 2005 年度浙江省优秀研究生学位论文。

2. 我国现代物流发展的问题及对策研究

该课题通过将经济学、管理学、运筹学等理论方法与物流结点建设的实践相结合，透彻分析中国物流发展问题及对策。课题研究丰富和发展了物流交通基础设施与经济发展理论，提出了在物流网络体系中规划建设物流结点和经营管理物流结点的理论方法体系，并提供了若干政策建议。此外，该课题通过案例分析方式，研究分析了物流结点的规划布局、建设模式和经营管理模式。该课题的主要研究成果是提出了物流网络系统中 3 个层次的结点（物流园区、物流中心和配送中心）规划建设和经营管理的理论方法体系，包括区域物流结点规划的原则和影响物流结点规划的总体因素，物流结点布局数量、规模和选址的决策方法，以及物流结点的建设模式和经营管理模式，物流结点经济效益评价方法等，为区域物流结点的规划建设提供了科学依据。

该课题跨越了经济学、管理学、物流学、运筹学等多个领域，涵盖了多个物流发展的研究方向，所以本人早期指导的很多科学硕士都参与过本课题的研究，其论文选题也与本课题的某一研究方向相关，共撰写相关的学位论文8篇、小论文3篇。和该课题相关的论文选题主要分为两类。第一类是从某一区域物流发展的整体情况入手，通过建模或者实证研究发现规律，提出改进建议。比如李燕同学的学位论文《浙江省现代物流与经济发展关系研究》和小论文《现代物流与经济增长的关系研究——基于浙江省的实证分析》都是从浙江省整体的物流发展情况入手，探索浙江省区域物流的发展和国民经济发展的关系，其小论文荣获"第五次中国物流学术年会"一等奖（见图4-5）（作者刘南、李燕）。第二类是具体研究物流发展的某一细分领域，聚焦在该具体领域的问题和解决对策。比如傅禄忠同学聚焦在汽车制造业供应链，撰写了学位论文《我国汽车制造业供应链柔性实证研究》。徐招玺同学聚焦于物流金融服务，撰写了学位论文《基于存货质押贷款的物流金融服务契约研究》。

获 奖 证 书

刘　南 同志：

　　您的论文《现代物流与经济增长的关系研究——基于浙江省的实证分析》被评为"第五次中国物流学术年会"一等奖。

　　特发此证，以资鼓励。

二〇〇六年十一月十日

图4-5　第五次中国物流学术年会获奖证书

3. 区域港口群优化整合与环境协调的理论分析研究

该课题是国家社科基金重大项目"我国区域港口群的优化整合与环境协调策略研究"的子课题1。该课题基于国家对区域港口群优化整合与环境协调发展的背景与要求，对港口群整合与环境协调的科学内涵、功能定位、关键问题，以及实现路径进行理论分析。研究内容包括：①区域港口群优化整合与环境协调的科学内涵，根据国家战略对港口与环境发展的具体要求，分析课题的总体目标和科学内涵；②区域港口群优化整合与环境协调的功能定位，以国家战略为导向，基于定位理论对我国港口整合与环境协调的功能定位进行理论分析；③区域港口群功能定位的关键问题分析，基于定位与功能，研究分析港口群整合过程中资源错配、运营低效、供需失衡、环境污染等关键问题；④区域港口群功能定位实现的路径研究，基于上述关键问题的分析，提出港口群优化整合的理论方案和政策建议。

硕士生王毅同学以本课题作为其毕业论文选题，撰写了题为"区域内集装箱枢纽港竞合定价策略研究——以深圳港和广州港为例"的硕士学位论文。

4.5.3 教育部新世纪优秀人才支持计划

我入选教育部2005年度"新世纪优秀人才支持计划"，研究方向为物流交通规划与管理。该课题主要研究内容包括两方面：物流系统规划建设与运营管理研究，城市交通拥挤定价与城市应急物流管理研究。在物流系统规划建设与运营管理方面，该研究结合国内外物流基础设施和物流市场发展现状，运用计量经济学、运筹学、模糊数学、层次分析法和案例分析的方法，对现代物流与经济增长关系、物流交通基础设施对区域经济增长的作用、物流节点（物流园区、物流中心和配送中心等）的规划建设和运营管理模式等问题进行定量研究。在城市交通拥挤定价与城市应急物流管理研究方面，首先运用经济学次优定价和高峰负荷定价理论，结合城市交通模型，构造多时段系统次优拥挤定价模型进行城市交通拥挤定价研究，其表现形式为给定次优约束条件下使系统社会福利最大化的最优化模型或变分不等式模型。其次，运用城市物流系统理论、福利经济学、城市公共突发事件管理理论，并结合城市交通路网模型及交通均衡配流理论，构造完全扑灭供给、不完全扑灭供给情形下城市物流系统应急物资调度模型，分析突发事件最优物资调度问题。该研究的成果《现代物流与经济发展——理论、方法与实证分析》一书荣获了 2008 年度中国物流学会"物华图书奖"。

在研究生培养方面，该课题持续周期长，与本人研究的其他国家自然科学基金和国家社科基金项目有着很好的关联性。该课题共有 4 名科学硕士参与研究，共撰写了 3 篇学位论文和 1 篇小论文。针对该课题的研究，科学硕士的选题呈现细分化的趋势，选题侧重于交通物流的某一具体的细分领域的问题。比如曹巍同学研究了终端网点与电子商务物流系统协调的方式，陈鸣飞同学则研究了牛鞭效应对制造企业的影响。

4.5.4 浙江省社会科学基金重点项目

长三角区域港口协调规划的系统研究

在经济全球化的大背景下，港口作为区域经济发展的物流节点，与港口腹地形成了区域经济地域系统。目前我国沿海已经形成了三大港口群，即长江三角洲港口群、珠江三角洲港口群以及环渤海港口群。其中长三角区域港口群借助区域经济的腾飞取得了令人瞩目的发展，其港口群的群体效率对区域经济增长的互动作用也日益显著。但是长三角港口群因为行政隶属不同等多方面原因并没有实现资源合理配置和协调发展，地区港口软件和硬件建设缺乏统筹考虑，盲目扩建、无序竞争，港口之间缺乏相应的协调，大量资源被浪费。

该项目在总结现有成果的基础上，主要从经济学、管理学和系统科学的角度，综合分析长三角协调发展的静态和动态最优模式，主要包括：① 通过分析研究美东美西地区、密西西比河流域、鹿特丹港口、新加坡港口资源整合的实践以及国内珠江三角洲地区港口群、环渤海港口群的有效经验，得出长三角区域港口协调的可能模式；② 从现实行政归属的角度，运用管理学的基本理论，分析得出长三角区域港口协调的实然模式（定性分析），并指出其不足，提出改进的建议；③ 从区域经济和资源整合的角度，运用经济学效率最优化理论，分析长三角区域港口协调的应然模式（定性分析）；④ 在经济学理论模型的基础上，从系统科学的角度，运用系统动力学方法来模拟长三角港口协调的竞争和合作影响，得出动态的长期预测模式（定量分析）。

在研究生培养方面，共有 5 名科学硕士参与到该课题的研究之中，共撰写了 4 篇学位论文和小论文。其中刘国清同学聚焦在长三角港口群中的上海国际集装箱港口，其学位论文《上海国际航运中心集装箱港口体系研究》获得了浙江大学管理学院 2006 年度优秀硕士学位论文奖。颜薇娜和段璐璐同学分别采用了系统动力学和博弈论的研究方法，对区域港口群的协调发展和竞争关系展开研究。

4.5.5　浙江省交通运输厅等厅局项目

1. 基于 GPS、GIS 技术的交通实时路况系统分析与研究

解决城市交通问题单纯依靠修建道路基础设施是不能奏效的，除了要有相应的宏观交通政策予以支持，现代化的交通管理是十分重要的一环，其中智能交通管理系统（ITMS）是解决交通拥堵、减少交通事故、防止交通污染、提高交通管理水平的最有效的方法和手段。该课题是浙江省交通厅科技项目的子课题，针对浙江省交通厅提供的 2007 和 2008 年的 GPS 数据进行分析，提出有针对性的政策意见。该课题首先选取最佳的路段通堵分析模型构建的基础模型，然后基于 GPS 数据，构建了进行道路通堵状况分析的模型。此外还基于 GPS 数据，设计了进行道路通堵状况分析的测试软件，对软件测试的结果进行基础分析。最后，该课题对道路通堵分析模型进行归一化评价。此外，该课题还探讨了"采样滚动时区"长度选择的问题。

在研究生培养方面，本人科研团队共有 2 名科学硕士参与到课题研究中，但因为课题周期较短，只有彭鹏同学的学位论文《基于 GPS 历史数据分析对交通基础信息处理优化的研究》以该课题为背景选题。

2. 现代物流信息中心战略研究

该项目为浙江省交通运输物流信息服务中心（隶属于浙江省运管局）和浙江大学合作的横向课题，由交通运输部和中国工程院提供指导。该课题主要采用了定性的研究方法，在对我国物流发展现状和对物流信息化的理解上，借鉴国外物流业信息化发展的经验，提出了中国物流信息化建设的模式和途径。我国现代物流在总体上发展滞后，但是面临着重大战略机遇，信息化是提升我国现代物流水平的关键。物流信息化建设是多层次的生态系统，建设我国物流信息化建设应由国家引领、着重实效，依托交通运输部门，做好整体规划，加强

组织保证，有序推进。我国物流信息化建设战略目标是关注全国、着眼世界，其中物流公共信息平台建设是物流信息化建设的关键抓手，推进物流公共信息平台建设和持续发展的重要举措。

4.5.6 企业、社会组织项目

1.浙江省物产集团物流产业发展战略规划咨询项目

该研究是浙江大学物流与决策优化研究所和浙江省物产集团合作的横向课题。本课题的研究主要分为 3 部分。首先对浙江省物产集团物流产业发展的外部环境进行分析，在研究国内外行业现状的基础上，对物产集团主要板块的物流行业进行分析，包括钢铁物流、煤炭物流、化工物流和民爆物流。其次，该课题对浙江省物产集团进行了内部诊断，梳理了其主营业务的物流组织方式，分别就钢铁、煤炭、化工板块归纳了其物流组织存在的问题，并通过相关标杆企业的案例进行对比分析。最后，该课题提出了浙江省物产集团物流产业发展的战略规划方案（2010—2015），确定了产业培育提升、商流物流联动、高端物流引领、网络平台支撑 4 个核心物流产业发展理念，就物流产业发展的商业模式、管理模式、网络布局、信息平台、实施方案给出了具体可行的规划方案。

2."公路港"支撑要素分析与运营管理研究

该课题为与浙江省发展和改革委员会 / 浙江供应链协会合作的横向课题。该课题首先分析了国内外物流行业和道路运输行业的发展现状以及我国建设"公路港"的内外部环境。其次，该课题运用平台经济学的理论进行了公路港模式结构及支撑要素分析，介绍了公路港的主体、组织要素、盈利模式、发展要素等内容。最后，课题通过对国内外著名"公路港"典型案例的分析，例如德国不莱梅货运中心、浙江传化公路港等，总结了其对成功打造中国"公路港"运营模式的启示。

3.富日物流浙江物流骨干网项目（高速公路甩挂运输循环系统）的可行性分析

该研究是浙江大学物流与决策优化研究所与浙江省富日物流有限公司合作的横向课题，对富日物流公司浙江物流骨干网项目（高速公路甩挂运输循环系统）的可行性（2017—2026）进行了相关分析。该研究首先分析了浙江省物流产业发展战略外部环境，概括了浙江省区域经济与交通运输发展状况，通过标杆物流企业的案例分析总结了浙江公路物流骨干网的核心竞争力和关键问题。在此基础上，该研究对浙江省高速公路货运需求进行预测，提出了浙江公路物流骨干网项目的规划布局方案。最后，该研究对浙江公路物流骨干网项目的成本—收益进行分析，得出了该项目的可行性结论。

在研究生培养方面，有多名博士研究生和 1 名硕士研究生参与本课题的研究，其中科学硕士朱子伟同学以该课题中富日物流存在的问题为背景，撰写了学位论文《基于浙江省高速公路路网的甩挂运输调度问题研究》。

4. 浙江公路在综合交通运输体系中的作用评估研究

该课题是浙江大学物流与决策优化研究所与浙江省公路学会、浙江省交通运输科学研究院合作的横向课题。公路是构成综合交通运输体系不可替代的因素，该课题基于浙江交通正处于深化改革、转型升级，积极对接国家"一带一路"倡议、长江经济带战略，全面建设综合交通运输体系的大背景，阶段性地对浙江公路已经取得的成果、问题进行跟踪、调查和分析，为下一阶段浙江公路规划的编制、项目的建设和运营管理等方面工作改进提供指导和参考。该课题主要有 5 方面的研究内容。第一，理清公路运输与综合交通运输体系的关系，归纳公路运输系统在综合交通运输体系中的特征与优势，总结借鉴发达国家公路运输的经验。第二，基于历史数据对浙江综合交通运输体系发展现状进行总结分析。第三，在直观的数据比较基础上构建评价指标体系，采用层次分析法对浙江公路、水路、铁路、航空等几种运输方法在综合运输体系中的地位进行比较，突出公路的不可或缺性。第四，基于区域经济发展理论，运用实证研究方法，采用计量经济学模型，定量分析评估浙江公路对浙江区域经济增长的促进作用。第五，对浙江公路现状和问题进行总结，提出浙江公路在下一个阶段发展的对策建议。

4.6 科学硕士的学位论文写作

4.6.1 开题报告

开题报告是研究生学位论文工作的重要环节，是保证学位论文进度和质量的前提。在修读完最低学分要求情况下，管理学院管理科学与工程科学硕士才被允许进行开题。开题报告要求在第 1 ～ 1.5 学年末完成，一般会在每年 11 月进行。开题报告完成至少半年后，才能进行论文送审、答辩。

科学硕士应就论文选题意义、国内外研究综述、主要研究内容和研究方案等做出论证，写出书面报告，并在开题报告会上报告。开题报告应填写规定格式的开题报告，包括研究问题、研究意义、研究文献基础、研究内容设计、研究方法与计划、研究的潜在创新点、研究参考文献等。开题报告会考核小组至少由 3 名学科相关的副教授或相当职称以上的专家组成，评审通过后方被允许撰写学位论文。开题报告未获通过者或因特殊情况需变更学位论文课题研究者，应在学院（系）或学科规定的时间内重新开题。

导师在指导学生开题的过程中，需要对选题的来源研究现状和发展趋势进行一定的了解，并在此基础上检查开题报告中提出的基本内容、主要问题、研究的方向是否明确，以及研究的方法及措施是否可行。如果发现问题，需要及时和学生沟通，指导其修改。此外，导师还要在时间和进度上对论文撰写进行把控，确保开题报告中的研究工作步骤和进度安排合理。最后，在开题全过程结束后导师还需要撰写开题报告指导教师意见。此外，本人建议导师可以在开题报告会前对学生的开题答辩进行指导，确保答辩用语简洁规范，并及时疏导学生的紧张焦虑情绪。

4.6.2　论文撰写

学位论文是科学硕士攻读学位期间研究成果的总结，是衡量其是否达到学位要求水平的重要依据。同时学位论文是反映高层级教育水平的学术作品，需要被长期保存，供学者、后续研究人员参阅。因此，学位论文要求语句通顺，真实可靠，表述清晰，图表公式符合论文格式规范。学位论文需要阐明选题的目的和学术意义，以及对社会发展、文化进步和国贸经济建设的价值。论文作者需要在了解本研究方向现有成果的基础上体现自己的工作特色，对论文课题有自己的见解和创新。此外，学位论文作为学术成果，有比较高的严谨性，必须在必要的指导下独立完成，不得弄虚作假和有学术失信的行为。

文献综述是在某一研究领域或专题搜集大量文献资料的基础上，就国内外在该领域或专题的主要研究成果、最新进展、研究动态、前沿问题、争论焦点等进行的综合分析，是学位论文的必要组成部分。"综"是要求对文献资料进行归纳整理、综合分析，力求精练明确、有逻辑层次；"述"就是要求对综合整理后的文献进行专门的、全面的、深入的、系统的评述。浙江大学要求文献综述围绕论文主题，有一定的篇幅量，在严密的逻辑下说明学位论文研究的必要性和学术价值，切忌对有关理论和学派观点简单罗列。

本人在指导科学硕士写作的过程中，发现学生在论文的文献综述部分往往会出现以下问题：

- 文献综述没有紧扣主题，文献筛选评述和论文研究的问题的关联性不大；
- 简单罗列堆砌文献，各文献内容的评述没有逻辑层级，研究脉络不清晰；
- 文献综述缺乏权威性，遗漏经典和权威文献；
- 文献综述与背景描述相混淆，重点介绍研究背景，忽略对学术观点和理论方法的梳理和评论；
- 文献综述只述不评，只局限于对已有文献的简单重复性介绍，缺少作者的见解。

针对以上问题，导师需要在充分了解学生选题背景的情况下，引导学生阅读与研究方向相关的文献，向学生推荐一些权威经典文献。浙江大学管理科学与工程硕士的培养方案要求硕士在校期间完成4次读书心得报告，这就是文献阅读后一种很好的师生互动。科学硕士通过这种方式和导师交流文献阅读感想，很好地解决了只述不评的困境。

研究方法是研究问题的一般程序和准则，是学位论文创新之处的重要体现，正确有效的研究方法会大大提高学生写作的效率，帮助学生少走弯路，早出成果。与专业学位论文不同，我在指导科学硕士写作的过程中，一直鼓励同学在研究方法上进行创新。在本人指导的28篇学位论文中，研究方法呈现出多样化的趋势，覆盖了决策优化模型、计量经济学、评价模型、人工神经网络、博弈论、系统动力学等多方面的研究方法，其中单篇论文采用的具体的研究方法也不尽相同，充分体现了本人鼓励研究生在论文撰写中进行理论方法创新的精神，具体如表4-7所示。

表 4-7　科学硕士学位论文研究方法分类

研究方法	具体方法	篇数	合计
决策优化模型	层次分析法	1	11
	拥挤定价模型	2	
	房地产投资组合优化模型	1	
	一般交通网络随机用户均衡模型	1	
	供应链契约模型	2	
	需求动态变化的物资分配模型	1	
	电商决策模型：Shapley 值法	1	
	甩挂运输的车辆调度和运输模型	1	
	网络弹性的优化模型	1	
计量经济学	空间权重矩阵	1	2
	格兰杰因果检验	1	
评价模型	HHI 指数模型和偏移 - 分享分析法	1	9
	回归模型	2	
	结构方程建模	3	
	供应链柔性模型：验证性因子分析	1	
	交通拥堵优化模型	1	
	EDA 模型	1	
人工神经网络	BP 模型	1	1
系统动力学	港口群效率模型	1	1
博弈论	合作	2	2
实证研究		3	3

　　除了在文献综述和研究方法方面的指导外，导师还需要多和学生沟通，了解论文写作的进度是否按照计划进行、预期结果是否符合研究目标，同时及时解答同学在写作中的困难和问题。此外，导师还需要关注学生写作过程中的心理情绪问题，严格要求学生遵守学术规范，及时制止学术失范的现象。如果学生存在较大的难以解决的困难，导师需要指导学生及时调整研究方向和计划。

4.6.3 论文初审与修改

浙江大学管理学院科学硕士完成学位论文后，在提交学院进行评阅前，首先需要提交给导师进行审核。导师需要对论文就行文格式、研究方法等方面提出指导意见，学生及时修改、补充完善后方可提交至学院进行评阅。在学院进行评阅前，学院需要通过检测论文文本复制比例来审查研究生写作是否符合学术规范。浙江大学管理学院要求科学硕士论文文字复制比低于10%。非核心内容复制比在10%～20%之间的论文需要进行修改，视情节轻重在3～6个月后重新提交论文检测。核心内容复制比在10%～20%之间的论文视情节轻重在6个月后重新提交检测，或者取消（本次）学位申请资格。如修改后提交的论文文献复制比仍在10%～20%，则取消本次学位申请资格。首次检测文献复制比超过20%，直接取消学位申请资格。

为了提高科学硕士学位论文的质量和水平，管理学院硕士学位论文采取100%匿名评阅的方式。每位科学硕士的论文送3位相关方向专家评阅，专家评阅的意见有以下5种：① 同意答辩；② 同意经过小的修改后答辩（可不再送审）；③ 同意经过小的修改后答辩（答辩前重新送原专家评阅通过）；④ 需要进行较大的修改后答辩（答辩前重新送原专家评阅通过）；⑤ 未达到硕士学位论文要求，不同意答辩。3份评阅结果均为"同意答辩"或"同意小修改后答辩"（可不再送审）者，可以进入学位论文答辩。若评阅结果中有"同意小修改后答辩"（答辩前重新送原专家评阅通过）者，学位申请人需先对论文进行修改，并送原专家评阅通过后，方可进入学位论文答辩。

若评阅结果中有需要进行大修或者不同意答辩的，申请者需要对学位论文进行充分修改，经导师审核同意后送原专家评阅。截至目前，从本人指导的科学硕士的学位论文评阅情况来看，绝大部分硕士生的论文都取得了直接同意答辩或者小修后答辩的结果，极个别的同学需要进行大修后答辩。个别科学硕士在导师的指导下根据评阅意见进行大修后，也一次性通过了评审。

在指导论文修改的过程中，导师需要根据反馈的评阅意见，多和学生沟通，有针对性地对相关问题进行指导，进一步明晰研究的逻辑思路，突出论文的创新点，规范论文的用语和格式。此外，导师还需要关注学生的心理健康问题，在维持正常论文进度的情况下给予适当的鼓励和帮助。

4.6.4 论文答辩

论文答辩是科学硕士完成学位论文、申请学位的必要环节，是本学科领域专家学者组织的对学位论文的集体审查和评定。在考核学位论文的基础上，论文答辩还考查学生在学科领域的理论知识应用以及对学位论文研究的思路逻辑和创新精神。论文答辩小组一般由 3 ～ 5 名教师及有关专家组成，对论文中不清楚、不详细、不完备、不恰当之处，在答辩会上会进行相关提问。

我在指导学生答辩的过程中，首先会提前督促学生做好时间规划，要求学生严格按照规划准备答辩的各项材料。其次，协助学生做好答辩问题的准备，帮助学生理清答辩的思路，准备可能被问到的问题，总结论文漏洞和不足之处。最后，进行答辩辅导，在正式答辩前在组会上组织答辩预演，集思广益，让整个科研团队评价答辩表现，提出相关问题。此外，导师还需要做好对学生心态的辅导，关注学生心理健康问题，帮助学生克服紧张、焦虑的情绪，尽快适应答辩环境。

4.7 科学硕士学位论文实例分析

实例一 《浙江省现代物流与经济发展关系研究》

该论文的作者是 2002 级管理科学与工程专业科学硕士生李燕同学，该论文的选题是基于本人负责的国家社科基金项目"我国现代物流发展的问题及对策研究"。在攻读硕士学位期间，李燕先后有以下研究成果：

● 刘南，李燕．构建物流一体化网络，促进长三角经济持续、健康发展．在中国人民政治协商会议上海市委员会"融入长三角，加快发展上海现代服务业"论坛上的发言，2005-5-12．

● 刘南，李燕．现代物流与经济增长的关系研究——基于浙江省的实证分析．管理工程学报，2007（1）．该文曾获得"第五次中国物流学术年会一等奖"。

物流被认为是经济发展的"加速器"，其发展程度是衡量一个国家和地区现代化程度和综合国力的重要标志之一，同时，物流对经济发展的巨大贡献，也已被许多国家的实践所证实。因此，物流发展已经得到了各地政府的充分重视，我国各个地区也开始因地制宜地进行物流规划。在2002年，浙江省就开始制定《浙江省现代物流发展纲要》，也体现了浙江省政府对物流业发展的重视。因此如何认识现代物流与经济发展的相互作用及其作用机制，如何开发物流发展与经济发展的协同运作模式，如何在全球经济一体化的条件下发展现代物流业，是当前需要研究的问题。该文主要立足于浙江省物流业发展的现状，探索现代物流的发展与经济发展之间的关系和内在机制，根据对浙江省经济发展的促进作用评价当前浙江省物流业发展现状，并提出相关改进意见促进浙江省物流业与浙江省经济协调发展。

该文主要采用了定量与定性分析相结合的研究方法，作者就现代物流与经济增长之间的相互作用关系在以下3个方面进行了研究：现代物流供给能力与经济增长之间、经济增长与物流需求之间，以及现代物流发展成效与经济增长之间的相互作用关系。在定量研究方面，作者主要采用了对变量之间相互作用关系进行分析的计量经济方法——格兰杰因果关系检验。作者首先根据浙江省现代物流发展与经济增长的实际对二者之间的关系进行定性判断，然后基于浙江省1978—2003年的统计数据，应用格兰杰因果关系检验法对上述关系的判断进行验证和分析，以此来揭示现代物流与经济增长相互促进、共同发展的作用机制。在定性研究方面，作者首先对浙江省物流业发展和经济增长现状进行分析，然后从浙江省物流供给能力、物流需求以及现代物流业发展成效3方面探索了浙江省现代物流与经济增长的关系。

最后，作者结合相关的定量分析和定性分析，得出了3个主要的结论，并对浙江省相关政府部门和物流行业提出了一些建设性意见。第一，从现代物流供给能力发展水平上看，现代物流供给能力与经济增长呈现出相互促进发展作用关系，但就浙江省而言，现代物流水平还较低，对经济增长的促进作用还没有发挥出来。第二，从现代物流需求的角度上看，经济的快速增长必然带来对现代物流的巨大需求，浙江省现代物流与经济发展实际进一步证实了经济的快速增长能够为现代物流的进一步发展打好良好基础。第三，现代物流与经济增长之间不是简单的单向促进作用关系，而是相互协调、共同发展双向促进作用机制，浙江省现代物流的发展与经济增长互为因果关系，二者呈现出协调发展的良好态势。

实例二 《城市交通需求管理多时段、多用户次优拥挤定价模型研究》

该篇论文的作者是 2004 级管理科学与工程专业科学硕士生吴兆峰同学，该论文的选题是基于本人负责的国际自然科学基金项目"城市道路系统多时段次优拥挤定价的效率和公平问题研究"。攻读硕士学位期间，吴兆峰同学发表了 3 篇学术论文（其中有两篇是毕业后发表的）：

● 刘南，吴兆峰.多时段城市路网系统最优与次优拥挤定价收费模型.载：王方华，陈宏民.2006 中外都市圈发展报告.上海：上海三联书店，2007：131-144.

● 刘南，陈达强，吴兆峰.带公平限制的多时段次优拥挤定价模型.管理科学学报，2008（5）.

● 刘南，陈达强，吴兆峰.多时段、多用户次优拥挤定价模型.浙江大学学报（工学版），2008（1）（EI）.

随着我国城市化进程加快和汽车拥有量的迅速增长，交通拥挤日趋严重。传统的依靠新建、扩建道路等交通设施供给方面的手段已不能达到有效治理交通拥挤的目的。越来越多的交通政策制定者已认识到加强交通需求管理的重要性。拥挤定价作为一种交通需求管理策略在国内外受到广泛重视。作者在之前研究的基础上，运用次优拥挤定价等理论并结合城市交通模型，研究次优拥挤定价理论的时间特性，在简单路网模型的基础上加入多用户思想，构造多时段、多用户一般路网系统次优拥挤定价模型，研究空间、时间与用户维度的交叉影响，着重模拟分析高峰期和非高峰期两个时段以及高收入和低收入两个用户群的次优拥挤定价模型算例，为拥挤定价方案的实施提供理论依据和政策启示。

该论文建立了基于双层规划模型的多时段一般路网次优拥挤定价模型，并且研究了带公平限制的多时段一般路网次优拥挤定价模型。在空间和时间两个维度的基础上，论文进一步结合了用户这一维度，把上述模型扩展成为多时段、多用户一般路网次优拥挤定价模型和带公平限制的多时段、多用户一般路网次优拥挤定价模型。在解析分析了模型的最优条件和拥挤费用后，给出了一个模拟退火算法来求解上述双层规划问题。最后提供了一个基于简单城市路网的两时段、两用户模拟算例，结果显示模型与算法是有效的。模拟结果表明，总体来说拥挤定价政策对交通量的影响有：交通量由高峰期向非高峰期转移，交通量由收费路段向不收费路段转移以及总交通量的减少。

该论文的创新之处在于首先在多时段简单路网拥挤定价模型的基础上建立了多时段一般路网次优拥挤定价模型，把多时段一般路网次优模型表示为上层为政府引导、下层为用户决策的双层规划模型，同时设计了基于模拟退火的求解算法。其次，通过引进公平约束，建立带公平约束的多时段次优拥挤定价模型，对多时段次优模型的空间和时间的公平约束进行了研究。最后，该篇论文通过在多时段模型的基础上增加多用户维度，重点研究了空间、时间、用户3个维度的交叉影响，还进一步建立了带公平约束的多时段、多用户次优拥挤定价模型。

实例三　《基于受灾点需求动态变化的多阶段应急物资分配问题研究》

该篇论文的作者是2008级管理科学与工程专业科学硕士生唐康同学，该论文的选题是基于本人负责的国际自然科学基金项目"城市应急物流中不完全扑灭的多商品分配问题研究"。

当今世界科学技术高度发达，但近年来全球各地突发事件频频发生，尤其是自然灾害、恐怖袭击和传染性疾病，造成重大人员伤亡、财产损失、生态环境破坏和严重社会危害，危及公共安全。就突发事件发生的频率和其严重后果来看，应急管理中对应急救援物资分配的研究显得十分重要紧迫。灾后资源需求多样化和供给能力限制的矛盾衍生出了不完全扑灭物资调度问题，同时真正的需求点的物资需求并不是一次性的，应急物资的补货提前期也会因为灾后库存的变动而变化，所以为了使物资调度和分配更加符合实际情况，也为使损失极小化，作者考虑受灾点需求的动态变动和应急物资配送中的多阶段问题，进而对我国应急物资管理及应急管理的政策制定提供指导。

该文主要考虑突发事件发生后，应急救援物资的分配问题。该问题主要分为两方面：一方面是应急物资分配问题中的需求动态变化问题，另一方面是各个救援点和配送中心由于实际运输限制而造成的对某受灾点救援物资配送时间不一致造成的多阶段问题。作者将应急物资分配响应时间作为主要变量，考虑受灾点对应急救援物资需求的动态变化和信息刷新，将运输时间作为变量，分别研究应急物资分配问题中的单阶段和多阶段物资分配问题。因为不同救援点的物资到达某一受灾点时间不同，从而导致需求函数发生改变，所以整个应急物资分配问题可以看作一个多阶段问题来解决。作者按不同情景，分别对单救援点单受灾点多种应急救援物资、单救援点多受灾点多种应急救援物资、多救援点单受灾点多种应急救援物资、多救援点多受灾点单一应急救援物资、多救援点多受灾点多种应急救援物资分别建立基于需求动态变化的物资分配模型，给出复杂情境下的模型求解算法，对模型进行算例分析。该文写作的核心目的在于系统分析在不同救援点不同受灾点不同应急物资多种情况下应急物资分配问题，使物资调度和分配更加符合实际情况，使系统损失最小。

该文的创新之处可以概括为以下几方面。首先，该文在之前的研究基础上考虑了应急物资短缺情况下的多商品分配问题，使得物资短缺情况下的决策更加贴近实际。其次，该文引入受灾点需求动态变化，使用需求函数，描述动态变化的需求，使得数学模型和决策更接近实际情况，从而使得应急物资配送的系统损失最小。再次，该文考虑了多阶段应急物资分配问题，注意到了多个救援点物资到达同一个受灾点的时序不同，会导致物资短缺，动态需求函数也会在每次接收应急物资后发生变化。最后，系统地研究了不同情况下的需求动态变化应急物资分配问题，分别就应急物资配送中可能存在的 5 种情况建立模型，分别分析，为突发事件应急物资的分配决策提供了很好的政策和方法建议。

实例四 《终端网点参与下电子商务物流系统协调研究》

该篇论文的作者是 2012 级管理科学与工程专业科学硕士生曹巍同学，该论文的选题是基于本人负责的教育部新世纪优秀人才支持计划"物流交通规划与管理"。攻读硕士学位期间，曹巍同学发表了一篇学术论文：

● 曹巍，刘南＊. 终端网点参与下电子商务物流外包的协调策略研究. 管理工程学报，2015，29（3）.（＊表示通讯作者）

在新近崛起的电子商务市场上，有效的物流运作对企业成功有着重要且关键性的影响。近来一些中国电商公司开始尝试与便利店等拥有众多末端网点、与消费者社区紧密结合的零售渠道合作物流配送。在这一合作模式中，先由快递企业完成货物的干线运输，然后便利店为消费者提供广泛分布的提货点。然而，电商企业、快递企业和便利店之间的合作也呈现出脆弱性。分散式决策会产生类似供应链管理领域中的"双重边际效应现象"，成员之间目标、利益不同，最终导致利益冲突和系统损失。基于以上电子商务运作背景，该文写作的核心目的在于探究电商物流系统的合作策略，并通过契约机制来促进决策协调，研究内容主要包括不同合作模式的均衡状态分析、电商物流系统的协调策略分析、决策顺序的差异影响分析、配送通道的物流服务水平竞争分析以及参数的灵敏度分析5方面。

作者针对风险中性、需求受零售价格和物流服务水平影响的电子商务市场，先后考虑了两种运作情境，其一是包含一个电商企业、一个快递企业和一个便利店的电商物流系统，其二是引入竞争因素，令系统包含两个互相竞争的快递企业。针对情景一，作者提出了电商物流系统的5种决策模型，分别是集中决策、分散决策以及3种半集中决策，并使用逆向归纳法求得了这些模型的斯塔伯格博弈均衡解。模型结果对比显示，集中决策具有最多的订货量、最高的服务水平、最低的价格以及最佳的利润水平。但是这在现实中并不容易实现，因为集中决策需要电商企业自建完整的物流系统，会耗费大量的建设、运营和维护成本。因此，电商企业可选择半集中决策2作为次优方案，自建干线运输系统，但仍利用社会网络资源来覆盖"最后一公里"的配送。针对情景二，作者也提出了3种决策模型，分别是集中决策和两种分散决策，其中第二种分散决策附带服务返利策略以保证均衡解的存在。同样使用逆向归纳法求解模型，结果显示与情境一的结论类似，决策集中度的提高会促进系统利润水平的优化。同时分散决策2通常是优于分散决策1的存在，因为总能找到合适的返利系数使得其利润水平更高。此外，分散决策的情形更为常见，但同时无论在哪种运作情境下都是系统效率最低，为此作者设计了一个收益共享加成本共担的契约机制，实现了对订货量和物流服务水平决策的完美协调。

该文的研究对象是电子商务物流配送系统，关注其竞争合作、决策协调和收益分配问题，结合电子商务网络销售的现实运作特点，将快递企业的物流服务水平作为一个非常重要的决策因素，同时考虑商品价格和物流服务水平对市场需求的影响，并将与物流服务水平相关的系数分析作为重点。该文最后就提升物流服务水平给出了相应的管理建议，能够很好地帮助业界理解现实问题的本质，具有比较高的应用价值。

实例五　《非常规突发事件下集装箱港口群网络弹性问题研究》

该论文的作者是 2016 级管理科学与工程专业国际硕士生臧玳跃同学，该论文的选题是基于本人负责的国家自然科学基金项目"非常规突发事件下港口—腹地物流运输网络弹性的测度与优化研究"。

随着全球经济一体化和对外贸易自由化的发展，港口的地位显著提升，成为全球运输的重要载体和关键节点，港口的发展对国民经济发展具有重要意义。2013 年习近平主席提出了"一带一路"倡议，"21 世纪海上丝绸之路"承担着建设共同利益的美好愿景，港口作为"海上丝绸之路"的支点，以海上运输的方式，将全世界串连在一起。在当今的国际格局下，港口是我国发展的重要战略支点，是对外开放的窗口，是世界交通运输体系的关键节点，是多式联运的重要枢纽，是带动区域经济发展的重要增长点。但是港口也具有脆弱性，自然灾害、政治变动、港口内部安全事故等非常规突发事件都会直接影响港口的正常运作，进而影响到整个港口—腹地物流运输网络的有效性，对港口辐射区域的经济产生联动的负面影响。

该论文基于以上背景，针对非常规突发事件，从合作共享的角度出发，构建了集装箱港口群应急网络，通过建立数学模型和数值算例仿真分析，实现港口群网络弹性的最优化，分析回答了非常规突发事件的影响、港口群应急网络的构建要素、港口群网络弹性的界定、港口群网络弹性的测度与优化这 4 个问题。作者在文献研究的基础上，首先介绍了非常规突发事件和港口群应急网络的构建，其次将定性研究和定量研究结合，构建了非常规突发事件下网络弹性的优化模型，并运用基于蒙特卡洛方法的随机优化算法求得一种特定类型非常规突发事件下港口群网络弹性的最优值。最后作者结合辽宁省集装箱港口群的网络弹性进行算例仿真，印证了模型和算法的可行性和有效性。

该论文的创新之处可以从研究范围、研究视角和研究维度 3 个方面来概括。在研究范围上，这篇论文具有多学科特征，涉及非常规突发事件的演化机理、物流运输系统理论、应急管理理论、港口物流等相关理论。在研究视角上，该论文分别从港口群合作共赢的角度和从网络弹性的角度出发，从港口个体转移到港口群视角，从点到线，从线到面，从微观到宏观，实现网络整体效益。在研究维度方面，该论文对整个研究问题体系进行多维度思考和分析，先定性分析，再与定量分析结合，在模型构建方面综合考虑成本效益、时间制约、能力限制、出入流平衡、需求制约性以及变量关联性6个维度进行约束限制，使模型构建具备严谨性和可靠性。

4.8　经验总结

总体来讲，在科学硕士的论文指导上我一直坚持研究生培养和科学研究有机结合的原则，鼓励科学硕士参与到本人科研团队的纵向课题和横向课题的研究过程中，在科研的过程中锻炼提升自己的科研能力，与导师的研究项目紧密结合形成学位论文和小论文的撰写思路。在整个论文撰写的过程中，导师和科研团队可以在数据处理、研究方法等多方面给予高效直接的指导，这是写出高质量的学位论文和小论文的关键因素。

截至目前，本人指导的科学硕士共有1人次获评浙江省优秀研究生论文奖，2人次获评学院优秀硕士论文奖，1人次获评中国物流学术年会一等奖，他们的论文选题皆与导师的纵向课题密切相关。由此可见，学生个人对于科研项目的参与度和理解度，以及导师团队高效的指导，对于形成优秀的科学硕士学位论文和小论文有相当重要的建设性作用。

第5章

CHAPTER 5

博士研究生的培养指导

✉ **本章要点**

本章以浙江大学管理学院为例,分别介绍供应链物流领域博士研究生的培养目标和培养流程、课程体系与基础能力培养、国际交流与国外(境外)合作导师的联合培养、科研能力培养——小论文撰写与综合能力培养、学位论文的选题和研究能力培养、学位论文写作、学位论文实例分析、经验总结。

5.1 培养目标与培养流程

浙江大学管理学院拥有管理科学与工程这一国家重点学科,并依托该学科特色,开设了管理科学与工程专业的博士项目,旨在培养具有国际化视野的管理学科的研究型、企业型高端人才。该项目包括直博和普博两类,其中,普博项目通过申请—考核选拔优秀的硕士毕业生攻读博士学位,学制3.5年,采用中英文教学,同时学生也拥有境外交流的机会;直博项目只招收优秀本科毕业生,其通过推荐免试直接攻读博士学位,学制5年,基本采用全英文教学,并为学生提供海外学习和交流的机会。

5.1.1 培养目标

1. 培养目标

浙大管院博士项目围绕建设创新型国家、培养创新型人才的研究生培养目标，以学术思想及理论知识学习为基础，以独立的学术研究和学术创新能力培养为核心，培养具有国际化视野、掌握学科前沿发展趋势和先进管理科学研究方法、面向创新性高水准学术研究的高素质学术研究型人才。旨在为供应链物流管理学术领域和企业培养研究型高层次人才，包括交叉学科的跨学科研究；将着重培养学生良好的数理统计基础、大数据处理以及解析能力、管理学和经济学理论知识；学生能掌握一定的具有大数据背景的交叉学科知识，开展跨学科特别是新兴交叉学科的研究。总之，浙江大学管理学院博士教育的目标是培养具有国际化学术视野和深厚理论功底、把握学科发展前沿、具有学术创新能力、能够胜任高水平教学和研究需要的国际型学术人才。

2. 基本要求

①品德素质：严格遵守国家的法律法规及相关规章制度，热爱祖国，拥护中国共产党的领导；具有正确的世界观、人生观和价值观；坚持实事求是、严谨治学的学风，恪守学术道德，具有良好的职业道德、高尚的人格和社会责任感。②知识结构：具备坚实宽广的管理学、经济学、社会学和定量研究方法等基础学科领域的专业基础理论知识，掌握先进的交叉学科研究方法，了解世界和中国企业管理实践动向和学术前沿。③基本能力：具有较为独立的科学研究能力，包括发现问题、开展系统文献综述和研究设计、恰当处理各类定性和定量研究数据和资料的能力，具备基本的数据挖掘、处理、解析等能力。同时，具备以口头和书面的形式展示学术专长和研究成果的学术交流能力。

5.1.2 培养流程

培养流程包括培养环节、专业实践、中期考核、开题报告、预答辩、毕业和授予学位标准等。

1. 培养环节

读书（学术、实践）报告方面：前沿文献阅读量不少于100篇，要求每位博士研究生在学期间做读书报告或参加讨论班 6 次（直博生：10 次），其中至少公开在学科或学院的学术论坛做读书报告 2 次（直博生：4 次）。完成累计 6 次，计 2 学分（直博生：完成累计 10 次，计 4 学分）。

2. 专业实践

博士生在学习期间必须参加社会实践 4 ～ 6 周。

3. 中期考核（博士资格考试）

中期考核按照《浙江大学管理学院博士研究生中期考核实施细则》相关规定执行。普通博士生在第一学年结束时完成中期考核，直博生根据入学时间的不同，在进入博士阶段后一年或一年半时（春季入学的硕博连读研究生）完成中期考核。直接攻博研究生在第二学年结束时完成中期考核。中期考核结果分为通过与不通过两级。

4. 开题报告

论文开题报告是博士论文工作的重要环节，开题报告的时间，可根据博士研究生本人研究进展确定。从学位论文开题完成到学位论文送审，至少间隔 6 个月。开题报告要求详见《浙江大学管理学院研究生开题报告实施细则》。博士研究生应填写规定格式的开题报告，经导师签字同意后，在学科范围内进行统一审核（开题组成员不少于 5 人，其中教授不少于 3 人），审核通过后开始撰写学位论文。每位博士研究生至多有 2 次开题机会，2 次开题仍未通过，将取消博士生资格。

5. 预答辩（预审）

博士研究生最迟在论文送审 10 个工作日前，完成博士论文预答辩，预答辩由二级学科组织，聘请至少 3 位相关方向的专家参加，专家组对论文提出修改意见，并给出是否送审的建议。博士生针对专家组提出意见，对论文进行修改。

6. 毕业和授予学位标准

浙江大学管理学院对于博士研究生毕业和学位授予制定了严格的标准。主要在以下几个方面提出了具体要求：课程环节，修完必修课程且达到本专业培养方案最低课程学分要求；实践环节，完成所有培养过程环节考核并达到相关要求；期刊论文环节，完成国内期刊或国际期刊的论文发表要求。论文答辩环节，通过学位论文答辩（每位博士生仅有 2 次申请论文答辩的机会）。

5.2 课程体系与基础能力培养

5.2.1 课程体系

浙江大学管理学院普通博士项目学制 3.5 年，采用中英文结合的课程体系。根据要求，最低总学分为 14.0，公共学位课最低为 4.0，专业课最低学分为 10.0，专业学位最低学分为 6.0。必修课包括研究生英语基础技能、研究生英语能力提升、中国马克思主义与当代、管理决策理论与方法、管理科学方法论、学术规范与论文撰写，选修课包括管理统计学（英）、数据挖掘（英）、高级微观经济学、高级计量经济学、高级管理研究方法、人力资源管理（英）、组织与管理研究（英）、战略管理（英）、组织行为学（英）、高级运筹学（双语）、博弈论、高级市场营销学（英）、信息系统研究（英）。

浙江大学管理学院国际直博生项目（International PhD）旨在培养与国际接轨的管理学科高端研究型人才，学制 5 年，采用全英文教学的国际化课程体系。面向管理科学与工程和工商管理一级学科直博生的 15 门全英文课程体系包括：管理经济学、组织与管理研究、管理研究方法、管理统计学、宏观经济学、战略管理、人力资源管理、运作管理、市场营销、组织行为学、运筹学（Ⅱ）、创新管理、信息系统研究、经验会计研究、家族企业管理专题研究。根据要求，最低总学分为 34.0，公共学位课最低为 8.0，专业课最低学分为 26.0，专业学位课最低学分为 14.0。

两种博士培养模式的具体课程安排参见附录 5.1 和 5.2。我本人主讲了两门必修课程：普博生"管理决策理论与方法"、直博生"管理统计学（英）"。下面分别介绍这两门课的课程教学。

1. 普博生"管理决策理论与方法"课程教学

"管理决策理论与方法"是 2009 年 9 月立项的浙江大学研究生核心课程建设项目（2009 年 9 月—2012 年 9 月），我是课程负责人。我本人、陈熹、寿涌毅、周伟华、赵晓庆、鲁其辉 6 位老师共同承担该课程的教学工作。核心课程的建设侧重于加强研究生对前沿理论、交叉学科等知识的了解，注重研究生创新思维、研究方法、实验操作能力等方面的培养。该课程经过 3 年的建设，取得了显著成效，2012 年终期考核被评为优秀。下面以课程大纲（2019—2020 学年春夏学期）的形式介绍这门课的教学设计。

主讲教师

本课程共 3 学分，48 学时。2019—2020 学年春夏学期的教学内容分成 2 部分，8 个专题（topics），分别由 4 位老师承担，具体教学任务分配如下：

刘南：决策分析

- 决策问题概述、确定型决策分析、不确定型决策分析
- 贝叶斯决策分析、马尔科夫决策

张政：多目标决策分析

- 多属性多目标决策、层次分析法、数据包络分析

陈发动：展望理论与行为决策分析

- 不确定型决策分析——展望理论
- 行为决策分析

赵晓庆：博弈论

- 非合作博弈论
- 合作博弈论
- 行为与演化博弈论

课程简介

"管理决策理论与方法"课程讲授的是根据系统的状态信息和评价准则选取最优策略的数学理论和运用方法。决策理论是运筹学的一个分支和决策分析的理论基础。它是关于不确定性决策问题的合理性的分析过程及有关概念、理论。课程目的是为管理科学与工程专业的博士研究生提供管理决策的相关理论与方法方面的综合基础训练，以培养他们将相关的研究方法运用于管理科学与工程领域内不同专业方向上与管理决策相关问题的学术研究和分析能力。本课程通过学生讨论、报告管理科学领域顶级期刊上高水平论文，培养博士生撰写学术论文的能力。此外，本课程还将辅导学生使用 TOMLAB 优化软件。

管理决策问题通常可以分为两种类型：一是个体在相对独立条件下的决策

理论，二是考虑多个个体之间交互作用对个体决策的影响。因此，在课程的设计上，本课程的核心内容包括两个方面：独立情景下的个体决策理论与方法（以下简称"独立情景决策"）、交互情景下的多个体决策理论（以下简称"交互情景决策"）。另外，在课程内容的设计上，由于"交互情景决策"中的一些管理决策问题的分析需要"独立情景决策"的基础理论，课程将先讲授独立情景决策部分。

独立情景决策是在运筹学（一、二）这门课基础上的进一步深入，教学目的是使得研究生了解和掌握独立情景决策分析的基本概念、理论与方法。我在课上也会介绍一些成功的应用例子，使得研究生能运用决策分析的理论与方法去解决一些实际管理问题和开展相关的科学研究。交互情景决策重点讲授采用博弈论方法研究管理决策过程中的博弈行为及其对管理决策的影响。交互情景决策理论在管理科学与工程的研究与开发、信息系统、物流与供应链管理中有重要的应用。

课程形式

本课程主要培养博士研究生准备从事学术研究的能力，因此，课程采用互动式（interactive）、讨论班（seminar）的形式教学，包括老师讲课，学生讨论文献、报告论文、撰写论文等环节。根据学院教学管理办公室安排，课程共分为 16 周（春、夏两学期合上），每周三下午上 3 节课，共 48 学时，课程分两部分进行。

第一部分：

● 春学期（1~8 周）分别由老师上相关专题理论课，讲相关理论。

● 开学前指定参考书，上课前阅读。

● 在春学期上课结束时，每个同学都要选定自己的研究领域和报告的论文。

● 为了使同学们能够较好地完成研究论文，我们在春学期的课上，除了教授相关基础理论外，也增加一些研究方法和建模过程的介绍。

第二部分：

● 夏学期（9~16 周）由学生讨论文献、报告论文，主讲老师点评。

● 学术讨论 6 篇文献论文，报告 2 篇论文，讨论和报告文献范围涵盖管理科学与工程学科的若干领域，包括战略与创新、物流服务运营管理、信息管理、实验与行为决策。

● 每个学生所报告的 2 篇论文应聚焦于一个领域（4 个领域中的 1 个），与撰写论文的领域一致。

● 在夏学期的前 4 周内，每位同学在报告论文的同时，做一个论文的研究设计报告，包括研究领域、研究问题、模型方法的选择等。

课程考核方法

课程的考核主要分为 3 个部分：

● 课堂讨论表现（class participation）   20%
● 课堂报告论文（individual presentation, 2 次）   30%
● 期末考试（final examination）   50%

① 课堂讨论表现：每个专题由该专题老师指定一篇讨论文献（共 6 篇讨论文献），学生在事先阅读该文献的基础上在课堂上积极发言讨论，每次学生的有效发言计入成绩。

② 课堂报告论文：每位学生需在课堂上报告论文 2 次，应在决策分析和博弈论中各选择一篇文献；每位学生所报告论文题目不能与其他学生相同，见附录 5.3 阅读文献清单（不包括讨论文献）。每位学生报告论文题目应在课程开始第 1 周确定，具体安排由课程代表负责协调。

③ 期末考试：撰写一篇论文，结合自己研究领域中的问题，采用课程所述的模型方法（与报告两篇论文相似）。

课程内容与进度

具体内容如表 5-1 所示。

表 5-1 "管理决策理论与方法"课程内容与进度

讲 / 周	课程题目	课程要求（阅读、作业）
春学期		
1	决策问题概述、确定型和不确定型决策分析	见参考教材、阅读文献
2	贝叶斯决策分析、马尔科夫决策	见参考教材、阅读文献
3	多目标决策分析、层次分析法、数据包络分析	见参考教材、阅读文献

续表

讲/周	课程题目	课程要求（阅读、作业）
4	展望理论	见参考教材、阅读文献
5	行为决策分析	见参考教材、阅读文献
6	非合作博弈论	见参考教材、阅读文献
7	合作博弈论	见参考教材、阅读文献
8	行为与演化博弈论	见参考教材、阅读文献
夏学期		
9	决策分析	学生讨论文献，报告论文
10	决策分析	学生讨论文献，报告论文
11	决策分析	学生讨论文献，报告论文
12	决策分析	学生讨论文献，报告论文
13	决策分析	学生讨论文献，报告论文
14	博弈论	学生讨论文献，报告论文
15	博弈论	学生讨论文献，报告论文
16	博弈论	学生讨论文献，报告论文
17	学生提交论文	

参考教材

郭立夫，李北伟.决策理论与方法（第二版）.北京：高等教育出版社，2015.

岳超源.决策理论与方法.北京：科学出版社，2003.

James O. Berger. Statistical decision theory and Bayesian analysis, 2nd Edition, Springer Verlag – New York Inc., 1985

侯光明，李存金.管理博弈论.北京：北京理工大学出版社，2005.

阅读文献清单

详见附录5.3。

2. 直博生"管理统计学（英）"课程教学

"管理统计学（英）"课程教学始于2011年秋冬学期，由我担任主讲教师，汪蕾老师、陈熹老师、马弘老师、金庆伟老师先后参与了本课程的教学工作。

2014 年，浙大管院启动了"浙江大学海外教师主导的研究生全英文课程建设项目"，聘请荷兰格罗宁根大学（Groningen University）Tom Wansbeek 教授来浙大管院讲授"管理统计学（英）"，由我担任课程责任教师，林珊珊担任青年助理教师。

在 3 年（2014—2015、2015—2016、2016—2017 学年）的课程建设过程中，我们着重强调夯实博士研究生的理论基础并拓展其研究的视野，培养他们综合运用相关研究方法从事学术研究的能力，以达到"博大"与"专精"培养目标的结合，因此，课程形式采用互动式、讨论班教学；除了老师讲相关理论方法，学生需要完成回家作业和论文阅读任务，并定期进行课堂报告（presentation）。课程根据学生能力与反馈情况，结合相关领域最新研究成果，适时调整教学进度、内容和阅读文献。立项以来，课程教学内容的重要调整如下：

● 增加了多元统计分析的相关内容，包括三次课程和一次论文报告。具体内容涵盖多元统计概述、主成分分析、因子分析和聚类分析，并相应地适当压缩基础内容的教学课时。

● 进一步强化统计软件的应用，指导学生使用 Excel、Minitab 和 SPSS 等软件解决管理统计的实际问题。

● 调整阅读文献，文献注重体现统计方法的理论根源及在管理领域的最新应用方向。

从 2017—2018 学年开始，由我本人、林珊珊老师、袁泉老师共同承担"管理统计学（英）"的教学工作，我是课程组组长。我们在原有的基础上，继续进行教学改革，包括坚持在课程内容设计和选择上强调"循序渐进""夯实基础""研究能力导向的研究方法学习"。以"问题"为主线，以"发现问题"和"研究和解决问题"为切入点，将研究性学习的教学思想和理念贯穿于整个教学过程。由于教学内容设计合理、进度安排恰当，提高了直博生"发现问题"的意识和能力，并将课程建设成实践研究型学习的平台，同时也激发和提高了学生的学习兴趣，更关键的是使学生掌握了"研究和解决问题的能力"和"学习撰写英文小论文的能力"。其中，比较重要的改革是，在课堂上阐述顶级经济管理期刊论文的过程中，讲解应用核心统计分析方法（如方差分析、回归分析等）的实例，如图 5-1 所示。

What Do We Know About Variance in Accounting Profitability?

Anita M. McGahan • Michael E. Porter

Boston University School of Management, 595 Commonwealth Avenue, Boston, Massachusetts 02215

Harvard Business School, Soldiers Field, Boston, Massachusetts 02163

amcgahan@bu.edu • mporter@hbs.edu

In this paper, we analyze the variance of accounting profitability among a broad cross-section of firms in the American economy from 1981 to 1994. The purpose of the analysis is to identify the importance of year, industry, corporate-parent, and business-specific effects on accounting profitability among operating businesses across sectors. The findings indicate that industry and corporate-parent effects are important and related to one another. As expected, business-specific effects, which arise from competitive positioning and other factors, have a large influence on performance. The analysis reconciles the results of previous studies by exploring differences in method and data. We also identify the broad contributions and limitations of the research, and suggest avenues for further study. New approaches are necessary to generate significant insights about the relationships between industry, corporate-parent, and business influences on firm profitability.

(*Performance; Sustainability; Industry Structure; Corporate Strategy*)

1. Introduction

Researchers in the economics and strategy fields have long been interested in understanding the determinants of firm profitability. During the 1960s and 1970s, a large empirical literature in industrial organization employed cross-sectional regression analysis to explain firm performance based on industry characteristics, including seller concentration, advertising, and R&D intensity. The aim was to explore the relationship between structural entry barriers, tacit collusion, and industry performance. These studies were challenged in the 1980s because they tended to assume that industry structure is fixed independently of firm performance. In a review of the literature, Schmalensee (1989) reinterpreted the structure-performance findings as descriptive of empirical regularities rather than as conclusive evidence of causal relationships. Viewed in this way, the literature of the 1960s and 1970s on firm performance generated important insights about the variation in accounting profitability.

Partly in response to the limits of the early research, a new style of work emerged in the 1980s. This new approach, pioneered by Schmalensee (1985), decomposed the variance in profitability across business segments into components associated with year, industry, the corporate-parent, and business-specific effects.[1] Over the past dozen years, several studies in this research stream have explored profit variance (Rumelt 1991, Roquebert et al. 1996, McGahan and Porter

[1] During the mid-1980s, questions were raised about the information contained in accounting returns about real economic activity. The classic expression of concern by Fisher and McGowan (1983) emphasized that accounting returns do not capture the net present value of all returns on investment. A famous debate, which included comments by Horowitz (1984), Long and Ravenscraft (1984), Martin (1984), Van Breda (1984), and a reply by Fisher (1984), raised questions about whether or not accounting rates of return reflect monopoly rents and whether or not booked assets are fairly depreciated. In this study, we investigate the importance of year, industry, business-specific, and corporate-parent effects on accounting profitability, but do not address the sources of the effects.

MANAGEMENT SCIENCE © 2002 INFORMS
Vol. 48, No. 7, July 2002 pp. 834–851

0025-1909/02/4807/0834$5.00
1526-5501 electronic ISSN

图 5–1　McGahan A M, Porter M E. What do we know about variance in accounting profitability?. *Management Science*, 2002.

以下是课程大纲（syllabus），包括主讲教师（instructor）、助教（teaching assistant）、教材（textbook）、课程描述（course description）、课程目标（course objective）、授课方法（instructional methods）、课程评估（grading）等内容。下面是该课程 2019—2020 学年秋冬学期英文课程大纲（syllabus）。

Course name: Managerial Statistics

Credits: 3 Credits

Target students: First Year Ph.D. Students

Prerequisites: Calculus, Linear Algebra, Probability Theory

Instructors:

Professors: Prof. LIU, Nan, Dr. LIN, Shanshan, and Dr. YUAN, Quan

E-mail: nliu@zju.edu.cn, shanshanlin@zju.edu.cn, quanyuan@zju.edu.cn

Office hours: Wednesday Afternoon by appointment via e-mail

TEXTBOOK:

Anderson D, Sweeney D, Williams T, et al. Statistics for Business and Economics (12rd Edition). Beijing: China Machine Press. South-Western/Cengage Learning. 2015.

Field A. Discovering Statistics Using IBM SPSS Statistics (5th Ed.). London: Sage, Publications, 2017.

Hair, J F, et al. Multivariate Data Analysis (7th Edition), Upper Saddle River: Prentice Hall, 2010.

Hyndman R J, Athanasopoulos G. Forecasting: Principles and Practice (2nd Ed.). Otexts. (Available via: https://otexts.org/fpp2/) 2018.

Johnson R A, Wichern D W. Applied Multivariate Statistical Analysis (6th Edition). Beijing: Tsinghua University Press, 2008.

COURSE DESCRIPTION:

The subject is designed to equip Ph.D. students with advanced statistical methods in business decision-making and policy analysis. Compared to undergraduate statistics course, this course adopts more mathematical approaches such as calculus, linear algebra, etc. The interactive teaching and case study methods will be used in the delivery of the subject. The methods covered in this subject include: descriptive statistical analysis and presentation, probability theory and probabilistic distributions, sampling and distributions, parameter statistics and hypothesis testing, correlation and regression analysis, analysis of variance and covariance, exploratory factor analysis and confirmatory factor analysis, discriminant analysis, nonparametric statistical tests, and application of statistical software such as SPSS. Upon completion of the subjects, the students should be able to effectively use the statistical methods learnt in the subjects in analyzing and solving the complex business problems they may face in their working environment.

COURSE OBJECTIVES & MEASURABLE OUTCOMES:

The general course learning objectives for this course are:

After completion of this course, the students will be able to

a) Evaluate and discuss various statistical methods.

b) Critically evaluate, contrast and compare published studies on statistical analysis in the context of business management.

c) Effectively communicate their research outputs in oral or written forms to different stakeholders.

d) Present and analyze complex data and translate these into business information and recommendations for business decision-makings.

INSTRUCTIONAL METHODS:

A positive learning environment in which students can learn and comprehend the subject knowledge effectively will be created through interactive teaching. Both the content presentation methods (lecture and tutorials) and interactive teaching methods (group discussion and project) will be used in the delivery of the subject. Students are expected to read and prepare the course materials before coming to the classes and to actively participate and contribute to all scheduled class activities.

Students are expected to attend all classes, and to arrive on time. Each student will be held accountable for classwork missed because of an absence. During the classes no internet surfing is allowed.

GRADING:

Assessment strategy for the subject consists of 100% continuous assessment, as shown in Table 5-2.

表5-2　Course assessment for managerial statistics

Assignment Activity	Description	% of Points	Due Dates
Group Project	Students will be formed into groups and each group will need to find a reliable data set that is related to management problems. The format of the group written report is expected to follow a peer-reviewed journal article in the field of management. The report should include sections such as introduction, literature review, methodology, findings and discussions, and conclusions and implications, as well as References, and appendix if any. The methods used in analyzing this dataset will be decided by each group, and possible methods include: descriptive statistics, analysis of variance/covariance, regression analyses, multivariate techniques, etc. A good presentation of statistical tables and figures is expected in the report. The citation format (e.g., APA) should be consistently applied in the full text.	30% (Written report)	Jan. 7, 2020
Group Presentation	An oral presentation is required to present the groupwork.	5%	Jan. 7, 2020
Individual Homework	After-class exercises on a weekly basis are required.	20%	
Class Attendance	Class attendance is required.	5%	Weekly based

Assignment Activity	Description	% of Points	Due Dates
Final Exam	Multiple choices, 20% (From test banks) True/False questions, 10% (Test bank not available) Short answer questions, 30% (From test banks) Analytical/Computational questions, 40% (From Anderson's book (HW1, HW2, & HW3))	40%	TBD

表5-3 Course Schedule for Managerial Statistics

Session	Date	Lecture Topic	Assigned Readings	Lecturer
1	Sept. 11, 2019	Overview, Probability and Its Distributions, Bayesian analysis	—Anderson et al. (2015), Ch.1-6	Dr. YUAN, Quan
2	Sept. 18	Parameter Estimations: Sampling & Distributions, Point and Interval Estimation	Ch. 7-8	
3	Sept. 25	Hypothesis Testing I	Ch. 9-10, HW1 Due	
4	Oct. 9	Hypothesis Testing II, Excel app.	Ch. 11-12	
5	Oct. 16	Analysis of Variance I	Ch. 13	
6	Oct. 23	Analysis of Variance II, Excel app, Application to Academia	Ch. 13, HW2 Due	
7	Oct. 30	Correlation Analysis/ Regression Analysis I	Ch. 14	Prof. LIU, Nan
8	Nov. 6	Multiple Regression Analysis II, Application to Academia	Ch. 15-16	

续表

Session	Date	Lecture Topic	Assigned Readings	Lecturer
9	Nov. 13	Forecasting I	Hyndman & Athanasopoulos (2013), HW3 Due	Dr. LIN, Shanshan
10	Nov. 20	Forecasting II		
11	Nov. 27	Logistic regression I	Field (2017), Hair, J. F. et al. (2010)	
12	Dec. 4	Logistic regression II		
13	Dec. 11	Multivariate Statistical Analysis: Cluster analysis, Factor analysis	Field (2017), Hair, J. F. et al. (2010)	
14	Dec. 18	Discriminant Analysis	Hair, J. F. et al. (2010)	
15	Dec. 25	Moderation and Mediation	Field (2017)	Dr. LIN, Shanshan
16	Jan. 7, 2020	Student group presentation		

NOTE: Class time: 1:15 pm−3:40 pm; Tutorial session: 3:55 pm−4:40 pm

5.2.2 基础能力培养

1. 知识结构能力

具备坚实宽广的管理学、经济学、社会学和定量研究方法等基础学科领域的专业基础理论知识，掌握先进的交叉学科研究方法，了解世界和中国企业管理实践动向和学术前沿。

2. 基本科研能力

具有较为独立的科学研究能力，包括：发现问题、开展系统文献综述和研究设计、恰当处理各类定性和定量研究数据和资料等能力；具备基本的数据挖掘、处理、解析等能力。同时，具备以口头和书面的形式展示学术专长和研究成果的学术交流能力。

3. 具体培养形式

博士生学术交流：为增强博士生的研究能力，活跃博士生学术交流，增加"博士生学术交流"必修环节。每位博士生在学期间，必须参加一次正规的学术交流活动，比如"博士生暑期学校""全国博士生学术论坛""国际学术会议"或出国交流。

博士生讨论班：要求每位博士研究生在学期间参加"浙大管理之博士生论坛" 6 次，其中至少主讲 2 次。

博士生教学能力：要求每位博士研究生在学期间至少承担 2 学分本院课程的助教工作。

5.3　国际交流与国外（境外）合作导师的联合培养

秉承浙大管院国际化战略理念，为了拓展国际学术视野、体验国外的教学模式、提升国际交流能力、寻找更好的国际合作机会，学院鼓励博士生积极参加各种国际交流项目，切实有效地培养全球视野。交流形式主要包括学生交换、博士生联合培养、海外短期访学、参加国际会议等。而且，交流期间的文化之旅，有助于学生丰富阅历，全面提升自身素质。其中，最主要有以下几种交流形式。

5.3.1　学生交换：瑞典哥德堡大学科硕项目

从 2013 年开始，浙江大学管理学院与瑞典哥德堡大学商业经济与法律学院（School of Business, Economics and Law, University of Gothenburg）达成合作协议，选拔具有物流背景的优秀学生赴瑞典哥德堡大学商业经济与法律学院攻读物流与运输管理科学硕士学位（Master of Science in Logistics and Transport Management）。一年制硕士学位项目简介可详见 https://handels.gu.se/english/education/master/graduate-school/msc-programmes/programmes-2019/Logistics+and+Transport+Management/syllabus-and-courses。

瑞典哥德堡大学商业经济与法律学院物流专业是欧洲最好的物流专业之一。该专业分 3 个方向：交通经济和管理、物流和供应链管理、海运管理。课程涉及物流、交通运输、运输经济学、运输政策、战略供应链管理、分销物流、生产系统和物流、海事政策、货运市场，国际贸易、采购管理、运输法、海事法、风险管理等。交换学生学习的课程主要包括：集成物流（integrated logistics）、多式联运（intermodal freight transport）、研究方法（research methods）、多元数据分析（multivariate data analysis）、硕士学位论文项目（master degree project）。课程主要以讲课（lecture）、研讨会（seminar）和案例研究（case study）的形式开展，留学生需完成30个课程学分和30个学位论文学分，方可获得此硕士学位。2013—2018年间，本人指导的6位博士生（肖骁、陈红、龚梓翔、丁潇涵、张羽、朱丽媛），先后赴瑞典哥德堡大学完成该项目的交流学习，且均获物流与交输运管理专业科学硕士学位。其中，陈红博士生表现优异，获得哥德堡大学优秀硕士学位论文奖，之后还获得浙大管理学院优秀博士学位论文奖。

5.3.2 联合培养

1. 浙江大学—香港理工大学博士双学位项目

2013年2月，浙江大学和香港理工大学签署《浙江大学与香港理工大学联合培养双学位博士研究生合作协议书》。根据协议内容，两校在共同感兴趣并具有招收博士研究生、授予博士学位资格的学科领域进行联合培养，实行双导师制，由两校成立督导小组跟进联合培养博士研究生的学习进度。联合培养博士研究生分别按浙江大学及香港理工大学的有关要求撰写学位论文、办理论文评阅及答辩等事项。双方就学生资格、英语要求、双方导师资格、学习年限、双方学分互认、培养环节安排及论文答辩要求等方面达成一致，并决定以"点对点"方式首先在已有合作基础的导师与导师之间推动两校联合培养博士研究生项目。本人指导的博士生何雨璇，于2015年参与了该项目的联合培养，并顺利取得了浙江大学和香港理工大学双博士学位，如图5-2所示。

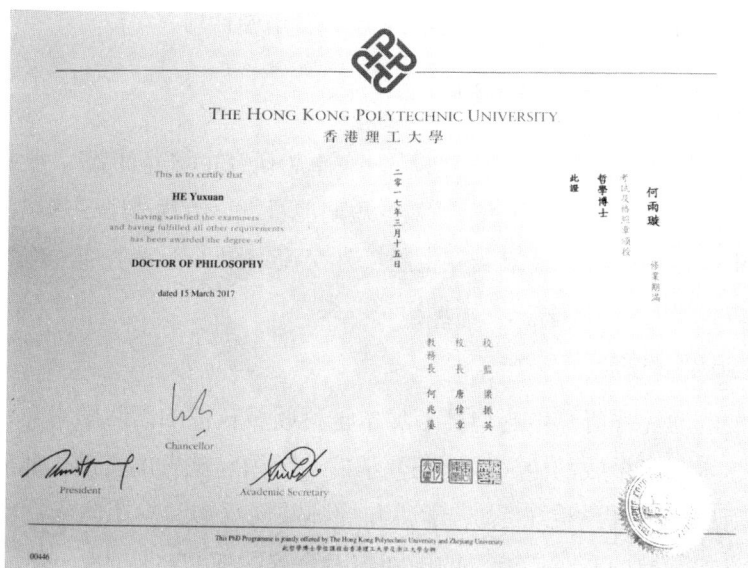

图 5-2 浙大物流研究所博士生何雨璇获得香港理工大学博士学位（与浙江大学合作）

2. 国家留学基金委公派联合培养项目

为深入贯彻落实习近平新时代中国特色社会主义思想，国家留学基金聚焦加快建设人才强国目标，紧密结合并推进"双一流"建设，实施国家建设高水平大学公派研究生项目。遵循"公开、公平、公正"的原则，按照选拔一流的学生，到国外一流的院校、科研机构或学科专业，师从一流导师的要求，着眼于培养一批具有国际视野、通晓国际规则，能够参与国际事务和竞争的拔尖创新人才。此项目主要面向高校或科研机构选派全日制优秀在读博士研究生赴国外联合培养，派出后完成国内外导师共同制订的联合培养计划。本人指导的博士生陈红于 2016 年顺利获得了该项目的资助，完成了与新加坡南洋理工大学的联合培养计划，并在运输管理领域发表 A 类国际期刊论文 1 篇。

3. 中美富布赖特联合培养博士研究生项目

根据中美两国政府教育交流协定，高校单位择优选派留学人员参加中美富布赖特联合培养博士研究生项目（PhD Dissertation Research Program），赴美研修学习。此项目被选派人须有与美国问题相关的研究兴趣、专业背景、研究题目和计划，派出后与国外导师合作完成拟研究课题。项目详情可查看 https://www.csc.edu.cn/chuguo/s/1831。本人指导的博士生张羽于 2019 年获得该项目资助，并赴美国密歇根大学罗斯商学院完成联合培养计划。

5.3.3 海外短期学术交流

为全面贯彻落实"双一流"建设任务"卓越研究生培养计划"，学校设立研究生赴境外短期学术交流项目（简称"短期项目"），给优秀学子提供海外短期访学的机会。短期项目是指研究生赴境外交流期限少于3个月（90天）的项目，包括参加国际学术会议、短期访学两类。

1. 国际会议交流

学校资助优秀研究生赴境外参加本学科领域权威的国际学术会议，对于被国际学术会议接收的论文或摘要，学校给予国际旅费的资助，此外，不足部分由研究生所在学院（系）、学科和导师共同承担。本团队先后资助多名博士生参加领域内具有影响力的国际前沿会议，如POMs-HK、CIE、IFSPA、OROB、GPRA、CSAMSE等。

2. 短期访学

短期访学是指除了参加国际学术会议以外的各类短期学术交流、技术培训、学习实习、竞赛等活动。获得短期访学资助的博士研究生须在导师指导下认真制订访学计划；在境外期间与导师保持经常性联系，认真做好访学工作，定期向导师汇报访学进展情况。本人指导的博士生徐杰，于2015年获香港理工大学吴志图教授资助，进行为期10个月的短期访学，并顺利完成访学期间的研究目标。

5.4 科研能力培养、小论文撰写与综合能力培养

博士研究生科研能力，即研究生在所在领域进行探索真理的理智创造活动所需要的能力，简单说就是顺利完成科研活动任务所需要的能力，它包括独立思考问题和主动探求答案的独立从事科学研究的能力。博士生科研能力的培养，可以促使他们对一些重要的、根本性的问题进行批判，做出判断。不同学科、专业的博士研究生，科研能力的培养要求有所不同。我认为供应链物流管理方向的博士生的科研能力应以下几个方面为抓手。

5.4.1　坚实宽广的理论基础知识

伴随着物联网（IoT）、人工智能（AI）、区块链等科技的迅猛发展，各学科之间的交叉日益增多，同时，更多的交叉学科研究方法被运用于科学研究。以供应链物流为例，该研究领域与经济学、计算机科学、运筹学等领域都有相互渗透，因此不仅要学习掌握供应链物流管理知识，还要学习相关交叉学科领域的专业基础理论知识。除了学习相关的理论知识，交叉学科研究方法、定性与定量分析的研究方法也不可或缺，模型规划、数理统计、大数据、实证法都是供应链物流领域常见的研究方法。一些求解分析软件，比如 Matlab、Tomlab、SPSS 等，也能更好地帮助人们进行算法开发、决策分析、数据分析计算、统计分析。

5.4.2　学科前沿的最新动态

从事某一领域研究，需要了解国内外同行学者在这一学科的最新研究动态以及该领域的前沿研究内容和成果，这样才能更好地判定自己研究的学术价值。这些都可以通过阅读领域内优秀的中外文期刊（尤其是最新的外文期刊）、参加国际国内学术会议与同行交流来获取相关信息。

5.4.3　与导师、团队的沟通合作

导师能洞察研究领域的最前沿研究课题，把握正确的研究方向。经常与导师沟通和团队交流，不仅能确保研究方向和方法的正确性，而且能督促研究的顺利进行。更重要的是，在定期的团队研讨会中，思想的碰撞往往能更好地激发新的观点和想法，为新颖的研究提供土壤。

5.4.4　小论文的撰写能力

由于浙江大学管理学院对博士研究生学位授予有发表论文的要求，故撰写科研论文是获取博士学位的重要环节，每位博士生都应具备撰写小论文的能力。为了培养国际型学术人才，撰写发表外文期刊文章是必不可少的。在 SCI/SSCI/EI 外文期刊发表论文，才能更好地为中外同行所知，并有机会与国际前沿接轨交流。正确的理论指导和写作方法是能否发表国际期刊论文的关键，写

作时以事实为依据，以理论为支撑，合理假设、模型可行、数据真实、提出观点及推论，SCI/SSCI/EI论文发表并非望尘莫及。另外，较好的文化素养和较高水准的外文写作能力也是必不可少的。接下来，将重点从以下几个方面阐述撰写小论文所必需的能力。

1. 发现科学问题的能力

当前学术研究氛围空前活跃，要确定既有学术价值和（或）应用价值，又符合个人特点的研究方向和课题，绝非易事。论文选题的成败，对整个科研进程都是极为重要的，所以需要有较强的选题判断力。科学的问题虽然来源多样，但最主要还是来自导师的项目课题、行业企业调研、文献阅读。对选自导师课题的科学问题，其先进性和可行性自然已提前被把关，但重点是需要结合自身来选择适合的侧重点，还要注意区别同门其他博士研究生的研究内容。供应链与物流领域的研究更趋向于应用研究，而非基础的学术研究。博士生通过对行业企业的实地调研，了解实际中出现的问题，然后总结提炼成科学问题进行研究，帮助解决实际存在的问题，实现科学研究的应用价值。这一选题方式的重点是需要和导师探讨实施的可行性，除了考虑自身的知识结构和能力，还需考虑相应的实施条件，而这主要为导师的研究方向或项目所影响。存在不符情况，也不可匆忙否定，可征得导师同意，寻求与国内外学者进行互补性合作研究。从广泛的研读文献中发现研究问题，更多地需要判断问题的冷热度，它是否还适应当前社会或学科发展的需要，再者就是是否存在理论或方法上的突破。总之，只有经过不断地"学"和"思"，才能判断一个研究方向或问题的潜在价值。

2. 开展系统文献综述和研究设计能力

文献综述能力主要是指：能熟练使用传统和现代的检索手段获取、利用各种文献的能力；对网络和实地调研的二手资料进行分类整理，启发提出问题的能力。简单地说，就是文献的收集、整理的能力与科学评判与分析的能力。具体要通过读写来实现：通过读理论教材来系统学习和掌握知识，通过读学术论文来对前沿知识进行动态学习，通过写文献综述来对所读的知识进行分类和集成。只有站在巨人肩膀上，进行宏观认识、科学评判，才能提升个人研究设计能力。为确保这一能力的实现，读书报告是督促学生持续阅读文献的较好方式，博士研究生需要阅读所研究领域的国内外前沿文献不少于100篇，而且每位博士生在学期间需要做读书报告或参加讨论班（seminar）若干次，并且要公开在学科或学院的学术论坛做读书报告。总之，文献的搜集、分析和加工处理是科学研究的主题部分，它贯穿研究的全过程。

3. 运用定性和定量研究方法的能力

作为博士研究生，需要掌握社会科学的研究方法，它包括定性研究和定量研究两种范式，两者既是相对的概念，又可相互结合。定性研究多以文字描述为主，而定量研究必然涉及模型的构建，是用数学模型描述因果关系或相互关系的过程。纵观供应链与物流领域论文，越来越朝定量研究方向发展，掌握定量研究方法对于在国际期刊上发表论文来说已是不可或缺的技能。统计分析法、层次分析法、最优化方法、对策与决策方法、管理系统模拟方法（仿真法）、博弈论等多种量化研究方法，已在供应链物流领域广泛应用。定性和定量研究本身并无好坏之分，两者的结合已成为科学研究新的发展趋势。在研究中有意识地采用混合研究方法，可以改善研究的效度和信度，提高研究的质量。但研究方法是为研究问题服务的，不论采取何种研究方法，都应根据具体的研究目的和研究条件来进行设计，这样才能充分发挥多元方法的优势，为管理科学领域提供更灵活、更实用的研究框架。

5.4.5　博士生综合能力培养

紧随科学综合化、技术智能化、经济全球化、社会信息化的发展趋势，博士研究生也更趋向于被培养为掌握高科技、宽领域、大学科、厚基础、强能力、高素质的"创新型、综合型、复合型"的高水平人才。就供应链物流领域而言，博士生综合能力培养主要包括知识、教学、科研、撰写表达、协调组织等方面。

1. 知识结构

供应链与物流管理属于一级学科管理科学与工程的一个专业方向，这一专业背景下的博士生需要具备坚实宽广的管理学、经济学和定量研究方法等基础学科领域的专业基础理论知识，掌握先进的交叉学科研究方法，了解世界和中国企业管理实践动向和学术前沿。学院都有开设相关课程帮助学生学习，经济学、管理学理论与方法的课程包括：高级微观经济学、高级计量经济学、管理统计学（英）、组织与管理研究（英）、管理研究方法（英）、管理科学方法论、管理决策理论与方法等。通过课程的学习，学生能获得扎实的专业知识基础和科学研究的初步技能，从而为后续的科学研究做更好的准备。

2.教学能力

安排博士生担任课程助教、担任科研助理，指派学生担任课题或教材编写秘书，可以增强博士生教学能力。部分课程的教学不仅需要讲授理论，还需要进行软件辅导，通常这部分安排博士生承担，不仅能巩固博士生理论知识，还能锻炼其授课能力。不仅如此，鼓励博士生参与导师科研项目的申报、实施、结题、答辩的全过程，对今后有意在高校或科研单位进行教研工作的博士生来说，这都是很好的预演机会。

3.逻辑思维与表达能力

好的学术论文既要做"新"，也要做"深"，完整的科学研究遵循发现问题、分析问题、解决问题的逻辑规律。为了让学生能从自己的研究中获得最大的收益，可以经常鼓励他们以书面或口头的形式展示自己的研究成果。为此，学院和导师创造了多种学术交流平台供学生交流学习，不胜枚举。如：每两周一次的团队例会，通过口头汇报研究进展，和导师、团队成员探讨研究内容，互相学习；面向研究生的应急管理运营管理工作坊，与国内同水平高校同行就近期研究进行交流；博士生暑期学校，与国外高校博士生一同参加短期课程，并进行研究方向的展示和报告，增进了解；浙大管理博士生论坛，不仅要参加还要进行主讲；参加领域内国内外会议，尤其是领域内具有影响力的国际会议，比如生产与运营管理学会（POMS）、华人学者管理科学与工程协会（CSAMSE）等，通过提交摘要、进行口头报告来展示研究内容，与同行交流，获得国际学者提点，以便更好地修正、完善研究论文。这一系列的交流活动，不仅能增强博士生的研究能力，更能锻炼、提高博士生的学术表达能力。

5.5 博士研究生学位论文的选题和研究能力培养

本人自2005年开始培养管理科学与工程专业博士研究生，将博士研究生的培养与科学研究有机结合，至今已指导毕业20名物流与供应链方向的博士生，指导博士学位论文共 20 篇，指导博士生撰写学术期刊论文若干篇。指导博士生学位论文通常从选题开始，并与博士生参与科研项目、提升研究能力相结合，取得了较好的培养效果。

5.5.1　论文选题

博士生论文选题是培养博士生的首要环节，选好题是完成一篇高质量学位论文的重要保障。选题的主要任务是发现问题，学生需要了解领域前沿，阅读经典文献。一个好的选题不仅需要作者深入学科前沿发掘和思考，更需要发挥导师的学识和判断力。这样才能帮助学生找到有价值的突破点，引导学生完成学术目标。

博士学位论文选题常碰到的问题有：

● 选题重叠。一般一个项目由多个博士生共同完成，其集中性容易导致选题类似。所以在选题时，导师应及时做好把关工作，避免选题重叠的问题。比如，同样是信息更新下的应急物资配置问题，可以第一篇侧重地震这一非常规突发事件，而另一篇则侧重台风／洪涝灾害事件，情境不同，自然事件特征也不同，两项研究可以此加以区别。

● 方法不当。论文选题和研究方法应相伴而生，不恰当的方法，可能会使创新性和研究结果大打折扣。在供应链物流管理领域，研究方法多样，最常见的就是定性与定量相结合的方法。本人的研究课题大多倾向于使用数学模型的研究方法，这就需要学生有一定的数学功底，有些甚至需要一定的编程能力。但学生能力各有所长，并不都适合需要建模的课题。比如对于一些数学建模能力较弱，而在管理统计方面较擅长的学生，可推荐其偏向实证研究的课题，鼓励其在科研中发挥自己的长处，做出自己的特色。因此，在选题时，导师要根据学生已有的知识结构、研究基础和特长推荐适宜的论文题目。

● 选题宽泛、过大。选题面宽点多，就容易导致研究不够深入，学位论文质量下降。

因此，从选题开始，导师就要帮助学生认识到这些问题。从本人指导的20 篇博士生学位论文的选题来源角度，主要分为导师课题项目和自选两类，其中 18 篇选自导师负责的课题项目，2 篇属于自选课题。来自导师项目的学位论文课题主要集中在供应链物流管理和应急物流管理领域。反观自选课题，由于学生各自兴趣和研究基础的不同，选题各有不同，但总体并未脱离供应链物流领域，其中，绩效评价研究 1 篇，电子供应链决策问题 1 篇。

下面以博士生参与本人负责的项目课题为主线，阐述指导 20 位博士研究生撰写学术期刊论文（小论文）和学位论文的过程和研究成果。

5.5.2 国家自然科学基金项目

1. N1："城市道路系统多时段次优拥挤定价的效率和公平问题研究"

该项目运用次优定价理论并结合城市交通模型，构造拥挤定价模型，计算拥挤费，分析拥挤收费对交通量分配和缓解交通拥挤的影响，并评估拥挤定价的社会福利影响。在深入分析多时段简单路网模型的基础上，提出多时段一般路网系统次优拥挤定价模型。通过理论模型研究和数值模拟分析，研究次优拥挤定价的效率和公平问题，证明次优拥挤定价策略能有效控制交通出行、促进合理出行方式和出行时段转换、改善社会各出行群体的社会福利，为拥挤定价方案实施提供理论依据和政策启示。

在本项目研究中，我共指导 2 名博士生及几名硕士生（硕士生研究工作在第 4 章中阐述）参与研究工作，通过科学的培养方式，指导研究生的科研实践。博士生在承担课题任务中，通过撰写学术论文来进行科研训练，最终完成与项目相关的国内核心期刊论文 4 篇，专著 1 部（该专著共获得教育部和省级优秀成果奖 2 个）。具体的项目成果如表 5-4 所示。

表 5-4　N1 项目论文成果

序号	成果类型	成果或论文名称	主要完成者	成果说明
1	期刊文章	城市道路系统多时段、多出行方式拥挤定价模型	刘南，陈达强，陈鸣飞	管理工程学报，2007，21(01)：89-94.
2	期刊文章	多时段城市路网拥挤定价收费的效率分析	刘南，陈达强	系统管理学报，2007，16(05): 477-482.
3	期刊文章	多时段、多用户次优拥挤定价模型	刘南，陈达强，吴兆峰	浙江大学学报（工学版），2008, 42(01): 170-176.
4	期刊文章	带公平限制的多时段次优拥挤定价模型	刘南，陈达强，吴兆峰	管理科学学报，2008，11(05): 85-93.

续表

序号	成果类型	成果或论文名称	主要完成者	成果说明
5	专著	城市道路拥挤定价理论、模型与实践	刘南，陈达强	科学出版社，2009年6月出版。荣获教育部第六届高等学校科学研究优秀成果三等奖（人文社会科学），2013年3月；荣获浙江省第十六届哲学社会科学优秀成果奖三等奖，2012年1月（见图5-2、5-3）。

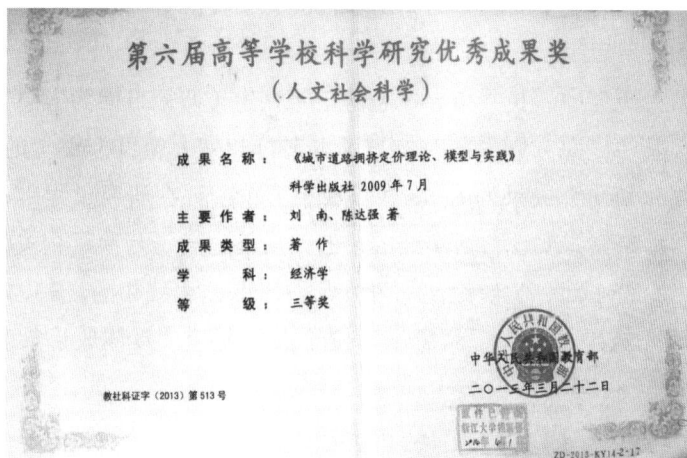

图 5-2 教育部第六届高等学校科学研究优秀成果奖三等奖

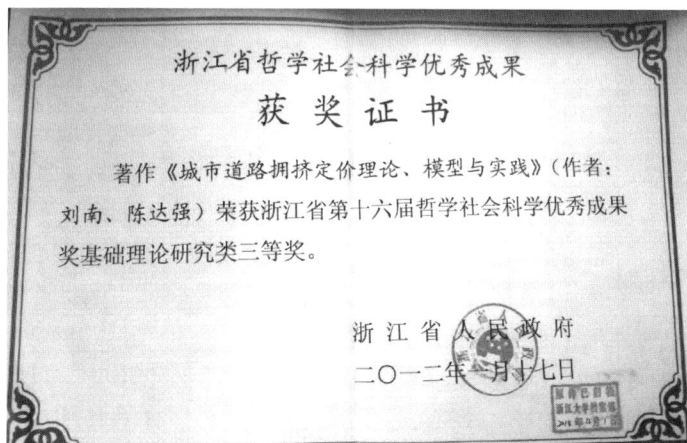

图 5-3 浙江省第十六届哲学社会科学优秀成果奖三等奖

2. N2："城市应急物流中不完全扑灭的多商品分配问题研究"

该项目运用物流系统理论、福利经济学、公共突发事件管理理论，构造完全扑灭供给、不完全扑灭供给情形下城市物流系统应急物资分配模型，分析突发事件最优物资分配问题，并评估各分配模型的效率及其社会公平性。在深入分析单一服务点单一需求点单一商品分配模型的基础上，构造多服务点多需求点多商品（multi-commodity）分配模型，并拓展至带供应能力限制（如完全扑灭供给、不完全扑灭供给）的服务点物资分配模型，同时研究各分配模型的公平问题。通过理论模型研究和数值模拟分析，研究各分配模型的可行性和服务点的供应效率与公平问题，为突发事件应急物资配置体系的建立与实施提供理论依据和政策启示。

在本项目研究中，我共指导 3 名博士研究生（研究方向为应急物流）参与研究工作，其中庞海云同学同时参与了本项目和另一项目（N3）的研究工作，为避免重复，其研究成果列入 N3 项目成果清单中。在研究过程中，我指导博士生撰写学术论文，实现科研实践的目的，最终完成了与项目相关的学术期刊论文 5 篇，专著 1 部。学位论文的过程与科研课题大致相同，3 位博士生基于该项目的研究成果，完成了其博士学位论文的写作，具体成果如表 5-5 和表 5-6 所示。

表 5-5　N2 项目论文成果

序号	成果类型	成果或论文名称	主要完成者	成果说明
1	期刊文章	应急物资分配问题的运作决策特点及研究热点分析	陈达强，刘南	华中科技大学学报（社会科学版），2008, 22(01)：19-24.
2	期刊文章	基于成本修正的应急物流物资响应决策模型	陈达强，刘南，缪亚萍	东南大学学报（哲学社会科学版），2009, 11(01)：67-70.
3	期刊文章	带时变供求约束的应急物资分配模型	陈达强，郑文创等	物流技术，2009, 28(02)：90-92.
4	期刊文章	带时变供应约束的多出救点选择多目标决策模型	陈达强，刘南	自然灾害学报，2010, 19(03)：94-99.
5	期刊文章	逆向通行情形下的灾害应急疏散路线规划研究	周蕾	科技管理研究，2012, 32(13)：249-251.

序号	成果类型	成果或论文名称	主要完成者	成果说明
6	译著	运输管理（Management of Transportation）（第6版）	刘南，周蕾，李燕等译	机械工业出版社，2009年5月

表5-6 源自N2项目的博士学位论文

序号	成果类型	学位论文名称	主要完成者	成果说明
1	博士学位论文	基于应急系统特性分析的应急物资分配优化决策模型研究	陈达强	浙江大学，管理学院，2010年7月
2	博士学位论文	基于动态信息的应急疏散与车辆调度	周蕾	浙江大学，管理学院，2012年6月

3. N3："基于组群信息刷新的非常规突发事件资源配置优化决策研究"

该项目综合运用物流系统理论、区域灾害系统论、灾害链理论、微观经济学、应急管理理论及统计决策理论，针对非常规突发事件资源配置问题，选取影响应急资源配置决策的关键信息作为决策模型的组群信息，构建配置优化决策模型，并评估各模型的效率及其社会公平性。随着突发事件演化，组群信息可以不断刷新（GIU），新的信息和刷新结果传递到决策模型的目标函数和约束条件中，从而进行应急资源配置的序贯决策，或者停止观测和刷新而采取应急资源配置的行动方案，或者再继续进行观测和刷新。

首先分析一般情景下（不含GIU）单出救点、多受灾点应急资源配置优化决策模型，在此基础上，构造存在GIU的应急资源配置序贯优化决策模型，并拓展至多出救点、多受灾点的情景。同时，将统计分析与运筹优化方法相结合，设计具有GIU特性的随机运筹优化方法，求出各模型的最优资源配置量、最优停止时间、系统损失及公平度。通过理论模型研究和数值模拟分析，比较各应急资源配置优化模型的可行性、效率与公平性，为非常规突发事件应急资源配置体系的建立与实施提供理论依据和政策启示。

我在本项目共指导5名博士研究生（方向为应急物流）参加研究工作，完成与项目相关的学术期刊论文19篇，专著1部。本项目的部分科研成果开始发表于国际期刊，这正好与浙江大学管理学院号召培养"国际型学术人才"的目标相一致。基于该项目的研究成果，5位博士生完成了其博士学位论文的写作，具体成果如表5-7和表5-8所示。

表5-7 N3项目论文成果

序号	成果类型	成果或论文名称	主要完成者	成果说明
1	期刊文章	基于受灾人员损失的多受灾点、多商品应急物资分配模型	葛洪磊，刘南，张国川，俞海宏	系统管理学报，2010，19(05)：541-545
2	期刊文章	城市安全规划之动态疏散与车辆配置策略	叶永，刘南	城市规划，2011，35(08)：20-26
3	期刊文章	基于灾情信息序贯观测的应急物资分配模型	葛洪磊，刘南	统计与决策，2011，(22)：125-129
4	期刊文章	基于模糊目标规划的应急物流多目标随机规划模型	詹沙磊，刘南	中国机械工程，2011，23：2858-2862
5	期刊文章	应急物资运输与分配决策模型及其改进粒子群优化算法	庞海云，刘南，吴桥	控制与决策，2012，27(06)：871-874
6	期刊文章	资源分配中的公平测度指标及其选择标准	葛洪磊，刘南	统计与决策，2012，(09)：50-53
7	期刊文章	基于应急物资分配的城市安全防灾规划研究	庞海云，刘南，吴桥	城市规划，2012 (11)
8	期刊文章	基于不完全扑灭的多受灾点应急物资分配博弈模型	庞海云，刘南	浙江大学学报（工学版），2012，46(11)：2068-2072
9	期刊文章	Supply Chain Trust Mechanism Building in Electronic Commerce	H.Pang，N.Liu*	International Journal of E-Trade, 2012, 2(01)：13-23
10	期刊文章	基于灾情信息更新的应急物资配送多目标随机规划模型	詹沙磊，刘南	系统工程理论与实践，2013, 33(01)：159-166
11	期刊文章	The framework and operational mechanism of integrated logistics information platform for a large logistics enterprise in China	N.Liu，S.Zhan*	International Journal of E-Trade, 2013, 3(02)：31-41
12	期刊文章	Economic and statistical analyses of port competition within the Shanghai International Shipping Hub	N.Liu, H.Gan*，S.Zhan and S.Chen	Advances in Information Sciences and Service Sciences, 2013, 5(06)：1230-1242

续表

序号	成果类型	成果或论文名称	主要完成者	成果说明
13	期刊文章	基于信息更新的应急资源配置序贯决策方法	叶永，刘南，詹沙磊	浙江大学学报（工学版），2013，47(12)：2212-2220
14	期刊文章	Coordinating efficiency and equity for relief allocation with disaster scenario information updates	S.Zhan, N.Liu* and Y.YE	International Journal of Systems Science, 2014，45(08)：1607-1621 (SCI 收录)
15	期刊文章	需求更新的救灾品配送公平与效率协调模型	詹沙磊，刘南，陈素芬，叶永	控制与决策，2014，29(04)：686-690
16	期刊文章	Humanitarian logistics planning for natural disaster response with Bayesian information updates	N.Liu, Y.YE*	Journal of Industry and Management Optimization, 2014，10(03)：665-689 (SCI 收录)
17	期刊文章	Determining the Optimal Decision Time of Relief Allocation in Response to Disaster via Relief Demand Updates	S.Zhan N.Liu*	International Journal of Systems Science, 2015, 47(03)：509-520
18	期刊文章	Methodology of Emergency Medical Logistics for Public Health Emergencies	Y.He, N.Liu*	Transportation Research Part E, 2015 (79)：178-200 (SCI、SSCI 收录)
19	期刊文章	Scheduling Algorithm based on Follow-up Sharing Character for Post-event Response Resource Distribution in Large-scale Disasters	Y.Ye, N.Liu*, G.Hu and S.Zhan	Journal of Systems Science and Systems Engineering, 2016, 25(01)：77-101 (SCI 收录)
20	专著	应急资源配置决策的理论、方法及应用	刘南，葛洪磊	科学出版社，2014 年 12 月

备注：★表示通讯作者（corresponding author）。

表 5-8　源自 N3 项目的博士学位论文

序号	成果类型	学位论文名称	主要完成者	成果说明
1	博士学位论文	基于灾情信息特征的应急物资分配决策模型研究	葛洪磊	浙江大学，管理学院，2012年9月
2	博士学位论文	突发性灾害事件下应急物资分配决策优化过程研究	庞海云	浙江大学，管理学院，2012年12月
3	博士学位论文	基于信息更新的应急物资配送公平与效率协调研究	詹沙磊	浙江大学，管理学院，2013年12月
4	博士学位论文	基于后续共享和信息更新的震后应急资源配置决策方法研究	叶永	浙江大学，管理学院，2014年3月
5	博士学位论文	突发公共事件中的人道主义医药物资分配	何雨璇	浙江大学，管理学院，2016年6月

4. N4："非常规突发事件下港口—腹地物流运输网络弹性的测度与优化研究"

港口—腹地物流运输网络是实现经济社会发展的重要基础设施。测度并优化港口—腹地物流运输网络的弹性，使其在受到各类非常规突发事件冲击时可以快速恢复运作能力是值得我们深入研究的问题。该研究项目结合港口物流、交通运输管理、应急管理等相关理论，综合运用随机规划、最优化理论与方法、博弈论等相关方法，对非常规突发事件下港口—腹地物流运输网络的弹性问题进行了系统研究。该研究项目分别对该物流运输网络系统的3个组成部分（港口—腹地物流运输网络、港口运作系统、腹地物流运输网络）的结构、构成要素及运作模式进行深入分析，探索港口—腹地物流运输网络系统的弹性测度指标，对其进行量化并构建弹性测度的数学模型，分析影响系统弹性的关键因素及其影响机理，包括事前阶段基于战略层面的预防措施，事后阶段基于运营层面的即时恢复措施，对网络弹性的优化问题进行了分析讨论。该项目研究的理论研究和实践应用结果，为港口—腹地物流运输网络的弹性优化提供了管理启示与政策建议。

该项目共指导5名博士研究生（方向为应急物流、物流与供应链管理）参加研究工作，完成与项目相关的学术期刊论文8篇，成果优秀，大多发表于国际学术期刊。基于这些研究成果，5位博士生完成了其博士学位论文的写作，其中 1 篇被评为浙江大学管理学院优秀博士学位论文。具体成果如表 5-9 和表 5-10 所示。另外，仍有 1 名在读博士生正在进行该项目的相关研究，其学位论文主题为："基于双层规划模型的港口—腹地集装箱物流运输网络弹性的提升研究"。

表 5-9　N4 项目论文成果

序号	成果类型	成果或论文名称	主要完成者	成果说明
1	期刊文章	供应链视角下港口集装箱码头集疏运系统效率评价实证研究	刘南，居水木，董健	东南大学学报（社会科学版），2013, 15(04)：28-33
2	期刊文章	Efficiency and its influencing factors in port enterprises: empirical evidence from Chinese port listed companies	S.Ju, N.Liu*	Maritime Policy & Management, 2015, 42(06)：571-590（SSCI 收录），荣获 2013 年第六届全球供应链管理会议（GSCM）最佳论文奖（见图 5-4）
3	期刊文章	Remanufacturing of electronic products in bonded port area across home and foreign markets: approach based on closed-loop supply chain model	H.Chen, N.Liu* and Y.He	The International Journal of Logistics Management, 2016, 27(02)：309-334（SSCI 收录），荣获 2014 航运港口机场国际论坛（IFSPA）最佳论文奖（见图 5-5）
4	期刊文章	Container hub port competition and cooperation in northeast Asia	X.Xiao, N.Liu*	International Journal of Shipping and Transport Logistics, 2017, 9(01)：29-53（SSCI 收录）
5	期刊文章	Developing a model for measuring the resilience of a port-hinterland container transportation network	H.Chen, K.Cullinane and N.Liu*	Transportation Research Part E, 2017,(97)：282-301（SCI、SSCI 收录）

续表

序号	成果类型	成果或论文名称	主要完成者	成果说明
6	期刊文章	Strategic Investment in Enhancing Port-Hinterland Container Transportation Network Resilience: A Network Game Theory Approach	H.Chen, J.S.L.Lam and N.Liu*	Transportation Research Part B, 2018 (111)：83–112 (SCI、SSCI 收录)，荣获 2019 年度浙江大学第五届学生人文社会科学研究优秀科研成果奖一等奖
7	期刊文章	Disaster prevention and strategic investment for multiple ports in a region: cooperation or not	N.Liu*, Z.Gong* and X.Xiao	Maritime Policy & Management, 2018, 45(05)：585–603 (SSCI 收录)
8	期刊文章	Mitigative and adaptive investments for natural disasters and labor strikes in a seaport - dry port inland logistics network	Z.Gong, N.Liu*	Maritime Policy & Management, 2020, 47(01)：92–108 (SSCI 收录)

备注：★表示通讯作者（corresponding author）。

图 5-4　2013 年第六届全球供应链管理会议（GSCM）最佳论文奖

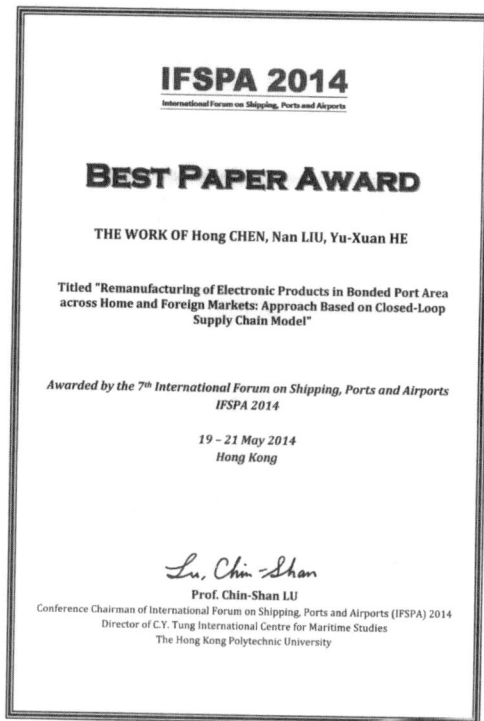

图 5-5　2014 航运港口机场国际论坛（IFSPA）最佳论文奖

表 5-10　源自 N4 项目的博士学位论文

序号	成果类型	学位论文名称	主要完成者	成果说明
1	博士学位论文	竞合情景下港口企业经营效率及其影响因素研究	居水木	浙江大学，管理学院，2015年4月
2	博士学位论文	竞争与合作对港口收益及风险管理的影响机理研究	肖骁	浙江大学，管理学院，2016年3月
3	博士学位论文	港口—腹地集装箱多式联运的网络弹性的提升研究	陈红	浙江大学，管理学院，2018年6月
4	博士学位论文	港口—腹地中断情形下物流链与供应链优化管理策略研究	龚梓翔	浙江大学，管理学院，2019年7月

5. N5："电子商务驱动浙江产业集群转型与竞争力提升研究——基于电子商务的集群式供应链物流资源整合与竞争力提升研究"

该项目研究了产业集群的物流运营现状、模式及物流链柔性，以电子商务为切入点，针对集群内的平台物流、物流集群的物流特征和运作模式进行了深入剖析，并从运作层面分别构建了基于电商平台、基于物流集群优化集群供应链物流服务的数学模型，以及提升集群内物流链柔性的决策模型与博弈论模型，探索了电子商务背景下集群供应链优化的战略价值，得出了传统产业集群在物流方面提升产业竞争力和转型升级的理论依据和政策启示。

此项目正指导 3 位在读博士生完成其学术论文及学位论文的内容，研究的主题主要包括："基于电子商务的集群产业供应链物流整合与运营模式研究""基于物流服务共享的电商供应链物流优化研究"和"电子商务产业集群下物流链柔性提升与供应链优化研究"。

5.5.3　教育部新世纪优秀人才支持计划项目

项目主要内容包括：

第一，物流系统规划建设与运营管理研究。以现代物流学、交通经济学及区域经济学为理论基础，在回顾美国、欧洲和日本等发达国家和地区物流业发展过程的基础上，结合我国物流基础设施建设和物流市场发展的现状，运用计量经济学、运筹学、模糊数学、层次分析法和案例分析的方法，对现代物流与经济增长关系、物流交通基础设施对区域经济增长的作用、物流节点（物流园区、物流中心和配送中心等）的规划建设和运营管理模式等问题进行定量研究。

第二，城市交通拥挤定价与城市应急物流管理研究。①城市交通拥挤定价研究主要包括，运用经济学次优定价和高峰负荷定价理论，结合城市交通模型，构造多时段系统次优拥挤定价模型，其表现形式为给定次优约束条件下使系统社会福利最大的最优化模型或变分不等式模型。通过理论模型研究和数值模拟分析，研究次优拥挤定价模式的效率和公平问题，为拥挤定价方案实施提供理论依据和政策启示。②城市应急物流管理研究包括，运用城市物流系统理论、福利经济学、城市公共突发事件管理理论并结合城市交通路网模型及交通均衡配流理论，构造完全扑灭供给、不完全扑灭供给情形下城市物流系统应急物资调度模型，分析突发事件最优物资调度问题，并评估各调度模型的效率及其社会公平性。在深入分析单一服务点单一需求点单一商品调度模型的基础上，构造多服务点多需求点多商品调度模型，并拓展至带供应能力限制（如完全扑灭供给、不完全扑灭供给）的服务点物资调度模型，同时研究各调度模型的公平问题。通过理论模型研究和数值模拟分析，研究各调度模型的可行性和服务点的供应效率与公平问题，为城市物流系统应急物资调度体系的建立与实施提供理论依据和政策启示。

该项目共指导 6 名博士研究生（方向为物流与供应链管理）参加研究工作，完成与项目相关的学术期刊论文 14 篇，专著 1 部，成果颇丰。基于该研究成果，6 位博士生完成了其博士学位论文的写作。具体成果如表 5-11 和表 5-12 所示。

表 5-11 教育部新世纪优秀人才支持计划项目论文成果

序号	成果类型	成果或论文名称	主要完成者	成果说明
1	期刊文章	现代物流与经济增长的关系研究——基于浙江省的实证分析	刘南，李燕	管理工程学报，2007，21(1)：151-154
2	期刊文章	Spatial Spillovers Effects of Transport Infrastructure on Regional Economic Growth: The Case of Zhejiang Province	N.Liu*, Y.Chen, Q.Zhou	Journal of Southeast University (English Edition), 2007 (23)：33-39
3	期刊文章	Comprehensive Decision-Making Method for the Optimal Location of Logistics Hubs	N.Liu*, Y.Chen, Y.Li .	Journal of Southeast University (English Edition), 2007 (23)：71-75
4	期刊文章	基于模糊综合评价的城市物流枢纽规划	刘南，陈远高	东南大学学报（自然科学版），2007 (37)：289-292

续表

序号	成果类型	成果或论文名称	主要完成者	成果说明
5	期刊文章	具有服务差异的双渠道供应链竞争策略	陈远高，刘南	计算机集成制造系统，2010, 16(11)：2484-2489
6	期刊文章	基于并联输入阶段的合作 DEA 方法在外购或自制决策中的应用	李雄英，刘南	管理工程学报，2010, 24(10)：167-173
7	期刊文章	第三方物流的创新案例研究：以韩国甲物流企业为例	刘南，姜泰元，姜敏求	科技管理研究，2011, 31(4)：108-111
8	期刊文章	存在差异性产品的双渠道供应链协调研究	陈远高，刘南	管理工程学报，2011, 25(2)：239-244
9	期刊文章	激励机制下服务供应链的收益分享契约协调性研究	俞海宏，刘南	数学的实践与认识，2011, 41(12)：69-79
10	期刊文章	价格随机变化的企业原料采购库存模型研究	陈素芬，陈远高，刘南	科技管理研究，2012, 32(18)：231-239
11	期刊文章	Pricing Models of e-Books When Competing with p-Books	N.Liu*, Y.Li	Mathematical Problems in Engineering, 2013, 1-14
12	期刊文章	Using the parallel output DEA cooperative model to evaluate Thai Dried Longan exporting supply chain	P.Danaitun, N.Liu*	International Journal of Product Development, 2015, 20(1)：
13	专著	现代物流与经济发展——理论、方法与实证分析	刘南，赵成锋，陈远高	中国物资出版社，2007年8月；获中国物流学会"物华图书奖"一等奖

表5-12 源自教育部新世纪优秀人才支持计划项目的博士学位论文

序号	成果类型	学位论文名称	主要完成者	成果说明
1	博士学位论文	电子供应链中多渠道协调问题研究	陈远高	浙江大学，管理学院，2010年10月
2	博士学位论文	基于服务供应链契约协调机制的农村流通供应链运作优化研究	俞海宏	浙江大学，管理学院，2011年10月
3	博士学位论文	基于三阶段供应链DEA合作模型的应用研究——以泰国龙眼干出口供应链绩效评价为例	李雄英	浙江大学，管理学院，2012年2月
4	博士学位论文	价格随机变化的企业原材料库存决策研究	陈素芬	浙江大学，管理学院，2012年3月
5	博士学位论文	电子图书定价与供应链协调问题研究	李燕	浙江大学，管理学院，2014年5月
6	博士学位论文	信息技术、供应链协调、供应链整合与港口竞争力关系研究	姜泰元	浙江大学，管理学院，2014年5月

5.5.4 企业横向项目

浙江省物产集团物流产业发展战略规划咨询项目

该项目从我国物流产业外部大环境着手，全面分析了我国物流产业和各板块生产资料物流的现状、问题及发展趋势，然后诊断物产集团内部物流产业情况，并对比标杆行业状况，从而提出2010—2015年物产集团物流产业发展规划战略。

该项目共指导1名博士研究生参加研究工作，完成与项目相关的学术期刊论文3篇。基于该研究成果，该位博士生完成了其博士学位论文的写作。具体成果如表5-13和表5-14所示。

表 5-13 浙江省物产集团物流产业发展战略规划咨询项目论文成果

序号	成果类型	成果或论文名称	主要完成者	成果说明
1	期刊文章	物流服务商参与时两级供应链的协调策略研究	刘南，吴桥，鲁其辉	软科学，2011, 25(10)：125-129
2	期刊文章	结合期权合约与现货市场的原材料采购风险管理	吴桥，刘南，庞海云	控制与决策，2013, 28(3)：334-338
3	期刊文章	Optimal purchasing strategies in the presence of E-markets	Q.Wu, N.Liu*	International Journal of E-Trade, 2013, 3(1)

表 5-14 源自物产集团咨询项目的博士学位论文

序号	成果类型	学位论文名称	主要完成者	成果说明
1	博士学位论文	现货价格波动下原材料最优采购决策研究	吴桥	博士，管理学院，浙江大学，中国，2012 年 12 月

5.5.5 自选课题

本人共指导 2 名博士生自主选题，完成与自选课题相关的学术期刊论文 4 篇。基于该研究成果，两位博士生完成了其博士学位论文的写作。具体成果如表 5-15 和表 5-16 所示。

表 5-15 自选课题的论文成果

序号	成果类型	成果或论文名称	主要完成者	成果说明
1	期刊文章	网上竞价——网络时代的定价模式	汪立东，刘南	价格理论与实践，2006, 36(01)：74-76
2	期刊文章	游客营销——旅游地营销的新途径	刘南，汪立东	浙江大学学报（人文社会科学版），2008, 14(06)：122-129
3	期刊文章	Research on closed loop supply chain with reference price effect	J.Xu, N.Liu*	Journal of Intelligent Manufacturing, 2017, 28(1)：51-64
4	期刊文章	法律约束情形下电子产品回收再制造研究	徐杰，刘南，柳键	控制与决策，2018, 33(4)：705-711

表 5-16　自选课题的博士学位论文

序号	成果类型	学位论文名称	主要完成者	成果说明
1	博士学位论文	城市旅游营销的绩效评价理论与方法研究	汪立东	浙江大学，管理学院，2008年10月
2	博士学位论文	电子产品回收再制造决策模型研究	徐杰	浙江大学，管理学院，2017年6月

5.6　博士生学位论文写作

5.6.1　开题报告

学位论文开题是博士研究生培养的必要环节，在修读完最低毕业学分后，开题时间可根据博士生本人研究进展确定，但从学位论文开题完成到学位论文送审，至少间隔 6 个月。

为了保证学位论文质量，促使学生做好论文撰写的准备工作，一般要求学生在确定论文题目后准备撰写完整的开题报告并进行开题答辩。答辩通过后方可进入论文撰写环节。导师自行组织答辩委员小组（至少包含 3 名副教授或相当职称以上的专家）对开题报告提出修改意见，对开题报告的选题依据、创新性、难度、可行性及预期结果、口头报告情况等多方面进行综合评判。

5.6.2　论文撰写

学位论文写作有一定的范式可遵循，博士生应该熟悉范式，采用严谨求实的态度一以贯之。学位论文写作是一项浩大的工程，论文各个部分包括研究背景、文献综述、研究方法设计、研究分析及结果应紧密衔接，形成一个完整的系统，这对学生的逻辑思辨能力与文字表达能力提出了极高要求。其中应该做到研究问题具体清晰、研究方法合理创新、文献综述夹叙夹议、文本呈现逻辑严密、行文严谨规范，尤其要关注研究问题、文献综述和分析问题的过程。[62]

1. 所研究的问题具体清晰

所研究的问题是指研究者围绕选题、通过研究需要解决的问题。本人认为确定清晰合适的问题是整个研究的重中之重，在学位论文指导中需经常强调。研究问题的确定需要和导师反复商榷、反复修改，直到明确。在论文写作中，要对所研究的问题做出明确界定和阐述，而且在分析问题的过程中，所有方法、应用都应围绕所研究的问题进行，切忌模糊不清。

2. 文献综述

文献综述不仅是作者查找、整理、总结及应用相关文献的能力的体现，更是得出结论并能有意识地进行实质性引用的关键。从以往指导的博士生进行文献综述的情况来看，学生在进行文献综述时通常存在以下常见的问题：①信息过时、不全。为了避免出现这类问题，博士生必须将文献阅读贯穿整个研究过程，而不仅仅是在研究工作开始时大量阅读，后来就越来越少地读文献。随时关注学术期刊动态并阅读是值得提倡的。②重点不突出。对前人研究进行梳理和论述时，应分类综述。对于与研究密切相关的应突出强调，而不应该只是写流水账。③缺乏批判性。文献综述是研究者思辨能力的综合体现，它不仅仅是对以往研究的归纳整理，更要包含研究者自己的见解。文献综述是整个论文概念框架的基石，并在问题分析及解决中起到指引作用，所以写好文献综述部分也是十分关键的。

3. 方法应用

研究方法应该以论文选题和研究问题为导向，同时结合导师擅长的研究范式和理念。方法论，是研究中认识问题、解决问题的重要工具和手段。博士生必须掌握扎实的方法论，才能真正做好研究。博士学位论文一般会同时运用多个方法进行研究，最常见的就是定性与定量方法相结合。从本人指导的20篇博士学位论文看，以定量研究为主，定性研究为辅（见表5-17）。其中，定量研究中，大部分研究是运用决策优化模型和博弈论的方法对所研究的问题进行建模分析。数学模型，是对现实的一个特定对象、对象系统或某种过程，为了某种特定的目的，根据其内在的规律、联系，做出必要的简化、假设、取舍、增减，同时运用恰当的数学工具，得到一个明确的数学问题，并对其进行求解、分析、验证[19]。物流与供应链管理领域的数学建模，就该领域内某一实际问题，比如最优决策问题、分配方案问题、随即预测问题等，创造性地引入数学概念和方法，建立起明确的数学问题，然后求解、分析、验证。

表 5-17　博士学位论文研究方法分类

研究方法	具体（领域）方法分类		篇数
定性研究	应急管理		11
	供应链管理		7
	采购管理		1
	库存管理		1
	评价体系		5
定量研究	实证研究		3
	评价模型	层次分析法	2
		DEA	2
		效率—公平模型	3
	决策优化模型	多目标决策	3
		随机规划	6
		动态规划	2
		整数规划	3
		贝叶斯序贯决策	4
	博弈论	合作	7
		非合作	2

4. 行文透明规范

就模型研究而言，数学概念的引入过程就是数学建模的过程，所以在这个过程中要遵循数学的规范。从问题提出、假设、模型构建、求解、分析应用，都应该如实呈现。比如，模型求解的命题、推论，必须附上详细的证明过程，以方便读者查阅。对于实证研究，数据收集过程应该详细描述，数据呈现应该透明、清晰。

基本的写作规范包括结构合理，语言通畅，论文格式应符合学院要求；重要的写作规范包括正确引用他人文献、理论观点和数据的引用标注规范；另外，学院为保证论文撰写质量，特制订了详细的学位论文查重细则，目的就在于规范学生的学术行为。

不仅如此，学院对学术失范问题的处理也极其严格。学术问题一经举报，立即启动调查程序，由学科学位委员会成立由 3 位具有高级职称教师组成的专家小组就举报内容进行调查，并出具调查意见。学科学位委员会再据此做出处理意见。对已获学位的研究生的学位论文中存在的学术失范行为，也按相关规定进行处理。

另外，整个论文写作过程中还要注意几个小问题，也可说是实用的小技巧。

● 学位论文写作与科研是同步的，它并不是与科研不相关的过程。而在实际写作过程中不少学生总是把两者分开，总是把"要做的"做完了才开始写作。本人在指导博士生学位论文时，就强调思考小论文的时候同步构建学位论文的框架，一般一篇完整的博士论文应该至少由 3 个不同但相互关联的子研究构成，所以在构思小论文时就应该多想一步，这个子研究是否可以横向扩展或纵向深入得出另一个子研究，这样随着小论文的完成，学位论文的主题内容也完成了。在撰写小论文同时不仅不忘同步撰写学位论文，"尽早写，经常写"，而且要边看边思边记，随时将思考的内容转换成文字记录。

● 导师提醒博士生给学位论文写作留有充分的时间是很有必要的。现实中，不少学生临近截止交稿日期才将初稿交给导师，这样做会有较大风险；因为假如论文出现较大的问题，就很难再有足够的时间进行修改，增加了论文审阅不合格的概率。所以导师不仅要强调时间概念，更要持续跟进指导，要求学生定期进行研究汇报，了解其写作进度，以及存在的困难和问题，并及时协助学生解决问题、修正错误。

● 阅读文献时，可对文章的几个关键部分如摘要、研究问题、研究方法和结论进行甄别，这样不仅有助于对整篇论文的理解，还可提高阅读文献的效率。

5.6.3 论文预答辩

为进一步提高博士研究生培养水平，保证博士生学位授予质量，浙江大学管理学院规定，博士研究生在完成学位论文初稿后，经导师仔细审阅，在学位论文正式送审前要进行博士学位论文预答辩。预答辩按正式答辩的要求进行，聘请至少 3 位相关学科的教授或具有博士学位的副教授担任评委，对博士学位论文的学术水平和创新性成果进行评议。博士生根据预答辩专家组提出的意见进行修改完善，经导师审阅通过后，方可提出学位论文评阅申请。具体要求见《浙江大学管理学院博士研究生预答辩实施细则》。

5.6.4 学位论文初审、修改、答辩

1. 初审和修改

浙江大学管理学院博士研究生学位论文实行 100% 匿名评阅，即学位论文在评阅过程中，隐去评阅专家姓名和学位申请者及其指导教师姓名。每位博士生的学位论文送 5 位专家评阅，评审专家将根据学位论文的质量，分别给出不同的结果：A. 同意答辩；B. 同意经过小的修改后答辩（可不再送审）；C. 需要进行较大的修改后答辩（答辩前重新送原专家评阅通过）；D. 未达到博士学位论文要求，不同意答辩。按评阅结果不同相继进入下一程序，修改后答辩或终止本次学位申请程序。详细规定请见《管理学院博士学位论文隐名评阅、答辩实施细则》。

从本人指导的 20 份博士学位论文情况来看，大多数的博士生取得了总体评价为中等及以上的结果。极个别需要进行较大修改后答辩的，根据评审意见认真修改后，也一次性通过原专家的再次评阅，进入答辩。暂时还未出现博士学位论文评审未通过者和论文答辩未通过者。

表 5-18 博士生学位论文总体评价

序号	论文作者	论文题目	总体评价（匿名评审结果）
1	汪立东	城市旅游营销的绩效评价理论与方法研究	4 良好 1 中等
2	陈达强	基于应急系统特性分析的应急物资分配优化决策模型研究	1 优秀 4 良好
3	陈素芬	价格随机变化的企业原材料库存决策研究	1 优秀 4 良好
4	陈远高	电子供应链中多渠道协调问题研究	1 优秀 4 良好
5	李雄英	基于三阶段供应链 DEA 合作模型的应用研究——以泰国龙眼干出口供应链绩效评价为例	3 良好 2 中等
6	俞海宏	基于服务供应链契约协调机制的农村流通供应链运作优化研究	1 优秀 4 良好

续表

序号	论文作者	论文题目	总体评价（匿名评审结果）
7	周蕾	基于动态信息的应急疏散与车辆调度	1优秀4良好
8	姜泰元	信息技术、供应链协调、供应链整合与港口竞争力关系研究	1优秀1良好3中等
9	葛洪磊	基于灾情信息特征的应急物资分配决策模型研究	3优秀2良好
10	李燕	电子图书定价与供应链协调问题研究	5良好
11	吴桥	现货价格波动下原材料最优采购决策研究	2优秀1良好2中等
12	庞海云	突发性灾害事件下应急物资分配决策优化过程研究	5良好
13	叶永	基于后续共享和信息更新的震后应急资源配置决策方法研究	4良好1中等
14	詹沙磊	基于信息更新的应急物资配送公平与效率协调研究	2优秀3良好
15	何雨璇	突发公共事件中的人道主义医药物资分配	1优秀4良好
16	居水木	竞合情景下港口企业经营效率及其影响因素研究	2优秀2良好1中等
17	肖骁	竞争与合作对港口收益及风险管理的影响机理研究	3良好2及格
18	陈红	港口—腹地集装箱多式联运的网络弹性的提升研究	3优秀3良好
19	徐杰	电子产品回收再制造决策模型研究	1优秀3良好1中等1及格
20	龚梓翔	港口腹地中断情形下物流链与供应链优化管理策略研究	1优秀4良好1中等

2. 论文答辩

博士论文答辩委员会至少由 5 名专家组成，答辩时由学生先对自己的工作进行口头展示，然后答辩委员会成员对博士生提问。问题涉及论文存在的问题、疑点及与论文相关领域的知识，主要是为了考查学生对相关文献、研究问题、相关知识领域的把握。论文经过答辩后，由答辩委员会进行投票表决。经 2/3 及以上委员同意，答辩方为通过。答辩通过后，答辩人应根据学位论文评审专家和答辩委员会专家对学位论文提出的问题和建议，认真修改学位论文。本人指导的博士研究生在进行学位论文答辩之前，都会要求其在研究例会上进行答辩预演，导师会对其展示的内容和答辩的过程进行辅导，以确保答辩万无一失。到目前为止，团队还没有答辩未通过者。

5.7 博士研究生学位论文实例分析

本节列举 4 篇总体评价为良好及以上的博士研究生学位论文指导实例，特别突出的将在优秀博士学位论文章节具体展开。

实例一 《基于应急系统特性分析的应急物资分配优化决策模型研究》

该篇论文的作者是 2006 级管理科学与工程专业普博生陈达强同学，该论文的选题是基于本人负责的国家自然科学基金项目"城市应急物流中不完全扑灭的多商品分配问题研究"。该论文主要研究面向大规模自然灾害应急物流运作的核心：应急物资分配模型的构建与求解。通过归纳应急物资分配系统的特性，分析其决策目标与约束条件，构建出符合实际应急运作的优化决策模型，分析模型可行解和最优解条件，并设计求解优化算法。各部分的子研究具体内容如下。

子研究一：本部分针对非时变供求约束情形，研究了存在成本修正和物资调运运力限制约束的多出救点选择问题。首先，分析了应急响应的成本组成并将应急响应成本作为方案优劣评价的修正，构建基于成本修正的应急物流物资响应决策模型，并设计优化算法与仿真算例，对仿真算例进行分析以证明模型与算法的有效性。其次，针对应急运作中出救点物资调运存在运力限制约束的实际情况，研究单一资源情况下出救点带运力限制约束的多出救点选择问题，建立应急响应时间最短、出救点数目最少的多出救点选择多目标决策模型，通过分析最小响应时间与调运次数之间的关系，提出该问题的求解思路与求解算法，并设计相应的优化算法。最后，设计仿真算例，对仿真算例进行分析以证明模型与算法的有效性。

子研究二：针对带时变供求约束情形，研究了带时变供求约束的多出救点选择与单出救点、多需求点应急物资分配问题，创新地提出了"临界应急响应时间"概念，构建了带时变供给约束的多出救点选择模型，分析了带时变供求约束情形下应急系统最小应急响应时间的构成，以及实际临界应急响应时间与理论临界应急响应时间之间的关系，构建了带时变供求约束的多出救点选择多目标决策模型，并设计了求解优化算法。在此基础上，分析了带时变供求约束情形下，单出救点、多需求点应急物资分配方案的构成，创造性地提出了"拓扑转换"方法将原问题（单出救点、多需求点）变换为多出救点选择问题，并设计了相应的优化算法。

子研究三：考虑时变供求与应急限制期约束，研究了多需求点应急物资分配模型。分析了带时变供求与应急限制期约束情形下应急方案的构成，分析了系统应急响应时间与各需求点应急限制期之间的关系，创新地提出了在不考虑应急限制期的可行方案基础上对方案进行调整的解决思路，并设计了相应的优化算法。

子研究四：在复杂网络环境下，研究了带时变供求约束的复杂网络（多出救点、多需求点）应急物资分配问题。分析了带时变供求约束复杂网络情形下应急方案的构成，分析了系统应急响应时间与需求点应急响应时间、出救点应急响应时间之间的关系，分析了临界应急响应时间与系统最小应急响应时间之间的关系，提出了约定分配规则，并设计了相应的优化算法。

主要创新点：

第一，该研究的独到之处首先在于研究视角与思路的创新，即从分析应急物资分配特性入手，重点考虑应急物资的时变供求特性，通过求解模型的临界条件和最优条件，对初期供求不平衡的应急物资分配问题进行深入分析，对系统应急响应成本、应急响应时间、应急出救点个数进行分析，并通过构建响应的优化决策模型予以研究。

第二，研究内容的创新。深入研究了应急物流及应急物资分配问题的科学内涵，基于应急物资分配系统的系统特性（如网络结构特性、供求特性、时间特性和成本特性等），从非时变供求约束与带时变供求约束两个层面，系统响应成本修正、应急限制期与运力限制三大约束，从简单网络与复杂网络两个维度，创新设计了与之对应的6个科学问题。

第三，研究方法的创新。①以应急响应成本作为方案修正，构建了基于成本修正的多出救点选择模型；②以"临界应急响应时间"界定应急物资分配系统可行方案，在临界应急响应时间与最大运输时间的关系分析基础上，构建了带运力限制约束的多出救点选择多目标决策模型；③以实际临界应急响应时间与最大运输时间的关系分析为基础，构建了带时变供给约束的多出救点选择模型；④以带时变供给约束的多出救点选择模型为基础，设计了非时变供求约束情形下带运力限制约束多出救点选择的时变供给转换求解思路；⑤以带时变供求约束的多出救点选择多目标决策模型为基础，通过"拓扑转换"方法将单出救点、多需求点物资分配问题变换为多出救点选择问题予以求解；⑥以系统应急响应时间与各需求点应急限制期之间的关系分析为基础，提出在不考虑应急限制期的可行方案基础上对方案进行调整的解决思路；⑦以"约定分配规则"为基础，构建对设计方案进行调整的解决思路，求解带时变供求复杂网络情形下的应急物资分配问题。

实例二 《突发性灾害事件下应急物资分配决策优化过程研究》

该篇论文的作者是 2009 级管理科学与工程专业普博生庞海云同学，该论文的选题是基于本人负责的国家自然科学基金项目"基于组群信息刷新的非常规突发事件资源配置优化决策研究"。首先该论文在分析当前国内外关于应急决策和应急物资管理的研究现状的基础上，提出了能有效保障突发事件应急救援的应急物资需求的基于全过程的优化分配决策思路；然后深入研究应急物资管理及应急物资分配决策的科学内涵，剖析应急物资分配决策的特点和决策过程；最后对需求预测、分配决策和方案评价整个决策过程进行系统研究，为应急决策机构和人员提供了应急物资分配的预测模型、分配决策模型、评价模型以及相关算法。各部分的子研究具体内容如下：

子研究一：应急物资需求预测模型研究。该部分提出了应急物资需求预测的间接预测方法和 4 个步骤，针对预测过程中的 4 个步骤提出系列模型，并以大型地震中应急物资需求预测为例对各个步骤进行了阐述。

子研究二：研究了具有二级节点的分配网络下的应急物资分配决策问题。本部分就应急物资分配问题，构建了完全信息非合作博弈模型，并通过构建适应度函数，提出用粒子群算法求解该模型，同时用一个算例证明该算法能解决多个受灾点对物资需求的冲突，从而实现合理分配应急物资的目的。

子研究三：研究了具有三级节点的分配网络下的应急物资分配决策问题。本部分基于具有应急物资集散点、应急物资配送中心和受灾点的三级节点分配网络，构建了以受灾点系统损失最小为目标，考虑公平约束和应急响应时间约束的应急物资分配决策模型，并提出了 PSO 改进算法求解该模型，同时用数值算例表明该算法比其他算法表现出较好的有效性和稳定性。

子研究四：研究了应急物资分配方案的评价问题。本部分建立了计算简便、容易理解且性能较好的应急物资分配决策方案公平测度模型，该模型考虑了受灾点的不同需求量要求以及对物资的不同需求紧迫程度，并应用模型对三级节点算例的分配方案进行了评价。

主要创新点：

第一，研究视角与理论观点的创新。从系统构成要素的角度分析应急物资分配决策的特点，设计了应急物资分配决策的动态决策过程，其中包括 3 个关键环节，即应急物资需求预测、应急物资最优分配、分配效果评价。认为 3 个环节是有机结合的，不应孤立地去研究。

第二，研究内容创新。分析应急物资管理及应急物资分配决策的内涵和本质，探讨了应急物资分配决策的特性（如决策主体、决策对象、决策模式和决策目标等方面的特性），对应急物资分配决策过程中的 3 个关键子问题，依次进行深入研究，在研究物资分配决策模型时把科学问题分解为从简单网络到复杂网络过渡的研究内容。

第三，研究方法创新。①研究物资需求预测模型时，设计了需求预测的 4 个过程，并以大型地震中应急物资的需求预测为例，建立了过程预测的系列模型。依次研究了基于灾害系统结构的灾区伤亡人口相关因素的定性关联分析、基于灰色关联分析的灾区人口伤亡相关因素的定量关联分析、基于 BP 神经网络的灾区人口伤亡预测模型，以及基于需求物资种类的灾区应急物资需求量预测模型。②研究二级节点网络应急物资最优分配模型时，考虑交通路网模型与博弈理论模型相结合的方法，构建了完全信息非合作博弈模型，设计了不能完全扑灭灾情情形下的应急物资分配算法；研究三级节点网络应急物资最优分配模型时，构建了以灾害系统损失最小为目标，考虑公平约束和应急响应时间约束的应急物资分配决策模型，并为其设计了改进 PSO 算法。③研究分配效果评价模型时，构建了针对具有不同需求量要求及对物资需求不同紧迫程度的应急物资分配方案的公平测度模型，并用模型对三级节点算例的分配方案进行评价。

实例三 《基于后续共享和信息更新的震后应急资源配置决策方法研究》

该篇论文的作者是 2010 级管理科学与工程专业普博生叶永同学，该论文的选题是基于本人负责的国家自然科学基金项目"基于组群信息刷新的非常规突发事件资源配置优化决策研究"。本研究探讨了地震灾害应急资源配置问题。具体地从后续共享性出发和信息更新性出发，分别对震后应急资源配置决策方法进行建模求解，其中基于后续共享模型可以协调前后阶段的应急资源供需情况，而基于信息更新的模型则可以根据当前阶段的实时信息做出及时有效的具体配置策略。

子研究一：基于后续信息共享的震后应急资源配置问题。本部分以资源配置效果和运输效率为目标，综合考虑纵向配置（时间纵向上的多阶段配置）和横向配置（某阶段物理空间上多对多的物资配置）方案，建立基于后续共享的震后应急资源一体化配置决策模型。该模型运用确定的方法描述不确定情景，并能获取纵向配置部分的解析解，同时，横向配置部分则可通过运输模型快速求得。最后，数值仿真分析验证了一体化配置模型获取应急物资配送方案的可行性。

子研究二：基于单维信息更新的震后应急资源配置问题。本部分通过应用贝叶斯分析、最优化理论等对基于道路损坏率信息更新的应急资源"观测—决策—配置"序贯决策问题进行系统分析，建立了基于单维信息更新的震后应急资源配置决策模型，并设计基于矩阵编码的遗传算法进行求解。最后，通过数值仿真验证模型和算法的有效性。

子研究三：基于多维信息更新的震后应急资源配置问题。本部分应用贝叶斯理论建立多供应点、多需求点、多阶段、多运输方式、多运输工具的基于多维信息更新的震后应急资源综合配置模型，并改进基于整数矩阵编码的遗传算法对其进行求解以获取各阶段的应急物资配送方案。最后，将模型和算法应用于汶川地震应急物资配置中，进行实例分析，以验证模型和算法的有效性。

主要创新点：

本文应用系统建模方法，建立三个配置决策模型并提出一个创新算法。

①系统分析震后应急资源配置特点，包括后续共享性和信息更新性。

②将应急资源配置中的时间纵向配置与空间横向配置相结合，运用动态

规划和非线性规划建立时间纵向—空间横向一体化应急资源配置模型，该模型具有很好的应用前景。

③综合考虑应急资源配置动态性、序贯性等特点，应用贝叶斯分析理论将灾害历史信息和样本信息融合于决策模型中，建立基于道路损坏率信息更新的应急资源"观测—决策—配置"序贯决策模型；考虑到震后应急资源配置现实，将单维信息更新模型拓展到多资源、多目标、多类运输方式、多种运输工具、多维信息更新的震后应急资源综合配置模型，并设计基于矩阵编码的遗传算法求解模型。

实例四 《突发公共事件中的人道主义医药物资分配》

该篇论文的作者是 2011 级管理科学与工程专业直博生何雨璇同学，该论文的选题是基于本人负责的国家自然科学基金项目"基于组群信息刷新的非常规突发事件资源配置优化决策研究"。该研究聚焦于突发公共卫生事件，综合分析传染病暴发后的应急物资分配问题，兼顾物资分配的效率性与公平性，建立和求解人道主义医药物资分配模型，以降低突发公共卫生事件造成的损失与伤害。

子研究一：人道主义医药物资的单地区动态分配问题。该文根据传染病的特点，采用动态随机规划方法建立单地区动态分配模型。同时，文中也建立了一个相应的静态随机规划模型，用以比较静态模型和动态模型的异同。通过模型的解析解对其性质加以分析，并采用数值分析进一步理解其在管理实践上的价值。

子研究二：人道主义医药物资的多地区分配问题。本部分在假设需求可以预测的基础上，提出了一个多地区的物资分配的基本模型。该模型在预测模型和分配决策模型的基础上又提出两个扩展模型，以增强模型解决实际问题的能力。最后，通过一个基于真实数据的案例研究和四个基于实验数据的测试分析，对三个模型进行比较。数值分析的结果说明了模型的可行性和三个模型之间的异同，对管理实践具有借鉴意义。

子研究三：人道主义医药物资分配中的跨部门合作问题。本部分就人道主义物流活动中加入的公共部门和私人部门，构建了四种不同合作机制下的随机规划模型，分别是：非合作模型、由政府部门领导的半合作模型、由私人部门领导的半合作模型，以及完全合作模型。求解分析和数值分析结果说明了半合作与完全合作机制分别具备的潜在优势。

主要创新点：

①开展跨学科的研究，综合应用多种理论和方法，形成比较完整、具有针对性的大规模突发公共卫生事件中的人道主义医药物资分配决策模型。

②在研究物资在时间轴上的动态分配问题时，建立动态随机规划模型并求得其解析和数值解。建立的模型更符合实际，其最优解的解析形式为实现物资的最优配置提供决策依据。

③在预测需求时，充分考虑传染病疫情的演化过程和发展规律，并进一步考虑到脆弱型人群的特殊生理特质和疫区之间的空间互动关系，为物资分配决策提供依据。

④提出决策目标时，不仅考虑了疫区居民的生理状态和物资分配的成本，也讨论了疫区居民心理情况，以优化生理和心理状态，而不是仅仅以物资最多或效率最高为分配决策的目标，更体现人道主义救援中以人为本的特征。

⑤研究公共部门与非公共部门合作开展人道主义物资分配的可能性与合作模式，并对不同的模式进行比较。

5.8 经验总结

总体来看，本人的指导策略更倾向于将博士研究生的培养与科学研究有机结合，通过鼓励博士生参与导师主持的课题项目来塑造和提升学生的科学研究能力。而且，能够入选国家自然科学基金、国家社会科学基金等纵向科研项目，其前沿性、基础性、价值性毋庸置疑，基于此类项目中提炼的基础理论问题，其创新性和现实意义相对较大。对于少数自选课题，导师在充分尊重学生个人兴趣的基础上，鼓励学生在导师有一定基础或熟悉的领域内选题，这样导师才能对研究的方向、技术路线、方法、结论等重大问题做出准确判断，才能更好地指导学生完成学位论文。

从2005年开始，我一共指导了24名博士生，其中20人已毕业，有16人在高等学校工作，占已毕业人数的80%；另有4人在企业工作，占已毕业人数的20%，博士生学位论文选题与毕业情况如表5-19所示。

表 5-19 博士生学位论文选题与毕业情况汇总

序号	姓名	类型	年级	论文选题类型	毕业时间	工作单位	职称
1	汪立东	普博－脱产	2005	自选	2009	丽水学院	副教授
2	陈达强	普博－定向	2006 春	纵向基金	2010	浙江工商大学	教授
3	陈远高	普博－定向	2006 秋	横向项目	2011	浙江财经大学	教授
4	陈素芬	普博－脱产	2006 秋	横向项目	2012	浙江师范大学	讲师
5	李雄英（泰国）	普博－脱产	2006 秋	自选	2011	泰国清迈大学	院长
6	姜泰元（韩国）	普博－脱产	2007	自选	2012	韩国群山大学	助理教授
7	俞海宏	普博－定向	2007	纵向基金	2012	宁波大学	教授
8	周蕾	普博－定向	2007	纵向基金	2012	浙江商贸职业技术学院	讲师
9	葛洪磊	普博－定向	2008	纵向基金	2012		副教授
10	李燕	普博－定向	2008	纵向项目	2014	山东大学威海分校	副教授
11	庞海云	普博－定向	2009	纵向基金	2013	浙江科技学院	副教授
12	吴桥	普博－脱产	2009	横向项目	2013	浙江万里学院	副教授
13	詹沙磊	普博－脱产	2010	纵向基金	2014	浙江工商大学	副教授
14	叶永	普博－脱产	2010	纵向基金	2014	温州医科大学	副教授
15	居水木	普博－脱产	2011	纵向基金	2015	湖州师范学院	讲师
16	何雨璇	直博	2011	纵向基金	2016	德邦物流	经理
17	肖骁	普博－脱产	2012	纵向基金	2016	阿里集团	经理
18	徐杰	普博－脱产	2013	自选	2017	江西财经大学	讲师
19	陈红	直博	2013	纵向基金	2018	IBM	咨询师
20	龚梓翔	直博	2014	纵向基金	2019	新城集团	主管
22	高嵩	普博－脱产	2015	纵向基金	2015		
22	丁潇涵	直博	2015	纵向基金	2015		
23	朱丽媛	普博－脱产	2016	纵向基金	2016		
24	张羽	直博	2016	纵向基金	2016		

第6章

CHAPTER 6

优秀研究生学位论文分析

✉ **本章要点**

本章首先讨论优秀研究生学位论文的评价；然后以浙江省和浙大管理学院为例，分别阐述优秀硕士学位论文和优秀博士学位论文的评选标准和评审程序，并对 6 篇优秀研究生（科学硕士、MBA、博士）的学位论文进行实例分析。

6.1 优秀研究生学位论文的评价

如何鉴定一篇研究生学位论文为优秀？简单地说，这里面涉及两个重要因素：一是研究生学位论文的自评价，二是研究生学位论文的外部评价。

6.1.1 研究生学位论文的自评价

所谓自评价，即学位论文本身的质量水平要高，具有显著的创新和贡献，这属于内在因素。"打铁还需自身硬"，内在因素是决定一篇学位论文能否成为优秀学位论文的最重要条件。一篇高质量的学位论文需要研究生本人的持续努力和导师的认真指导和严格要求，二者缺一不可。学位论文写作通常需要 1～2 年时间完成，其间需要不断修改完善，在时间安排上是一个持续改进的过程；在论文的组织结构方面，需要研究生学会采用系统的视角进行观察、思考和撰写论文，并与导师保持良好的沟通交流。在这方面，导师的指导思想起着非常关键的作用。在研究生指导过程中，我一直提倡"顶天立地"的研究导向。[13]

所谓"顶天"包括3点：第一，熟悉前沿理论，即熟悉与运用国际管理科学的前沿理论，能跟踪与把握热点研究领域与问题；第二，规范研究方法，即运用与国际管理科学研究接轨的、规范化的研究方法；第三，研究成果国际化，在国际管理科学重要期刊上发表学术论文、展示研究成果，力争占有一席之地。"顶天"亦可理解为对管理科学研究的理论与方法要有国际化的概括表述，熟悉前沿理论、规范研究方法、研究成果国际化，则是国际化的具体体现。

所谓"立地"包括两点：第一，抓准中国管理实际中具有普遍意义的问题——抓准问题才能立地。而管理科学研究一定要透过表面现象，抓住问题的本质。只有把握住那些深层次、具有普遍性，即具有科学理论意义的问题，完成理论升华，才能站得住脚，才能为科学理论发展做出贡献。第二，管理科学理论与中国实际相结合，能指导实际，解决实际问题——解决问题才能"立地"抓准问题，融汇古今、贯通中外，将管理科学理论与中国实际相结合，通过深入研究，指导实际并解决实际管理问题。长此以往，在此基础上将形成与产生新的管理科学理论，出现中国自己的管理科学学派。

"立地"亦可理解为对管理科学研究的问题要有本土化的概括表述，特别指能够解决中国管理本身的，即本土的、实际的管理问题；同时，本土化还指在解决中国管理实际问题的过程中博采众长，自成一家，形成既有中国特色又有普遍意义的管理科学新理论，完成理论创新。

我一直努力践行上述"顶天立地"的指导思想。我曾经指导的50多名（科学）硕士、博士研究生的学位论文，主要聚焦4个研究领域：交通运输、供应链物流、应急物流、港口物流，这些都是关系国计民生的重要领域及方向。这些研究生，尤其是博士研究生，都在相关领域方向进行了研究探索，并做出了理论创新和实践贡献。总结他们的学位论文，可以发现绝大多数都具有6个方面的特点：论文选题的前沿性、文献综述的全面性、结构内容的系统性、理论方法的先进性、研究结果的洞察性、论文写作的流畅性。

6.1.2 研究生学位论文的外部评价

研究生学位论文的外部评价，指的是一篇学位论文完成后，需要经过外审评阅、修改、答辩、投票等若干评选和评审环节，最终决定是否为优秀研究生学位论文。与自评价相比，研究生学位论文的外部评价在时间上具有短期性，一般为几个月，在结果上具有不确定性，最终根据评审专家的投票结果确定是否为优秀。

下面两节将着重阐述外部评价，即优秀研究生学位论文的评选标准和评审程序。

6.2 优秀硕士学位论文分析

关于优秀硕士学位论文，主要参考：浙江省研究生教育学会《浙江省优秀硕士学位论文评选办法（试行）》和《浙江大学管理学院优秀学位论文奖励条例》两个文件，这里简要阐述其评选标准和评审程序，并对4篇获奖论文进行实例分析。

6.2.1 浙江省优秀硕士学位论文的评选标准和评审程序

2012年前，浙江省优秀研究生学位论文的评选单位是浙江省学位委员会办公室。2012年后，评选工作由浙江省研究生教育学会负责组织举行。这里主要阐述该学会制定的《浙江省优秀硕士学位论文评选办法（试行）》（以下简称《评选办法》）中的评选标准和评审程序。

根据《评选办法》，评选工作遵循"科学公正、注重创新、严格筛选、宁缺毋滥"的原则。该办法所指的硕士学位论文是指攻读学术型学位的硕士学位论文，授予硕士专业学位的优秀硕士学位论文评选办法另行制定。凡学位与研究生教育工作归口浙江省学位委员会与浙江省教育厅的学位授予单位，均可参加评选。评选范围是上一学年度范围内授予学位的硕士论文。涉密学位论文不参加评选。攻读硕士学位期间已经具有副高及以上专业技术职务者的学位论文不参加评选。

评选标准如下：

① 论文选题为本学科前沿或紧密结合生产实际，有比较重要理论意义或应用价值。

② 论文的研究成果在理论或方法上有一定创新。

③ 论文符合学术规范要求，材料翔实，推理严密，文字表达准确。

评审程序如下：

① 评选工作由浙江省研究生教育学会负责组织举行。

② 评选工作每年举行一次，各学位授予单位根据本单位学术型硕士学位授予人数推荐参选学位论文，推荐比例为本单位上一学年度范围内授予的硕士学位论文总数的 2% 之内。按比例推荐不足 1 篇的培养单位可推荐 1 篇。

③ 浙江省优秀硕士学位论文评选实行总量控制，每年度评选的浙江省优秀硕士学位论文不超过 100 篇。

④ 同行专家评审。根据参评硕士学位论文情况，组织同行专家通讯评审或专家评选会议评选。

⑤ 评选出的浙江省优秀硕士学位论文在浙江省研究生教育学会网站上公示，公示期为 30 个工作日。任何单位或个人，如发现学位论文存在学术失范问题，可在公示期内向浙江省研究生教育学会秘书处实名书面举报，一经查实，即取消相应学位论文的评选资格，并提请学位授予单位做进一步的处理。对实名举报人的信息实行严格保密，切实保护举报人的权益。

⑥ 浙江省研究生教育学会正式发文公布浙江省优秀硕士学位论文名单。

⑦ 浙江省优秀硕士学位论文由浙江省研究生教育学会向学位论文作者及其指导老师颁发浙江省优秀硕士学位论文荣誉证书。由各培养单位给予奖励。

总体来说，因为《评选办法》面向全省范围，所以更具有宏观性和指导性。

6.2.2 浙大管理学院优秀（科学）硕士学位论文的评选标准和评审程序

与《评选办法》相比，浙大管院优秀硕士学位论文的评选标准和评审程序更加具体并具有可操作性。根据《浙江大学管理学院优秀学位论文奖励条例》（2011 年 3 月 10 日，以下简称《奖励条例》），优秀科学硕士学位论文的评选对象为学院本年度申请硕士学位的学位论文，每年评选的优秀硕士学位论文数量不超过本年度授予学位人数的 10%。

评选标准如下：

① 论文选题的意义和价值：论文选题接近或处于学科前沿，有较大实用价值或理论意义；

② 掌握该领域发展动态：论文能够反映出作者充分了解本领域国内外动态，研究的方向明确，文献阅读广泛，综述全面，归纳总结正确；

③ 论文的成果与新见解：论文在理论和实际方面有独到的新见解，切实解决实际应用或理论上的问题，或已有社会公认的阶段性成果，或已取得明显的社会、经济效益；

④ 基础理论专门知识：论文表明作者在所研究的领域已具有坚实的基础理论和系统的专门知识；

⑤ 论文难度和工作量：论文难度大、工作量饱满；

⑥ 研究思路和方法：论文研究思路和方法可行性强，数据真实可靠；

⑦ 论文写作水平：论文条理清晰，层次分明，逻辑性强，文笔流畅，格式规范，学风严谨。

优秀硕士学位论文评选工作与学位授予工作同步进行，评选程序如下：

① 硕士学位论文全部由学院统一双盲送审，每份学位论文聘请3名专家评阅；

② 评阅结果为"3优"或"2优1良"者，参加学院组织的统一答辩和优秀硕士学位论文评选；

③ 评阅结果为"1优2良"者，由作者申请、导师推荐，也可参加学院组织的统一答辩和优秀硕士学位论文评选；

④ 如硕士生发表与毕业学位论文相关的SCI或SSCI论文，学生署名第一或导师署名第一、学生署名第二，只要论文已正式发表或在线录用（online），且具有数学对象标识符（Digital Object Identifier，DOI），可申请参加学院组织的统一答辩和优秀硕士学位论文评选；

⑤ 通过学院组织的统一答辩，并被答辩委员会同意推荐为优秀硕士学位论文；

⑥ 学科学位委员会在完成学位授予工作的同时，对答辩委员会的意见进行审议，获通过者的论文会被评为当年度优秀硕士学位论文。

6.2.3 浙大管理学院优秀 MBA 学位论文的评选标准和评选程序

对于专业学位的优秀硕士学位论文，这里仅参考《奖励条例》。根据该条例，优秀 MBA 学位论文评选对象为浙大管理学院本年度申请 MBA 学位的学位论文，每年评选的优秀 MBA 学位论文数量不超过本年度授予学位人数的10%。

评选标准如下：

① 论文选题的意义和价值：论文选题面向重要现实问题，研究目的明确，有较大实用价值或理论意义；

② 理论与方法应用正确：论文反映作者充分了解本领域国内外动态；

③ 论文的成果与应用价值：论文归纳总结正确，成果具有应用价值，对企业发展有重要意义；

④ 论文工作量：论文资料丰富、内容充实、工作量饱满；

⑤ 论文写作水平：论文条理清晰，层次分明，逻辑性强，文笔流畅，格式规范。

优秀 MBA 学位论文评选工作与学位授予工作同步进行，评选程序如下：

① MBA 学位论文全部由学院统一双盲送审，每份学位论文聘请 3 名专家评阅；

② 评阅结果为"3 优"或"2 优 1 良"或"1 优 2 良"者，参加学院组织的统一答辩和优秀 MBA 学位论文评选；

③ MBA 学生发表与毕业学位论文相关的 SCI 或 SSCI 论文，学生署名第一或导师署名第一、学生署名第二，只要论文已发表或在线录用（online），可申请参加学院组织的统一答辩和优秀 MBA 学位论文评选；

④ 通过学院组织的统一答辩，并被答辩委员会同意推荐为优秀 MBA 学位论文；

⑤ 学科学位委员会在完成学位授予工作的同时，对答辩委员会的意见进行审议，获通过者的论文会被评为当年度优秀 MBA 学位论文。

6.2.4 优秀硕士学位论文的实例分析

实例一 《交通基础设施对区域经济增长的空间溢出作用研究》

该篇论文的作者是 2002 级管理科学与工程专业科学硕士生周庆明同学，该论文的选题是基于本人负责的国家社科基金项目"高速公路社会经济效益的定量分析方法与应用研究"。攻读硕士学位期间，周庆明同学发表了 3 篇学术论文：

● 刘南，周庆明.企业集群、特色工业园区与区域经济发展.经济论坛，2004（21）.

● 刘南，周庆明.交通基础设施建设投资对国民经济拉动作用的定量分析.公路交通科技，2006（5）.

● N.Liu, Y.Chen and Q.Zhou. Spatial Spillovers Effects of Transport Infrastructure on Regional Economic Growth: The Case of Zhejiang Province. *Journal of Southeast University (English Edition)*, December 2007（EI 收录）。（该论文在国际会议上报告过：the 11th International Conference of Hong Kong Society for Transportation Studies (HKSTS), December 9-11, 2006, Hong Kong.）

周庆明的硕士论文被评为 2005 年度浙江省优秀研究生学位论文（见图 6-1）。论文的研究背景是：基础设施是一个国家或地区经济发展的基础条件，决定着经济持续发展的速度和潜力。世界银行在调查了世界上诸多国家的基础设施存量和人均 GDP 之后，认为一个国家的基础设施能力与其经济产出是同步增长的——基础设施存量增长 1%，GDP 就会增长 1%。因此，大部分经济学家和交通决策者倾向于认为交通基础设施是实现经济腾飞的一个必备条件，但是此观点从来没有得到过深入研究和证实。不同于大部分只集中研究交通基础设施对生产的促进作用的研究，该文创新性地探索了交通基础设施如何改变区域经济活动区位选择。

该文的核心观点是交通基础设施对其所在区域外的其他区域同时具有正溢出和负溢出作用。一方面，良好的交通基础设施将各区域连为整体，减少运输成本，使得区域经济联系更加紧密，区域间相互带动发展，即为正溢出作用。另一方面，交通基础设施较好的区域会吸引较差区域的经济要素流入本地，本地的发展建立在外地的经济损失之上，即为负溢出作用。

长江三角洲地区，是我国经济最发达地区之一，高速公路对"长三角"经济一体化发挥着日益重要的作用。自20世纪90年代起，浙江省的高速公路建设得到飞速发展。该文运用了空间计量经济学的空间权重矩阵为核心工具，建立生产函数模型，以浙江省为例，研究交通基础设施对浙江省各市经济发展的影响，利用交通基础设施的溢出作用推动浙江省经济的均衡增长，减少各市经济增长的两极分化，以保持浙江省经济的快速、持续、平衡、稳定、健康发展。作者在介绍了相关概念和文献综述之后，首先论证了交通基础设施经济溢出作用的理论假说，然后运用空间权重矩阵工具建立了交通基础设施经济溢出作用的经济计量模型。接下来作者介绍了经济计量模型的估计方法及检验方法。最后作者将浙江省11个市1994—2003年的相关数据代入经济计量模型，探索交通基础设施对各市经济增长的溢出作用。

经过分析，作者认为浙江省各市的经济发展模式是资本驱动型经济增长，本地公路基础设施是经济增长的基本条件，外地公路基础设施对本地经济增长具有显著正溢出作用。在最终结论方面，除了得出外地交通基础设施可以促进本地经济增长的结论外，作者还添加了美国48州数据、工业化7国等数据来验证模型，产出弹性均为不显著，该文只能接受交通基础设施不能为经济增长提供解释的结论。

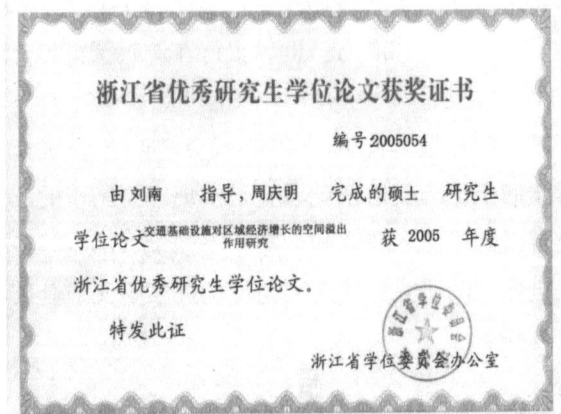

图6-1　周庆明的硕士论文荣获2005年度浙江省优秀研究生学位论文

实例二 《上海国际航运中心集装箱港口体系研究》

该篇论文的作者是 2003 级管理科学与工程专业科学硕士生刘国清同学，该论文的选题是基于本人负责的浙江省社会科学基金重点项目"长三角区域港口协调规划的系统研究"。在攻读硕士学位期间，刘国清同学发表了一篇学术论文：

● 刘南，刘国清.上海国际航运中心集装箱港口体系研究.海洋开发与管理，2005（6）.

刘国清同学的硕士论文被评为浙江大学管理学院 2006 年度优秀硕士学位论文（见图 6-2）。论文的研究背景如下：由于全球经济一体化进程加快，以及世界贸易的高速发展，港口作为全球物流的重要节点，在全球供应链中所起的增值作用越来越明显，同时在全球经济发展中的地位也越来越重要。近年来，以中国为代表的亚太国家经济迅速发展，世界贸易的中心逐步向这一地区转移。截至 2003 年，亚洲地区港口集装箱吞吐量占世界总的港口集装箱吞吐量的 62.3%，我国已经超越美国成为世界上最大的集装箱货源地。该文聚焦于上海国际航运中心港口群中的中心港口上海港，和主要港口宁波港（作为我国港口竞争力研究的典范），从港口群的空间结构和相邻港口对交叉腹地的货源吸引力两个方面，研究港口的定位和竞争力。

作者在文献综述中介绍了相关概念后，主要梳理了港口集装箱市场份额理论模型，介绍了集装箱港口体系集中度的测算方法、分地区市场份额数据的定量分析方法和市场吸引力模型。在之后的实证分析中，该文首先运用 HHI 指数模型和偏移—分享分析法，对上海国际航运中心港口群各港口的集装箱吞吐量数据进行定性和定量相结合的分析，研究港口群的空间结构。在此基础上运用区位商研究上海港和宁波港在浙江省各地区的腹地分布。然后，运用单位根检验、协整检验和格兰杰因果检验等计量经济方法，分析上海港和宁波港在浙江省各地区的货源市场中，所面临的竞争以及竞争的激烈程度。基于定性和定量研究的结果，作者认为上海国际航运中心集装箱港口群处于高度集中的状态，该港口群未来的空间结构可能是上海港和宁波港双枢纽港的模式。

该文的创新点在于对港口的竞争力进行较为全面和系统的分析与研究，运用市场区位商以及单位根检验和协整检验等计量经济学方法，研究港口之间对于一定区域内的货源竞争力。该文是国内较早对上海国际航运中心的集装箱港口体系及其未来趋势做出系统分析的研究，这对加快建成上海国际航运中心，具有重大的实践意义。

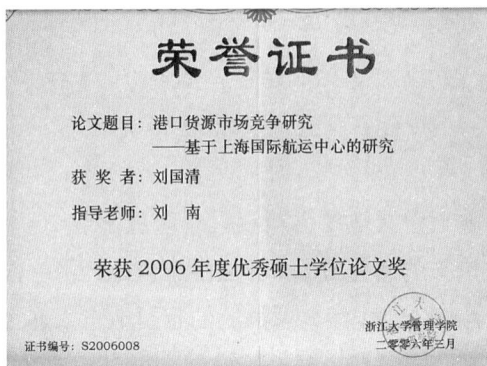

图 6-2 刘国清的硕士论文荣获 2006 年度浙江省优秀研究生学位论文

实例三 《带公平因素的多时段、多方式拥挤定价模型研究》

该篇论文的作者是 2005 级管理科学与工程专业科学硕士生潘小森同学，该论文的选题是基于本人负责的国际自然科学基金项目"城市道路系统多时段次优拥挤定价的效率和公平问题研究"。在攻读硕士学位期间，潘小森同学有一篇论文成果：

● Nan Liu, Daqiang Chen, and Xiaosen Pan. Second-best Congestion Pricing Models and Efficiency Analysis with Multiple Time Periods and Travel Modes for Urban Highway Systems *Presented at TRB 87th Annual Meeting*, January 13-17, 2008, Washington, D.C.

此外，潘小森同学硕士论文的部分内容被收录在专著《城市道路拥挤定价理论、模型与实践》（科学出版社，2009 年 6 月）中，这本专著分别荣获教育部第六届高等学校科学研究优秀成果奖三等奖（人文社会科学）、浙江省第十六届哲学社会科学优秀成果奖三等奖。

潘小森同学的硕士论文被评为浙江大学管理学院 2007 年度优秀硕士学位论文（见图 6-3）。论文的研究背景如下：随着我国经济的迅速发展和城市化进程的加快，汽车拥有量也像其他发达国家一样迅速增长，从而导致交通拥挤日趋严重。像传统地依靠新建、扩建道路等方法来增加交通设施供给能力的手段已不能达到有效缓解交通拥挤的目的，越来越多的交通政策制定者已认识到加强交通需求管理的重要性。拥挤定价作为一种交通需求管理策略在国内外受到广泛重视。

作者在多时段简单路网模型的基础上，加入多出行方式和多用户维度，构造带公平因素的多时段、多方式拥挤定价模型，考虑多时段、多出行方式、多路径和用户 4 个维度，首先研究空间、时间与出行方式维度的交叉影响，然后再考虑不同类型用户的公平问题。在数值模拟阶段，作者着重模拟分析高峰期和非高峰期两个时段、公交车和小汽车两种出行方式以及有着不同交通出行需求弹性的用户的次优拥挤定价模型算例，为拥挤定价方案实施提供理论依据和政策启示。

该论文建立了多时段、多方式拥挤定价模型，并且研究了带公平因素的多时段、多方式拥挤定价模型。在空间和时间两个维度的基础上，进一步结合了出行方式和用户这两个维度，研究空间、时间、出行方式与用户 4 个维度的交叉影响。通过对模型中不同时段、不同路段、不同出行方式、不同用户选择的参数进行合理赋值并选择一简单路网做模拟研究，采用一阶求偏导方法求解优化模型，从拥挤定价对交通流量、拥挤费用、社会福利和不同类型的用户的影响 4 个方面展开分析，模拟算例应用 MATLAB 软件计算实现，结果显示模型与算法是有效的。

模拟结果表明，在不考虑不同类型用户的公平问题时，在实施拥挤定价政策后，交通量由高峰期向非高峰期转移，交通量由收费路段向不收费路段转移，交通量由小汽车出行方式向公交车出行方式转移以及总交通量的减少和总出行人流量的增加。拥挤收费可以增加社会福利，但社会福利的增加并不总是伴随着交通拥挤的改善。在高峰期收费或增加选择公交车出行的用户的出行量更能促进社会福利的增加。在考虑用户的异质性后，总体来说，拥挤定价政策对交通量、拥挤费率和社会福利的影响没有大的改变。

该文的创新点主要体现在建模上。作者建立了多时段、多方式简单路网次优拥挤定价模型，然后为了考虑到公平因素，又加入了用户维度，完整考虑了空间、时间、出行方式与用户4个维度。此外，作者采用了在路网中增加超量路径以达到将弹性需求转换成固定需求求解的方法，并通过计算结果的比较验证了该方法的可行性，为将来研究多时段、多方式、多用户一般路网拥挤定价模型奠定了一些基础。

图 6-3　潘小森的硕士论文荣获 2007 年度浙江省优秀研究生学位论文

实例四　《制造型企业生产性供应商管理优化研究——以 OC 公司为例》

该篇论文的作者是 2015 级 MBA 李超同学。该论文的选题方式是自选。李超同学的硕士论文荣获 2018 年度浙大管院优秀学位硕士论文奖（见图 6-4）。作者就职于西子奥的斯电梯公司，论文首先对该公司供应商管理的现状进行梳理，分析数据并通过图表展示现在供应商管理中存在的不足，然后运用供应链管理理念，通过应用决策分析工具，通过与内部客户访谈调查，使用分类分析方法，建立标准操作流程等，最终提出优化方案，从而达到供应商绩效的提高以及供应商管理水平的提升。

该论文采用定性与定量结合的研究方法：第一，在供应商评价选择中使用层次分析法；第二，在供应商绩效管理中通过 MFA（多因素认证）工具获得客户反馈，找到客户关心的改进点。同时对产品分类，建立基于部件的绩效管理，并完善公司的奖罚流程。第三，在对供应商的风险评估中，运用风险管理理论，结合供应商面临的内外部环境，建立风险评估体系，并形成部门层面的标准流程。

　　该论文利用改进后的绩效数据验证改进效果，包括供应商评价选择、绩效指标、客户满意度和风险评估等指标。论文通过供应商管理优化，提高了OC公司供应商管理的能力，提升了供应商的绩效，同时，公司的营运水平也大幅度提升，公司产品在市场上也获得更多的认可，建立了双赢的供应商关系。该论文的结论也为同类行业的供应商管理提供理论和实际操作的经验。

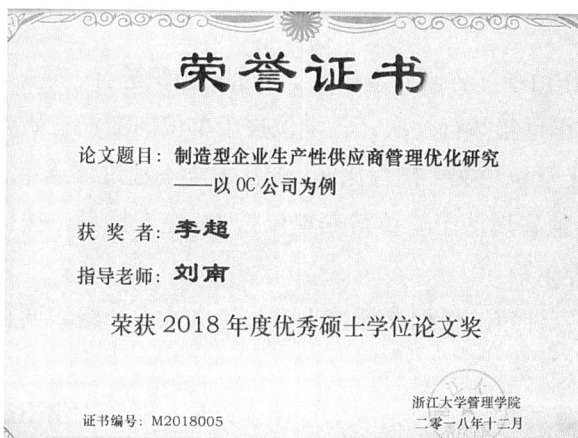

图6-4　李超的硕士论文荣获2018年度浙大管院优秀学位硕士论文奖

6.3　优秀博士学位论文分析

　　关于优秀博士学位论文，主要参考：浙江省教育学会制定的《浙江省优秀博士学位论文评选办法（试行）》和《浙江大学管理学院优秀学位论文奖励条例》两个文件，这里简要阐述其评审标准和评审程序，并对两篇论文进行实例分析。

6.3.1　浙江省优秀博士学位论文的评选标准和评审程序

　　根据《浙江省优秀博士学位论文评选办法（试行）》，评选工作遵循"科学公正、注重创新、严格筛选、宁缺毋滥"的原则。凡学位与研究生教育工作归口浙江省学位委员会与浙江省教育厅的博士学位授予单位，均可参加评选。评选范围是上一学年度范围内授予学位的博士论文。涉密学位论文不参加评选。攻读博士学位期间已经具有副高及以上专业技术职务者的学位论文不参加评选。

评选标准如下：

① 论文的选题为本学科前沿，具有重要的理论意义或现实意义。

② 论文的研究成果在理论或方法上有创新，达到同类学科的国内领先水平或国际先进水平，具有较好社会效益或应用前景。

③ 论文撰写应符合学术规范要求，材料翔实，推理严密。

评审程序如下：

① 评选工作由浙江省研究生教育学会负责组织进行。

② 评选工作每年举行一次，各学位授予单位向浙江省研究生教育学会推荐候选优秀博士学位论文，推荐比例：浙江大学不超过评选年度授予博士学位总数的2%，其他省属博士学位培养单位按4%左右推荐，按比例不足1篇的培养单位可推荐1篇。

③ 同行专家评审。根据参评博士学位论文情况，组织同行专家通讯评审或专家评选会议评选。

④ 浙江省优秀博士学位论文每年评选数量，浙江大学不超过评选年度本单位授予博士学位人数的1%，其他省属博士培养单位原则上评选5篇左右。其余的高质量博士学位论文可评选一定数量的浙江省优秀博士学位论文提名论文，但每年不超过30篇。

⑤ 评选出的浙江省优秀博士学位论文在浙江省研究生教育学会网站上公示，公示期为30个工作日。任何单位或个人，如发现学位论文存在学术失范问题，可在公示期内向浙江省研究生教育学会秘书处实名书面举报，一经查实，即取消相应学位论文的评选资格，并提请学位授予单位做进一步的处理。对实名举报人的信息实行严格保密，切实保护举报人的权益。

6.3.2 浙大管理学院优秀博士学位论文的评选标准和评审程序

与浙江省的评选相比，浙大管院的优秀博士论文评选标准和评审程序也更加具体并具有可操作性。评选对象为学院本年度申请博士学位的学位论文，每年评选的优秀博士学位论文数量不超过本年度授予学位人数的10%。

评选标准如下：

① 论文选题的意义和价值：论文选题要有深度，有重要的理论意义或现实意义，接近或处于学科前沿。

② 掌握该领域发展动态：论文反映作者全面了解所涉及领域的国内外动态和最新进展，文献阅读广泛，综述全面，评述得当，归纳总结正确。

③ 论文的成果与创新：在科学理论、专门技术或研究方法上有创新，并取得突破性进展，达到同类学科国内领先或国际先进水平；已发表高水平的学术论文。

④ 理论水平和科研能力：论文表明作者在所研究的领域具有坚实的基础理论体系和系统深入的专门知识，具备很强的独立从事科研工作的能力。

⑤ 论文难度和工作量：论文难度大、工作量大。

⑥ 论文写作水平：论文推理严密，材料翔实，数据可靠，条理清晰，层次分明，逻辑性强，文笔流畅，格式规范，学风严谨。

优秀博士学位论文评选工作与学位授予工作同步进行，评选程序如下：

① 博士学位论文全部由学院统一双盲送审，每份学位论文聘请 5 名专家评阅。

② 评阅结果为"5 优""4 优 1 良"者，参加学院组织的统一答辩和优秀博士学位论文评选。

③ 评阅结果为"3 优 2 良""2 优 3 良"者，由本人申请、导师推荐，也可参加学院组织的统一答辩和优秀博士学位论文评选。

④ 如博士生发表与毕业学位论文相关的 SCI 或 SSCI 论文，学生署名第一或导师署名第一、学生署名第二，只要论文已发表或在线录用（online），可申请参加学院组织的统一答辩和优秀硕士学位论文评选。

⑤ 通过学院组织的统一答辩，并被答辩委员会同意推荐为优秀博士学位论文。

⑥ 由学科学位委员会在完成学位授予工作的同时，对答辩委员会的意见进行审议，获通过者被评为当年度优秀博士学位论文。

6.3.3 实例分析

实例五 《基于信息更新的应急物资配送公平与效率协调研究》

该篇论文的作者是 2010 级管理科学与工程专业普博生詹沙磊同学，该论文的选题是基于本人负责的国家自然科学基金重大研究计划"非常规突发事件应急管理研究"培育项目"基于组群信息刷新的非常规突发事件资源配置优化决策研究"。攻读博士学位期间，詹沙磊同学先后在国内外知名期刊发表了多篇高水平论文：

● 詹沙磊，刘南．基于模糊目标规划的应急物流多目标随机规划模型．中国机械工程，2011，22（23）：2858-2862.

● 詹沙磊，刘南．基于灾情信息更新的应急物资配送多目标随机规划模型．系统工程理论与实践，2013，33（1）：159-166.（EI 收录）

● N.Liu and S.Zhan. The framework and operational mechanism of integrated logistics information platform for a large logistics enterprise in China. *International Journal of E-Trade*, 2013, Volume 3, Number 2, December 31.

● S.Zhan, N.Liu* and Y.YE, Coordinating efficiency and equity for relief allocation with disaster scenario information updates, *International Journal of Systems Science*, Volume 45, No. 8, 2014, 1607-1621. (SCI)

● S.Zhan and N.Liu*, Determining the optimal decision time of relief allocation in response to disaster via relief demand updates, *International Journal of Systems Science*, 2015, Vol. 47, No. 3, 509 - 520. (SCI 收录)

其中论文《基于灾情信息更新的应急物资配送多目标随机规划模型》被评为 2015 年度 F5000 论文（中国精品科技期刊顶尖学术论文）（见图 6-5）。

图 6-5 2015 年度 F5000 论文（中国精品科技期刊顶尖学术论文）入选证书

詹沙磊同学的博士论文进入了管理学院优秀博士论文答辩程序，但最终因为票数不够没能被评上优秀博士论文，非常遗憾。该论文将信息更新作为一种杠杆，来协调应急物资配送问题的公平和效率之间的冲突。具体是通过信息更新的方式，来寻求最优的对灾害响应的时延。通过该时延，决策者能够获得足够准确的应急物资需求信息，从而保障应急物资配送的公平性；且少许效率的牺牲能够为灾民所接受。该论文包括 5 个子研究：

子研究一：确定性环境下无信息更新的配送中心和应急物资配送问题。该部分基于储备中心、配送中心（出救点）和受灾点构成的三层应急物资配送网络，将物流时间和需求满足度集成设计成灾民等待应急物资的损失函数，建立了一个基于目标规划的应急物资配送多目标决策优化模型，并通过 2007 年温州抗击圣帕台风的应急物资配送实例分析了模型的实用性。

子研究二：不确定环境下和无信息更新的出救点选址和应急物资配送问题。该部分基于出救点和受灾点构成的双层应急物资配送网络，建立应急物资配送的多目标随机规划和机会约束规划模型，并提出了基于"加权排序法"的模糊目标规划求解该多目标问题，并通过算例证明了该解法适合应用于解决应急物资配送中的公平与效率问题。

子研究三：不确定环境下和灾情更新的应急车辆选址—物资配送问题。该部分基于出救点和受灾点构成的双层应急物资配送网络，将统计决策与运筹规划相结合，应用贝叶斯序贯决策方法建立基于灾情更新和单运输方式的应急物资配送多目标决策模型。通过设计一个决定最优停止观测时刻的决策规则，来确定在决策者做出物资配送决策之前，可以承受的关于应急响应时间的最大延迟。并在此基础上，研究了不确定环境下和灾情更新的应急资源扩建—物资配送问题。结合目标规划和机会约束规划，建立了基于灾情更新和多运输方式的应急物资配送多目标决策模型。最后将模型应用到基于2006年温州抗击桑美台风的算例，分析了灾情更新在权衡公平与效率问题时的价值和优势。

子研究四：不确定环境下和需求更新的车辆路径选择和应急物资配送问题。该部分基于出救点和受灾点构成的双层应急物资配送网络，考虑单一的公路运输方式，设计一种通过已知需求灾区对未知需求灾区的需求进行贝叶斯更新的新的需求更新方式，由此建立应急物资配送模型。并将该模型应用于某台风救灾实例，实例分析表明了模型的求解速率与精度，并找到了最优"决策点"，实现了救灾品配送公平和效率的平衡。

子研究五：不确定环境下和需求更新的车辆路径选择和应急物资配送问题。该部分在子研究四的基础上，建立了基于灾情更新和多运输方式的应急物资配送决策模型。文中利用贝叶斯序贯决策方法，将模型设计成最优停止问题。最后将模型应用到某台风救灾实例，分析了用改进的分支定解法求解混合整数规划问题的优势，并从损失函数的角度分析了稍迟推迟决策的优点。

主要创新点：

①研究视角与理论观点的创新。在研究视角上，该研究具有跨学科的特征，涉及突发事件演化的灾害机理、应急资源配置优化决策、信息更新等灾害学、管理学和统计决策问题；在研究范式上，基于灾害系统理论和灾害链理论，结合突发事件的演变规律，将资源的空间特性、决策信息和决策时间3个重要因素一同纳入应急资源配置优化决策的分析框架。

②研究方法的创新。鉴于有关应急物资配送问题的研究大多数是基于灾

害信息是不随时间变化的，且未见将贝叶斯分析应用于应急物资配送问题中，故该论文将统计决策与运筹规划相结合，应用贝叶斯序贯决策方法建立基于信息更新的应急物资配送决策模型。

实例六 《港口—腹地集装箱多式联运的网络弹性的提升研究》

该篇论文的作者是 2013 级管理科学与工程专业直博生陈红同学，该论文的选题是基于本人负责的国家自然科学基金面上项目"非常规突发事件下港口—腹地物流运输网络弹性的测度与优化研究"。攻读博士学位期间，陈红同学先后在国际知名期刊发表了 3 篇高水平论文：

- H.Chen, N.Liu*, and Y.He. Remanufacturing of Electronic Products in Bonded Port Area across Home and Foreign Markets: Approach Based on Closed-Loop Supply Chain Model, *International Journal of Logistics Management*, 2016, Vol. 27, No. 2, pp. 309 – 334. SSCI 收录

- H.Chen, K.Cullinane and N.Liu*. Developing a Model for Measuring the Resilience of a Port-Hinterland Container Transportation Network. *Transportation Research Part E*. 97 (JAN 2017), pp. 282 – 301. SCI 收录

- H.Chen, J.S.L.Lam and N.Liu*. Strategic Investment in Enhancing Port-Hinterland Container Transportation Network Resilience: A Network Game Theory Approach, *Transportation Research Part B* (交通运输类国际顶级期刊，浙大管院 A 类期刊) (2018), 111: 83–112. SCI. SSCI 收录

其中，论文 "Remanufacturing of Electronic Products in Bonded Port Area across Home and Foreign Markets: Approach Based on Closed-Loop Supply Chain Model" 荣获 2014 航运港口机场国际论坛（IFSPA）最佳论文奖；论文 "Strategic Investment in Enhancing Port-Hinterland Container transportation Network Resilience: A Network Game Theory Approach" 荣获 2019 年度浙江大学第五届学生人文社会科学研究优秀科研成果奖一等奖。

陈红的博士论文荣获浙大管院 2018 年度优秀博士学位论文奖。该论文考虑到多式联运在运输成本、运作效率和环境保护方面的独特优势，着重对港

口—腹地集装箱多式联运网络弹性的提升问题进行系统研究，以期保证该网络足够稳健和灵活，能够有效抵抗各种非常规突发事件的威胁和冲击，具有切实的现实意义和重要的理论创新价值。该论文包括 3 个子研究：

子研究一：港口—腹地集装箱多式联运网络弹性的事前预防提升研究。聚焦于非常规人为突发事件的事前阶段，从集装箱运输服务提供商的角度，考虑不同参与方间复杂的商业关系，基于网络博弈理论构建数学模型，在战略层面研究个体参与方的事前预防投资决策对网络整体弹性水平提升的作用影响。然后，通过实地走访调研宁波舟山港集团，将理论模型得出的纳什均衡解的理论分析结果与宁波舟山港案例研究的数值仿真实验结果相结合，为事前预防阶段的网络弹性提升问题提供管理启示与政策建议。

子研究二：港口—腹地集装箱多式联运网络弹性的事后恢复提升研究。聚焦于非常规突发事件的事后阶段，从集装箱货主的角度构建两阶段整数规划模型，在运营层面研究即时恢复措施对网络弹性水平提升的作用影响。然后，将构建的理论模型应用于瑞典哥德堡港及其腹地的公铁联运网络中，通过实地调研和数值仿真实验，对该案例网络在 3 种非常规突发事件情境下的弹性水平进行定量测度与比较，分析不同事后即时恢复措施对网络弹性水平提升的作用影响，为事后恢复阶段的网络弹性提升问题提供管理启示与政策建议。

子研究三：港口—腹地集装箱公水联运网络弹性全面评价与优化研究。从弹性概念出发，在文献研究的基础上，基于多位学术界和业界资深专家的专业意见，构建港口—腹地集装箱公水联运网络应对非常规自然突发事件的弹性评价体系。该评价体系旨在对网络弹性进行全面而系统的综合评估，包括在事前预防和事后恢复阶段、战略层面和运营层面上的弹性建设能力，以定量和定性分析研究方法相结合的实证研究对那些无法在数学理论模型中被研究的，但又对网络弹性能力有着重要影响的因素做进一步深化研究与讨论。然后，将此弹性评价体系应用于我国长江和珠江水系的港口—腹地集装箱公水联运网络具体案例中，通过收集相关一手数据和二手数据，利用基于证据推理法改进的层次分析法对这两个案例网络的弹性进行比较评价。评价结果可用于定位这两个案例网络中的弹性弱点，为其弹性的提升与全面优化提供政策建议与管理启示。

论文的主要创新点：

①研究问题的创新。该文将弹性概念应用于交通运输领域中，聚焦于港

口—腹地集装箱公铁联运网络和公水联运网络在非常规人为和自然突发事件下的弹性问题研究，既丰富了港口—腹地集装箱运输系统的研究，也拓展了弹性概念的应用范围，填补了该领域的研究空白。

②研究思路的创新。该文以"先分开再综合"的思路，对非常规突发事件下港口—腹地集装箱多式联运网络弹性的提升问题进行了系统研究，先分别在事前阶段的战略层面基于预防措施、在事后阶段的运营层面基于即时恢复措施，对网络弹性的提升问题进行讨论，然后再基于网络弹性的综合评价结果对网络弹性的系统优化进行详细分析。

③研究方法的创新。该文综合运用多种研究方法，包括创造性地使用网络博弈理论研究网络参与方间复杂的商业关系对网络弹性提升的影响，创造性地从货主角度构建整数规划模型研究即时恢复措施对网络弹性提升的作用，以及创造性地提出基于证据推理法改进的层次分析法对网络弹性进行全面评价与优化研究等，将理论与实证研究相结合、将定量与定性研究相结合。

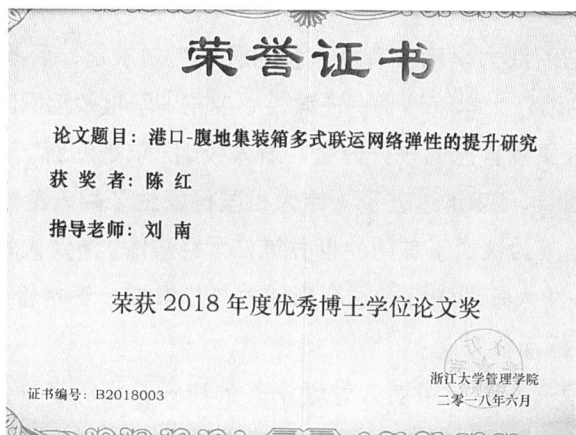

图6-6 陈红博士论文荣获浙大管院2018年度优秀博士学位论文奖

  说起来我与浙江大学确实有缘，我的原名叫刘求是，后改名刘南。1999年我从美国来到浙江大学管理学院任教，心中充满了报效祖国的信念，愿意为建设强大的祖国贡献自己的一分力量，浙大校训"求是创新"一直鼓舞着我不断奋进。蓦然回首，22年过去了，伟大祖国已发生了翻天覆地的变化，中国正在迅速崛起，成为仅次于美国的世界第二大经济体；浙江大学也逐步向世界一流大学迈进；浙大管理学院的国际影响力与日俱增，正朝着"世界一流的中国管理学院"目标而努力。

  这期间，我有幸参与了浙大管理学院的建设，经历了学院的快速发展，尤其是我所从事的管理科学与工程学科的发展壮大——成为国家重点学科，在教育部学科评估中位列全国并列第二和 A 类。我个人从一个而立青年成长为物流运输领域有建树的教授学者，能为浙江大学和管理学院的发展建设做出贡献，感到由衷的自豪和欣慰。2020 年是浙江大学管理学院成立 40 周年，在此衷心感谢浙江大学和管理学院一直以来对我工作的大力支持，祝愿浙大管院的明天更加辉煌！

  本书从构思到完成历时一年多时间，以研究生培养指导为主线，真实地记录了我在浙大管院任教 20 多年的种种经历和美好回忆，可以看作一部我在浙江大学工作的回忆录。每当我在办公室翻阅那一篇篇硕士、博士毕业论文，思绪万千，桃李满天下的感觉就会油然而生。的确，研究生导师的指导工作是辛苦的，但又是崇高和令人自豪的，因为我们为国家和社会培养了众多有用的人才！

最后，我想以下列名言作为本书的结束语：

当你白发苍苍、垂垂老矣、回首人生时，你需要为自己做过的事感到自豪。你的物质生活和得到的承认，都不会让你自豪。只有那些受你影响、被你改变过的人和事，才会让你自豪。

——朱棣文（美国斯坦福大学物理学教授，1997年诺贝尔物理学奖得主、美国能源部前部长）

附　录

2.1　安泰经济与管理学院管理科学与工程（学术型硕士）课程设置

课程模块	课程类别	课程名称 ※ 标为 GPA 课程	学分	开课时间	课程性质	备注
公共基础课（大陆学生）	—	※ 学术英语	2	春 I	必修	
	学术道德规范与写作类课程	学术协作、规范与伦理	1	秋 II	必修	
	思想政治理论类课程	中国特色社会主义理论与实践研究	2	秋 I	必修	
		自然辩证法概论	秋 I	必修		
公共基础课（港澳台生）	—	※ 学术英语	2	春 I	必修	
	学术道德规范与写作类课程	学术协作、规范与伦理	1	秋 II	必修	
	人文社科类课程	中国宏观经济分析	2	秋 I	限选	至少修读 3 学分
		中国经济专题	3	春 I	限选	
	思想政治理论类课程	中国特色社会主义理论与实践研究	2	秋 I	限选	
		自然辩证法概论	1	秋 I	限选	
公共基础课（留学生）	—	※ 学术英语	2	春 I	必修	
	学术道德规范与写作类课程	学术写作、规范与伦理	1	秋 II	必修	
	中国文化类课程	汉语	4	秋 I	必修	
		中国文化概论	2	秋 I/春 I	必修	

课程模块	课程类别	课程名称 ※ 标为 GPA 课程	学分	开课时间	课程性质	备注
专业基础课	学科基础类	※ 多元统计分析	3	秋 I	必修	中文授课，中 / 英文授课班 2 选 1
		※ 多元统计分析	3	春 I	必修	英文授课，中 / 英文授课班 2 选 1
		※ 中级微观经济学	3	秋 I	必修	可用 X120535 "高级微观经济学" 替代
		※ 运筹学：确定性模型	3	秋 I	必修	以下方向必修：①金融工程及风险管理；②优化与运作管理；③ 信息系统及管理
		※ 运筹学：随机性模型	3	春 I		
		※ 高阶运筹学	3	秋 I	必修	以下方向必修：④技术创新及管理；可用 "运筹学：确定性模型" 或 "运筹学：随机性模型" 替代
	研究工具类	※ 问卷调查	1	秋 I	限选	至少选修 2 学分
		※ 数据采集与分析	1	秋 I	限选	
		※ 定性研究	1	春 I	限选	
		※ 实验研究	1	春 I	限选	
		实验经济学	2	春 I	限选	
	研究理论类	管理思想	2	秋 I	限选	至少选修 2 门课程
		计量经济学	3	秋 I	限选	
		高级宏观经济学	3	春 I	限选	
		经济博弈论	2	春 I	限选	
		博弈论	3	春 I	限选	
		管理研究哲学	2	秋 II	限选	

续表

课程 模块	课程 类别	课程名称 ※标为GPA课程	学分	开课 时间	课程 性质	备注
专业前沿课		大数据与应用商务分析	3	秋II	限选	至少选修2学分
		管理科学与工程专题I	1	春I	限选	
		管理科学与工程专题II	1	秋II	限选	
		管理科学与工程专题III	1	秋II	限选	
专业选修课		金融经济学	3	春I	选修	预先修读"中级微观经济学"
		计算文本分析	2	春I	选修	
		投资科学	3	秋II	选修	预先修读"运筹学：确定性模型和随机性模型"
		系统建模与仿真	2	秋II	选修	
		金融中的优化方法	3	秋II	选修	多元统计分析；系统建模与仿真课程同时也属于优化与运作管理类课程模块
		供应链设计与管理	2	春I	选修	需预先修读"运筹学：确定性模型"
		运营系统优化模型与算法	3	春I	选修	
		可持续供应链管理	2	秋II	选修	预先修读"多元统计分析"
		服务运营系统	3	秋II	选修	预先修读"运筹学：确定性模型"
		动态定价与收益管理	3	秋II	选修	预先修读"运筹学：确定性模型和随机性模型"
		随机动态规划	3	秋II	选修	
		整数规划与组合最优化	3	春II	选修	
		网络设计与优化	3	春II	选修	

续表

课程 模块	课程 类别	课程名称 ※ 标为 GPA 课程	学分	开课 时间	课程 性质	备注
专业选修课		库存管理与生产系统	2	春 I	选修	
		运营计划与调度	2	秋 II	选修	预先修读"运筹学：确定性模型"
		系统建模与仿真	2	秋 II	选修	预先修读"运筹学：确定性模型和随机性模型""多元统计分析"
		组织与信息系统	3	春 I	选修	
		互联网与商务模式	3	春 I	选修	
		决策支持与商务智能	3	秋 II	选修	
		信息系统前沿	2	秋 II	选修	
		技术经济学	2	春 I	选修	
		技术创新管理	2	春 I	选修	
		科技政策	2	春 I	选修	
		创新管理前沿	2	春 I	选修	
		行为研究中的高阶统计方法	2	秋 II	选修	

资料来源：安泰经济与管理学院 2019 级学术型硕士修业指南

2.2 安泰经济与管理学院管理科学与工程（学术型博士）课程设置

课程 模块	课程 类别	课程名称 ※ 标 为 GPA 源课程	学分	开课 实践	课程 性质	备注
公共基础课 （大陆学生）		※ 学术英语	2	春 I	必修	
	思想政治理论类课程	马克思主义与当代	2	秋 I	必修	
	学术道德规范与写作类课程	学术写作、规范与伦理	1	秋 II	必修	

续表

课程模块	课程类别	课程名称 ※ 标 为 GPA 源课程	学分	开课实践	课程性质	备注
公共基础课（港澳台生）	学科基础类	※ 学术英语	2	春 I	必修	
	思想政治理论类课程	马克思主义与当代	2	秋 I	限选	至少修读 2 学分
	人文社科类课程	中国宏观经济分析	2	秋 I	限选	
	人文社科类课程	中国经济专题	3	春 I	限选	
	学术道德规范与写作类课程	学术写作、规范与伦理	1	秋 II	必修	
公共基础课（留学生）		※ 学术英语	2	春 I	必修	
	中国文化类课程	中国文化概论	2	春 I	必修	
	中国文化类课程	汉语	4	秋 I	必修	
	学术道德规范与写作类课程	学术写作、规范与伦理	1	秋 II	必修	
专业基础课	学科基础类	※ 多元统计分析	3	秋 I	必修	中文授课，中 / 英文授课班 2 选 1
		※ 多元统计分析	3	春 I		英文授课，中 / 英文授课班 2 选 1
		※ 高级微观经济学	3	秋 I	必修	
		※ 运筹学：确定性模型	3	秋 I	必修	以下方向必修：① 金融工程及风险管理；② 优化与运作管理；③ 信息系统及管理
		※ 运筹学：随机性模型	3	春 I		

课程模块	课程类别	课程名称 ※标为GPA源课程	学分	开课实践	课程性质	备注
专业基础课	学科基础类	※高阶运筹学	3	秋I	必修	以下方向必修：④技术创新及管理；可用X120634"运筹学：确定性模型"或X120635"运筹学：随机性模型"替代
专业基础课	研究工具类	※问卷调查	1	秋I	限选	至少选修2学分
		※数据采集与分析	1	秋I	限选	
		※定性研究	1	春I	限选	
		※实验研究	1	春I	限选	
		实验经济学	2	春I	限选	
	研究理论类	管理思想	2	秋I	限选	至少选修2门课程
		计量经济学	3	秋I	限选	
		高级宏观经济学	3	春I	限选	
		博弈论	3	春I	限选	
		管理研究哲学	2	秋II	限选	
专业前沿课		学术报告会	1	春/秋	必修	至少选修2学分
		大数据与应用商务分析	3	秋II	选修	
		管理科学与工程专题I	1	春I	选修	
		管理科学与工程专题II	1	秋II	选修	
		管理科学与工程专题III	1	秋II	选修	
专业选修课		金融经济学	3	春I	选修	预先修读"中级微观经济学"
		计算文本分析	2	春I	选修	

续表

课程模块	课程类别	课程名称 ※标为GPA源课程	学分	开课实践	课程性质	备注
专业选修课		投资科学	3	秋II	选修	预先修读"运筹学：确定性模型和随机性模型""多元统计分析"；"系统建模与仿真"课程同时也属于优化与运作管理类课程模块
		系统建模与仿真	2	秋II	选修	
		金融中的优化方法	3	秋II	选修	
		供应链设计与管理	2	春I	选修	需预先修读"运筹学：确定性模型"
		运营系统优化模型与算法	3	春I		
		可持续供应链管理	2	秋II	选修	预先修读"多元统计分析"
		服务运营系统	3	秋II	选修	预先修读"运筹学：确定性模型"
		动态定价与收益管理	3	秋II	选修	预先修读"运筹学：确定性模型和随机性模型"
		随机动态规划	3	秋II	选修	
		整数规划与组合最优化	3	春II	选修	
		网络设计与优化	3	春II	选修	
		库存管理与生产系统	2	春I	选修	
		运营计划与调度	2	秋II	选修	预先修读"运筹学：确定性模型"
		系统建模与仿真	2	秋II	选修	预先修读"运筹学：确定性模型和随机性模型""多元统计分析"
		组织与信息系统	3	春I	选修	

课程模块	课程类别	课程名称 ※ 标 为 GPA 源课程	学分	开课实践	课程性质	备注
专业选修课		互联网与商务模式	3	春 I	选修	
		决策支持与商务智能	3	秋 II	选修	
		信息系统前沿	2	秋 II	选修	
		技术经济学	2	春 I	选修	
		技术创新管理	2	春 I	选修	
		科技政策	2	春 I	选修	
		创新管理前沿	2	春 I	选修	
		行为研究中的高阶统计方法	2	秋 II	选修	

资料来源：安泰经济与管理学院博士研究生修业指南。

3.1 全日制 MBA 课程设置

必修/选修	课程性质	课程编号	课程名称	学分	总学时	备注
必修	公共学位课	500008	研究生英语基础技能	1	0	
必修	公共学位课	500009	研究生英语能力提升	1	32	
必修	公共学位课	420002	自然辩证法概论	1	24	
必修	专业学位课	2041521	宏观经济分析与政策	1	16	
必修	专业学位课	2041520	商务统计分析	2	32	研究方法类课程
必修	专业学位课	2041512	人力资源管理	2	32	
必修	专业学位课	2041514	文献阅读与论文导写	1	16	论文写作课程
必修	专业学位课	2041515	领导力与组织行为	2	32	
必修	专业学位课	2041508	营销管理	2	32	
必修	专业学位课	2041519	财务会计	2	32	
必修	专业学位课	2041509	运营管理	2	32	
必修	专业学位课	2041504	管理经济学	2	32	

续表

必修/选修	课程性质	课程编号	课程名称	学分	总学时	备注
选修	专业学位课	2041522	公司财务	2	32	与"管理会计"，二必选一
必修	专业学位课	2041517	创新与变革管理	2	32	
必修	专业学位课	2041513	入学导向	1	16	
必修	专业学位课	2041510	战略管理	2	32	
必修	专业学位课	2041518	企业社会责任与伦理	1	16	公共素质类课程
必修	专业学位课	2041516	企业家精神	1	16	
选修	专业学位课	2041523	管理会计	2	32	与"公司财务"，二必选一
选修	专业选修课	2043562	国际运营和采购	1	16	
选修	专业选修课	2043567	连锁品牌的创建与拓展策略	1	16	
选修	专业选修课	2043634	供应链物流管理实践与创新	1	16	
选修	专业选修课	2043541	管理咨询	2	32	
选修	专业选修课	2043543	家族企业管理专题研究	2	32	
选修	专业选修课	2043549	商务礼仪	2	32	
选修	专业选修课	2043605	问题分析与决策制定	1	16	
选修	专业选修课	2043576	全球化知识产权博弈、策略和管理	1	16	
选修	专业选修课	2043548	管理沟通	2	32	
选修	专业选修课	2043544	谈判专题	1	16	
选修	专业选修课	2043565	房地产投资	2	32	
选修	专业选修课	2043512	创新创业类专题	1	16	全英文
选修	专业选修课	2043614	海外移动课堂	2	32	与"商务实践2"，二必选一
选修	专业选修课	2043518	客户关系管理	2	32	
选修	专业选修课	2043563	商务实践2	2	32	与"海外移动课堂"，二必选一

必修/选修	课程性质	课程编号	课程名称	学分	总学时	备注
选修	专业选修课	2043559	跨国上市公司财务报表	1	16	
选修	专业选修课	2043575	品牌与零售供应链管理	1	16	
选修	专业选修课	2043546	商法	2	32	
选修	专业选修课	2043547	企业文化	2	32	
选修	专业选修课	2043514	项目管理	2	32	
选修	专业选修课	2043508	财务金融类专题	1	16	
选修	专业选修课	2043535	国际贸易理论与实务	2	32	
选修	专业选修课	2043534	跨文化管理	1	16	
选修	专业选修课	2043538	跨国市场战略	1	16	全英文

资料来源：http://grs.zju.edu.cn/py/common/pyfagl.htm。

3.2 非全日制 MBA 课程设置

必修/选修	课程性质	课程编号	课程名称	学分	总学时	备注
必修	公共学位课	420002	自然辩证法概论	1	24	
必修	公共学位课	500008	研究生英语基础技能	1	0	
必修	公共学位课	500009	研究生英语能力提升	1	32	
必修	专业学位课	2041509	运营管理	2	32	
必修	专业学位课	2041504	管理经济学	2	32	
必修	专业学位课	2041514	文献阅读与论文导写	1	16	论文写作课程
必修	专业学位课	2041516	企业家精神	1	16	
必修	专业学位课	2041521	宏观经济分析与政策	1	16	
选修	专业学位课	2041522	公司财务	2	32	与"管理会计"，二必选一
必修	专业学位课	2041518	企业社会责任与伦理	1	16	公共素质类课程
必修	专业学位课	2041513	入学导向	1	16	
必修	专业学位课	2041510	战略管理	2	32	

续表

必修 / 选修	课程性质	课程编号	课程名称	学分	总学时	备注
必修	专业学位课	2041512	人力资源管理	2	32	
必修	专业学位课	2041519	财务会计	2	32	
必修	专业学位课	2041517	创新与变革管理	2	32	
必修	专业学位课	2041515	领导力与组织行为	2	32	
必修	专业学位课	2041508	营销管理	2	32	
必修	专业学位课	2041520	商务统计分析	2	32	研究方法类课程
选修	专业学位课	2041523	管理会计	2	32	与"公司财务"，二必选一
选修	专业选修课	2043535	国际贸易理论与实务	2	32	
选修	专业选修课	2043538	跨国市场战略	1	16	全英文
选修	专业选修课	2043544	谈判专题	1	16	
选修	专业选修课	2043547	企业文化	2	32	
选修	专业选修课	2043549	商务礼仪	2	32	
选修	专业选修课	2043563	商务实践2	2	32	与"海外移动课堂"，二必选一
选修	专业选修课	2043567	连锁品牌的创建与拓展策略	1	16	
选修	专业选修课	2043614	海外移动课堂	2	32	与"商务实践2"，二必选一
选修	专业选修课	2043559	跨国上市公司财务报表	1	16	
选修	专业选修课	2043508	财务金融类专题	1	16	
选修	专业选修课	2043518	客户关系管理	2	32	
选修	专业选修课	2043514	项目管理	2	32	
选修	专业选修课	2043634	供应链物流管理实践与创新	1	16	
选修	专业选修课	2043541	管理咨询	2	32	
选修	专业选修课	2043543	家族企业管理专题研究	2	32	
选修	专业选修课	2043605	问题分析与决策制定	1	16	

续表

必修/选修	课程性质	课程编号	课程名称	学分	总学时	备注
选修	专业选修课	2043576	全球化知识产权博弈、策略和管理	1	16	
选修	专业选修课	2043562	国际运营和采购	1	16	
选修	专业选修课	2043564	为商通说	3	48	
选修	专业选修课	2043533	国际商务	2	32	
选修	专业选修课	2043534	跨文化管理	1	16	
选修	专业选修课	2043565	房地产投资	2	32	
选修	专业选修课	2043560	创意策划实践	1	16	
选修	专业选修课	2043575	品牌与零售供应链管理	1	16	
选修	专业选修课	2043546	商法	2	32	
选修	专业选修课	2043548	管理沟通	2	32	

资料来源：同上。

3.3 EMBA 课程设置

必修/选修	课程性质	课程编号	课程名称	学分	总学时
必修	公共学位课	2041039	宏观经济分析与预测	2	32
必修	公共学位课	2041040	国际商务英语	2	32
必修	专业学位课	2041030	战略性人力资源管理	2	32
必修	专业学位课	2041033	高级财务管理	2	32
必修	专业学位课	2041029	战略管理	2	32
必修	专业学位课	2041041	EMBA 论文写作指导	1	16
必修	专业学位课	2041036	领导力	1	16
必修	专业学位课	2041032	企业财务报表分析	2	32
必修	专业学位课	2041034	组织行为学	2	32
必修	专业学位课	2041031	管理经济学	2	32
必修	专业学位课	2041035	战略性市场营销	2	32
选修	专业选修课	2043014	信息网络技术与商业变革	1	16

续表

必修/ 选修	课程性质	课程编号	课程名称	学分	总学时
选修	专业选修课	2043021	企业法律风险规范与危机管理	1	16
选修	专业选修课	2043027	互联网营销与服务营销	1	16
选修	专业选修课	2043007	管理哲学	1	16
选修	专业选修课	2043042	并购重组与资本运作	1	16
选修	专业选修课	2043051	金融衍生品创新	2	32
选修	专业选修课	2043038	国际资本市场前沿	1	16
选修	专业选修课	2043044	金融科技	1	16
选修	专业选修课	2043043	移动课堂与专题研讨	1	16
选修	专业选修课	2043018	决策管理	1	16
选修	专业选修课	2043024	家族企业管理与传承	1	16
选修	专业选修课	2043008	企业社会责任与商业伦理	1	16
选修	专业选修课	2043009	求是精神	1	16
选修	专业选修课	2043017	创新管理	1	16
选修	专业选修课	2043022	科技创新与商业机会	1	16
选修	专业选修课	2043047	商业决策模拟	1	20
选修	专业选修课	2043046	股权激励设计	1	16
选修	专业选修课	2043040	公司治理与内部控制	2	32
选修	专业选修课	2043023	浙商精神	1	16
选修	专业选修课	2043013	商业模式创新	1	16
选修	专业选修课	2043050	数据重构商业	1	16
选修	专业选修课	2043012	供应链金融	1	16
选修	专业选修课	2043037	投资与财富管理	1	16
选修	专业选修课	2043015	创业金融	1	16
选修	专业选修课	2043020	领导力提升与反思	1	16
选修	专业选修课	2043028	跨文化管理	1	16
选修	专业选修课	2043016	系统理论与实践	1	16
选修	专业选修课	2043010	全球视野拓展（海外访学）	2	32
选修	专业选修课	2041037	生产运营与供应链物流管理	2	32

资料来源：同上。

3.4 工程硕士 ME 课程设置

类别	课程名称	学时	学分	开课学期		
				一	二	三
公共课	英语	96	3	√		
	自然辩证法	36	2	√		
	人文素质讲座	18	1	√		
	管理学	36	2	√		
	运筹学	36	2	√		
	管理统计学	36	2		√	
	工程经济学	36	2		√	
专业学位课	现代物流与供应链管理	36	2		√	
	物流系统建模与仿真	36	2		√	
	物流系统运作管理	18	1		√	
	物流系统规划与设计	36	2		√	
	物流信息系统	36	2		√	
	物流工程专题	18	1			√
专业选修课	物流管理战略	18	1			√
	国际物流	18	1			√
	仓储与库存管理	36	2			√
	人力资源管理	36	2			√
	物流技术	18	1			√
	运输与配送管理	36	2			√
	质量管理	36	2			√
	项目管理	36	2			√
	创新管理	36	2			√
论文环节	文献检索与论文导写	18	1			√
	选题报告	—	1			
	学位论文	—	2			

物流工程领域工程硕士课程设置

续表

项目管理领域工程硕士课程设置						
类别	课程名称	学时	学分	开课学期		
				一	二	三
公共课	英语	96	3	√		
	自然辩证法	36	2	√		
	人文素质讲座	18	1	√		
	管理学	36	2	√		
	运筹学	36	2	√		
	管理统计学	36	2		√	
	工程经济学	36	2		√	
专业学位课	项目管理学	36	2		√	
	项目计划与控制	36	2		√	
	项目管理软件与应用	36	2		√	
	项目管理专题	18	1			√
选修课	项目采购管理	36	2			√
	项目质量管理	36	2			√
	项目管理法律实务	36	2			√
	项目人力资源管理	36	2			√
	项目融资	36	2			√
	沟通管理	36	2			√
	财务管理	36	2			√
	战略管理	36	2			√
	创新管理	36	2			√
	信息管理	36	2			√
论文环节	文献检索与论文导写	18	1			√
	选题报告	—	1			
	学位论文	—	2			

资料来源：同上。

4.1 管理科学与工程专业科学硕士培养方案课程表

平台课程							
必修 /选修	课程性质	课程编号	课程名称	学分	总学时	开课学期	备注
选修	公共学位课	0500006	研究生英语水平测试	1	0	春、夏、秋、冬	
选修	公共学位课	0500007	研究生英语交流能力	1	32	春、夏、秋、冬	
选修	公共学位课	3320001	中国特色社会主义理论与实践研究	2	32	春、夏、秋、冬	
选修	公共学位课	420002	自然辩证法概论	1	24	春、夏、秋、冬	
必修	公共选修课	999	公共素质类课程至少1门（具体课程详见清单，个人学习计划制订时勿以具体课程替代）	1	16	春、夏、秋、冬	
方向课程							
选修	专业学位课	2021013	决策理论与方法导论	2	32	冬	
选修	专业学位课	2022001	管理学	2	32	秋	方向课，本科为非管理专业的硕士生必选
选修	专业学位课	2022002	管理经济学	2	32	秋、冬	
选修	专业学位课	2023022	管理研究方法	2	32	春、秋、冬	
选修	专业学位课	2021014	管理科学理论前沿	2	32	秋	方向课，全日制硕士生必选
选修	专业学位课	2023018	组织行为学	2	32	秋	
选修	专业选修课	2023025	管理伦理	2	32	春	

续表

选修	专业选修课	2023094	系统动态学	2	32	春	
选修	专业选修课	2023002	运筹学（二）	2	32	冬	必选
选修	专业选修课	2023012	财务管理	2	32	冬	
选修	专业选修课	2023054	管理科学专题讨论	2	32	春、夏、秋、冬	
选修	专业选修课	2021001	生产运行管理	2	32	冬	必选
选修	专业选修课	2021002	管理信息系统	2	32	春、秋	
选修	专业选修课	2023003	技术创新管理	2	32	春、秋	
选修	专业选修课	2023009	计算机网络与数据库技术	2	32	春	
选修	专业选修课	2023011	战略管理	2	32	春、冬	
选修	专业选修课	2023005	项目管理	2	32	春、冬	
选修	专业选修课	2023010	人力资源管理	2	32	秋、冬	
选修	专业选修课	2023007	物流与供应链管理	2	32	春	
选修	专业选修课	2023001	运筹学（一）	2	32	秋	
选修	专业选修课	2022003	管理统计学	2	32	春、秋、冬	必选
选修	专业选修课	2023056	电子商务	2	32	夏	
选修	专业选修课	2023055	计量经济分析	2	32	春、秋	
选修	专业选修课	2023006	决策支持系统	2	32	春	
选修	专业选修课	2021003	会计学	2	32	秋	

资料来源：同上。

4.2 管理科学与工程专业国际硕士培养方案课程表

平台课程							
必修 /选修	课程性质	课程编号	课程名称	学分	总学时	开课学期	备注
必修	公共学位课	0500006	研究生英语水平测试	1	0	夏、冬	
必修	公共学位课	0500007	研究生英语交流能力	1	32	春、夏、秋、冬	

必修/选修	课程性质	课程编号	课程名称	学分	总学时	开课学期	备注
			平台课程				
必修	公共学位课	3320001	中国特色社会主义理论与实践研究	2	32	春、夏、秋、冬	
必修	公共学位课	420002	自然辩证法概论	1	24	春、夏、秋、冬	
必修	公共必选课	0000999	公共素质类课程至少选修1学分	1	16	春、夏、秋、冬	
必修	专业学位课	2021038	R语言与数据分析（英）	2	32	第一学年秋冬	
必修	专业学位课	—	数据挖掘（英）	3	48	第一学年秋冬	
必修	专业学位课	—	非结构数据分析（英）	2	32	第一学年秋冬	
必修	专业学位课	—	研究生论文写作指导（英）	1	16	第一学年秋冬	
选修	专业选修课	2023096	中级计量（英）	2	32	第一学年秋冬	
选修	专业选修课	2021036	高级微观经济学（英）	2	32	第一学年秋冬	
选修	专业选修课	2021037	博弈论（英）	2	32	第一学年秋冬	
选修	专业选修课	2023089	运筹学II（英）	2	32	第一学年秋冬	
选修	专业选修课	2023103	物流与供应链管理（英）	2	32	第一学年秋冬	
选修	专业选修课	2023102	技术与创新战略（英）	2	32	第一学年秋冬	
选修	专业选修课	2023111	社交媒体营销（英）	2	32	第一学年秋冬	
必修	专业选修课	2023051	商务计划与实践	2	32	第二学年秋冬	

续表

			平台课程				
必修 / 选修	课程性质	课程编号	课程名称	学分	总学时	开课学期	备注
选修	专业选修课	—	QTEM 海外模块	4	64	第一学年春夏	QTEM BI & Big Data 方向课程

资料来源：同上。

4.3 QTEM 网络成员高校统计

国家	QTEM 成员学校名称	QTEM 成员学校名称缩写
澳大利亚	莫纳什大学商学院	MONASH
比利时	法语布鲁塞尔自由大学索尔维商学院	SBS-EM
加拿大	蒙特利尔高等商学院	HEC Montréal
中国	哈尔滨工业大学经济与管理学院	HIT
	浙江大学管理学院	ZHEJIANG
	厦门大学管理学院	XIAMEN
法国	北方高等商学院尼斯校区	EDHEC
	巴黎第九大学	DAUPHINE
德国	法兰克福大学经济系	Goethe
	慕尼黑工业大学管理学院	TUM
芬兰	汉肯经济学院	HANKEN
意大利	米兰理工大学管理学院	PoliMI
	意大利 LUISS 大学	LUISS
日本	早稻田大学商学院、经济学院	WASEDA
摩洛哥	ESCA 管理学院	ESCA
荷兰	阿姆斯特丹大学商学院	UvA
	蒂尔堡大学经济管理学院	TILBURG
挪威	BI 挪威商学院	BI
葡萄牙	波尔图大学经济管理学院	PORTO

国家	QTEM 成员学校名称	QTEM 成员学校名称缩写
俄罗斯	国家研究型高等经济大学（莫斯科、圣彼得堡）	HSE
西班牙	庞培法布拉大学巴塞罗那管理学院	UPF BSM
瑞士	洛桑大学洛桑高等商学院	HEC Lausanne
英国	埃克塞特大学	EXETER
	华威大学商学院	WBS

资料来源：QTEM Student Engagement[Z]. Brussels: QTEM HQ, 06-2019.

5.1 2019 级管理科学与工程专业博士生课程体系

平台课程							
必修/选修	课程性质	课程编号	课程名称	学分	总学时	开课学期	备注
必修	公共学位课	0500008	研究生英语基础技能	1	0	春、夏、秋、冬	
必修	公共学位课	0500009	研究生英语能力提升	1	32	春、夏、秋、冬	
必修	公共学位课	3310001	中国马克思主义与当代	2	32	春、夏、秋、冬	
必修	专业学位课	2011016	管理决策理论与方法	3	48	春夏	
必修	专业学位课	2011015	管理科学方法论	3	48	秋冬	
必修	专业学位课	—	学术规范与论文撰写	1	16	春、夏、秋、冬	
选修	专业学位课	2021029	管理统计学（英）	3	48	秋冬	
选修	专业学位课	2023095	数据挖掘（英）	2	32	秋冬	
选修	专业学位课	2011020	高级微观经济学	3	48	秋冬	
选修	专业学位课	2011021	高级计量经济学	3	48	秋冬	
选修	专业学位课	2011019	高级管理研究方法	3	48	春夏	
选修	专业选修课	2023085	人力资源管理（英）	2	32	春夏、秋冬	
选修	专业选修课	2021026	组织与管理研究（英）	2	64	秋冬	
选修	专业选修课	2023084	战略管理（英）	2	32	春夏、秋冬	
选修	专业选修课	2021023	组织行为学（英）	2	32	秋冬	
选修	专业选修课	—	高级运筹学（双语）	2	32	秋冬	
选修	专业选修课	2011052	博弈论	2	32	秋冬	

续表

选修	专业选修课	2023087	高级市场营销学（英）	2	32	春夏	
选修	专业选修课	2023091	信息系统研究（英）	2	32	春夏	

方向课程

创新管理

研究内容：

（1）挖掘中国管理思想，聚焦创新创业特色优势，建立"全球化与本土化融合"的战略思路，构建问题导向的战略管理体系。（2）基于创新、创业和战略相融合的 SEI 战略构架，深入持续开展民营经济在全球化背景下的持续竞争优势问题。（3）基于中国文化和经济背景的企业战略管理体系研究，把理论研究体系应用于咨询企业的战略设计，不断丰富和发展企业战略管理体系。

必修 / 选修	课程性质	课程编号	课程名称	学分	总学时	开课学期	备注
选修	专业选修课	2023090	创新管理研究（英）	2	32	春夏	
选修	专业选修课	2013060	创新研究专题	3	48	春夏	

工程管理

研究内容：

（1）工程管理虚拟仿真和信息化技术，（2）建筑工业化、EPC 和 PPP 一体化管理，（3）建设工程灾害风险管理，（4）建设工程可持续性及全寿命周期管理，（5）房地产投资与管理，（6）工程经济与项目管理，（7）可持续城市发展与管理。

必修 / 选修	课程性质	课程编号	课程名称	学分	总学时	开课学期	备注
选修	专业学位课	1221098	国际工程管理	2	32	冬	
选修	专业学位课	1221099	运筹学	2	32	冬	
选修	专业选修课	1211119	工程防灾原理	2	32	春	
选修	专业选修课	1211301	城乡规划理论与实践	2	32	春	
选修	专业选修课	1223200	房地产经济学	2	32	冬	
选修	专业选修课	1221307	综合交通运输规划	2	32	夏	

信息管理

研究内容：

信息管理是通过信息化的手段服务于现代化企业以及政府，使之进行更加科学的决策，从而提高企业运营水平以及政府治理效率。目前该学科的主要研究方向包括：以数据科学为基础的电子商务与电子政务、平台生态与平台治理、社会化网络与数据挖掘、信息技术与商业／经济绩效。

必修 / 选修	课程性质	课程编号	课程名称	学分	总学时	开课学期	备注
选修	专业选修课	2023091	信息系统研究（英）	2	32	春夏	
选修	专业选修课	2013061	信息系统专题	2	32	春夏	

神经管理

研究内容：

神经管理学是运用神经科学和其他生命科学技术来研究经济管理问题的国际新兴前沿领域，主要通过研究人们面对典型经济管理问题时的大脑活动与思维过程，从而以一个全新的视角来审视人类决策行为以及更为一般化的社会行为与人性。

必修 / 选修	课程性质	课程编号	课程名称	学分	总学时	开课学期	备注
选修	专业选修课	2013082	神经管理学研究专题	2	32	春夏	

物流与供应链管理

研究内容：

本研究方向致力于大数据背景下各类优化模型与决策模型的前沿理论研究，通过融合最新的数据科学技术、信息技术、优化与决策模型技术，为企业、政府、社会团体决策优化提供实践指导。

必修 / 选修	课程性质	课程编号	课程名称	学分	总学时	开课学期	备注
选修	专业选修课	2013059	随机模型	3	48	秋冬	

服务科学与工程

研究内容：

服务管理主要研究和发展以服务为主导的经济与社会活动所需的管理理论、方法和技术，以相互联结的人和各种服务资源组成的服务系统为研究对象，揭示和开发应用人际交互、网络技术、组织和信息在各种不同条件下创造价值的规律，旨在促进服务创新，改善服务体制，提高服务效率。

必修 / 选修	课程性质	课程编号	课程名称	学分	总学时	开课学期	备注
选修	专业选修课	2011044	运营管理理论与方法（英）	2	32	夏	
选修	专业选修课	2013073	服务科学研究专题	3	48	秋冬	

资料来源：同上。

5.2 2019级管理科学与工程专业直博课程体系

平台课程							
必修/选修	课程性质	课程编号	课程名称	学分	总学时	开课学期	备注
必修	公共学位课	0500008	研究生英语基础技能	1	0	春、夏、秋、冬	
必修	公共学位课	3320001	中国特色社会主义理论与实践研究	2	32	春、夏、秋、冬	
必修	公共学位课	0500009	研究生英语能力提升	1	32	春、夏、秋、冬	
必修	公共学位课	0420002	自然辩证法概论	1	24	春、夏、秋、冬	
必修	公共学位课	3310001	中国马克思主义与当代	2	32	春、夏、秋、冬	
必修	公共选修课	0000999	公共素质类课程至少1门（具体课程详见清单，个人学习计划制定时勿以具体课程替代）	1	16	春、夏、秋、冬	
必修	专业学位课	2023095	数据挖掘（英）	2	32	秋冬	
必修	专业学位课	2021029	管理统计学（英）	3	48	秋冬	
必修	专业学位课	2011020	高级微观经济学	3	48	秋冬	
必修	专业学位课	2011021	高级计量经济学	3	48	秋冬	
必修	专业学位课		学术规范与论文撰写	1	16	秋冬	
选修	专业学位课	2011019	高级管理研究方法	3	48	春夏	
选修	专业选修课	2023085	人力资源管理（英）	2	32	春夏、秋冬	
选修	专业选修课	2021026	组织与管理研究（英）	2	64	秋冬	
选修	专业选修课	2023084	战略管理（英）	2	32	春夏、秋冬	
选修	专业选修课	2021023	组织行为学（英）	2	32	秋冬	
选修	专业选修课		高级运筹学（双语）	2	32	秋冬	
选修	专业选修课		博弈论	2	32	秋冬	
选修	专业选修课	2023087	高级市场营销学（英）	2	32	春夏	

方向课程							
创新管理							

研究内容：

（1）挖掘中国管理思想，聚焦创新创业特色优势，建立"全球化与本土化融合"的战略思路，构建问题导向的战略管理体系。（2）基于创新、创业和战略相融合的 SEI 战略构架，深入持续开展民营经济在全球化背景下的持续竞争优势问题。（3）基于中国文化和经济背景的企业战略管理体系研究，把理论研究体系应用于咨询企业的战略设计，不断丰富和发展企业战略管理体系。

必修/选修	课程性质	课程编号	课程名称	学分	总学时	开课学期	备注
选修	专业选修课	2023090	创新管理研究（英）	2	32	春夏	
选修	专业选修课	2013060	创新研究专题	3	48	春夏	
工程管理							

研究内容：

（1）工程管理虚拟仿真和信息化技术，（2）建筑工业化、EPC 和 PPP 一体化管理，（3）建设工程灾害风险管理，（4）建设工程可持续性及全寿命周期管理，（5）房地产投资与管理，（6）工程经济与项目管理，（7）可持续城市发展与管理。

必修/选修	课程性质	课程编号	课程名称	学分	总学时	开课学期	备注
选修	专业学位课	1221098	国际工程管理	2	32	冬	
选修	专业学位课	1221099	运筹学	2	32	冬	
选修	专业选修课	1211119	工程防灾原理	2	32	春	
选修	专业选修课	1211301	城乡规划理论与实践	2	32	春	
选修	专业选修课	1223200	房地产经济学	2	32	冬	
选修	专业选修课	1221307	综合交通运输规划	2	32	夏	
信息管理							

研究内容：

信息管理是通过信息化的手段服务于现代化企业以及政府，使之进行更加科学的决策，从而增强企业运营水平以及政府治理效率。目前该学科的主要研究方向包括：以数据科学为基础的电子商务与电子政务、平台生态与平台治理、社会化网络与数据挖掘、信息技术与商业/经济绩效。

续表

必修 / 选修	课程性质	课程编号	课程名称	学分	总学时	开课学期	备注
选修	专业选修课	2023091	信息系统研究（英）	2	32	春夏	
选修	专业选修课	2013061	信息系统专题	2	32	春夏	

神经管理

研究内容：

神经管理学是运用神经科学和其他生命科学技术来研究经济管理问题的国际新兴前沿领域，主要通过研究人们面对典型经济管理问题时的大脑活动与思维过程，从而以一个全新的视角来审视人类决策行为以及更为一般化的社会行为与人性。

必修 / 选修	课程性质	课程编号	课程名称	学分	总学时	开课学期	备注
选修	专业选修课	2013082	神经管理学研究专题	2	32	春夏	

物流与供应链管理

研究内容：

本研究方向致力于大数据背景下各类优化模型与决策模型的前沿理论研究，通过融合最新的数据科学技术、信息技术、优化与决策模型技术，为企业、政府、社会团体决策优化提供实践指导。

必修 / 选修	课程性质	课程编号	课程名称	学分	总学时	开课学期	备注
选修	专业选修课	2013059	随机模型	3	48	秋冬	
选修	专业选修课	2011016	管理决策理论与方法	3	48	春夏	

服务科学与工程

研究内容：

服务管理主要研究和发展以服务为主导的经济与社会活动所需的管理理论、方法和技术，以相互联结的人和各种服务资源组成的服务系统为研究对象，揭示和开发应用人际交互、网络技术、组织和信息在各种不同条件下创造价值的规律，旨在促进服务创新，改善服务体制，提高服务效率。

必修 / 选修	课程性质	课程编号	课程名称	学分	总学时	开课学期	备注
选修	专业选修课		运营管理理论与方（英）	2	32	春夏	
选修	专业选修课	2013073	服务科学研究专题	3	48	秋冬	

资料来源：同上。

5.3 "管理决策理论与方法"课程阅读文献清单

第一部分

1. 风险型、不确定型决策分析

Saar–Tsechansky M, Melville P & Provost F. Active feature–value acquisition. *Management Science*, 2009,55(4): 664–684.

Eliashberg J, Hui S K & Zhang Z J. From story line to box office: A new approach for green–lighting movie scripts. *Management Science*, 2007,53(6):881–893.

Perols J, Chari K & Agrawal M. Information market–based decision fusion. *Management Science*, 2009,55(5):827–842.

Jiang Z, Mookerjee V S & Sarkar S. Lying on the web: implications for expert systems redesign. *Information Systems Research*, 2005, 16(2): 131–148.

Cui G, Wong M L & Lui H K. Machine learning for direct marketing response models: Bayesian networks with evolutionary programming. *Management Science*, 2006,52(4): 597–612.

Mookerjee V S , Mannino M V. Mean–risk trade–offs in inductive expert systems. *Information Systems Research*,2000,11(2): 137–158.

Schwartz E S, Zozaya–Gorostiza C. Investment under uncertainty in information technology: acquisition and development projects. *Management Science*, 2003,49(1): 57–70.

Prelec D, Loewenstein G. Decision making over time and under uncertainty: A common approach. *Management science*, 1991,37(7): 770–786.

Zahir M S. Incorporating the uncertainty of decision judgements in the analytic hierarchy process. *European Journal of Operational Research*, 1991, 53(2): 206–216.

Aumann R J, Serrano R. An economic index of riskiness. *Journal of Political Economy*, 2008, 116(5): 810–836.

2. 贝叶斯决策、马尔科夫决策

贝叶斯决策

Aronis K P, Magou I, Dekker R,et al. Inventory control of spare parts using a Bayesian approach: A case study. *European Journal of Operational Research*, 2004, 154(3): 730–739.

Azoury K S. Bayes solution to dynamic inventory models under unknown demand distribution. *Management science*, 1985, 31(9): 1150–1160.

Choi T M, Li D & Yan H. Optimal single ordering policy with multiple delivery modes and Bayesian information updates. *Computers & Operations Research*, 2004, 31(12): 1965–1984.

Eppen G D , Iyer A V. Improved fashion buying with Bayesian updates. *Operations Research*, 1997, 45(6): 805–819.

Lodree Jr E J , Taskin S. Supply chain planning for hurricane response with wind speed information updates. *Computers & Operations Research*, 2009, 36(1): 2–15.

Percy D F. Bayesian enhanced strategic decision making for reliability. *European Journal of Operational Research*, 2002, 139(1): 133–145.

Shenoy P P. Valuation–based systems for Bayesian decision analysis. *Operations Research*, 1992, 40(3): 463–484.

Beach B H. Expert judgment about uncertainty: Bayesian decision making in realistic settings. *Organizational Behavior and Human Performance*, 1975, 14(1): 10–59.

Choi T M J, Li D & Yan H. Quick response policy with Bayesian information updates. *European Journal of Operational Research*, 2006, 170(3): 788–808.

马尔科夫决策

Blanchet J, Gallego G & Goyal V. A markov chain approximation to choice modeling. *Operations Research*, 2016, 64(4): 886–905.

Kallberg J G , Saunders A. Markov chain approaches to the analysis of payment behavior of retail credit customers. *Financial Management*, 1983: 5–14.

Cai N, Song Y & Kou S. A general framework for pricing Asian options under Markov processes. *Operations Research*, 2015, 63(3): 540–554.

Han D L, Tang L C & Huang H C. A Markov model for single–leg air cargo revenue management under a bid–price policy. *European Journal of Operational Research*, 2010, 200(3): 800–811.

Alanis R, Ingolfsson A & Kolfal B. A Markov chain model for an EMS system with repositioning. *Production and operations management*, 2013, 22(1): 216–231.

Mehmood R, Meriton R, Graham G,et al. Exploring the influence of big data on city transport operations: a Markovian approach. *International Journal of Operations & Production Management*, 2017, 37(1): 75–104.

Giudici P, Castelo R. Improving Markov chain Monte Carlo model search for data mining. *Machine learning*, 2003, 50(1–2): 127–158.

Nair S K. Modeling strategic investment decisions under sequential technological change. *Management Science*, 1995: 282–297.

3. 多目标决策分析、层次分析法、数据包络分析

多决策目标

Bandyopadhyay S, Saha S, Maulik U,et al. A simulated annealing–based multiobjective optimization algorithm: AMOSA. *IEEE tTransactions on Evolutionary Computation*, 2008, 12(3): 269–283.

Coello C A C, Pulido G T & Lechuga M S. Handling multiple objectives with particle swarm optimization. *IEEE tTransactions on Evolutionary Computation*, 2004, 8(3): 256–279.

Deb K, Pratap A, Agarwal S,et al. A fast and elitist multiobjective genetic algorithm: NSGA–II. *IEEE tTransactions on Evolutionary Computation*, 2002, 6(2): 182–197.

Doerner K, Gutjahr W J, Hartl R F, et al. Pareto ant colony optimization: A metaheuristic approach to multiobjective portfolio selection. *Annals of Operations Research*, 2004, 131(1–4): 79–99.

Johnson M P , Hurter A P. Decision support for a housing mobility program using a multiobjective optimization model. *Management Science*, 2000: 46(12), 1569–1584.

Wallenius J, Dyer J S, Fishburn P C,et al. Multiple criteria decision making, multiattribute utility theory: Recent accomplishments and what lies ahead. *Management science*, 2008, 54(7): 1336–1349.

Guan J C, Yam R C, Mok C K,et al. A study of the relationship between competitiveness and technological innovation capability based on DEA models. *European Journal of Operational Research*, 2006, 170(3): 971–986.

Marler R T , Arora J S. Survey of multi–objective optimization methods for engineering. *Structural and Multidisciplinary Optimization*, 2004, 26(6): 369–395.

层次分析法

Dong Q , Cooper O. An orders–of–magnitude AHP supply chain risk assessment framework. *International Journal of Production Economics*, 2016, 182: 144–156.

Kumar A, Shankar R & Debnath R M. Analyzing customer preference and measuring relative efficiency in telecom sector: A hybrid fuzzy AHP/DEA study. *Telematics and Informatics*, 2015, 32(3): 447–462.

Pereira V, Costa H G. Nonlinear programming applied to the reduction of inconsistency in the AHP method. *Annals of Operations Research*, 2015, 229(1): 635–655.

Wang X, Li X R, Zhen F,et al. How smart is your tourist attraction?: Measuring tourist preferences of smart tourism attractions via a FCEM–AHP and IPA approach. *Tourism Management*, 2016, 54: 309–320.

Zhao X, Chen L, Pan W, et al. AHP–ANP–fuzzy integral integrated network for evaluating performance of innovative business models for sustainable building. *Journal of Construction Engineering and Management*, 2017,143(8): 04017054, 1–14.

数据包络分析

Chen C M , Delmas M. Measuring corporate social performance: An efficiency perspective. *Production and Operations Management*, 2011,20(6): 789–804.

Feng C, Chu F, Ding J,et al. Carbon emissions abatement (CEA) allocation and compensation schemes based on DEA. *Omega*, 2015,53: 78–89.

Jacobs B W, Kraude R & Narayanan S. Operational productivity, corporate social performance, financial performance, and risk in manufacturing firms. *Production and Operations Management*, 2016, 25(12): 2065–2085.

Ramanathan R, Ramanathan U & Bentley Y. The debate on flexibility of environmental regulations, innovation capabilities and financial performance—A novel use of DEA. *Omega*, 2018, 75: 131–138.

Ødegaard F,Roos P. Measuring the contribution of workers' health and psychosocial work-environment on production efficiency. *Production and Operations Management*, 2014, 23(12): 2191–2208.

4. 展望理论、行为决策分析

Long X , Nasiry J. Prospect theory explains newsvendor behavior: The role of reference points. *Management Science*, 2015, 61(12): 3009–3012.

Cui R, Li J & Zhang D J. Reducing discrimination with reviews in the sharing economy: Evidence from field experiments on Airbnb. *Management Science*, 2020, 66(3): 1071–1094.

Moritz B, Siemsen E & Kremer M. Judgmental forecasting: Cognitive reflection and decision speed. *Production and Operations Management*, 2014, 3(7): 1146–1160.

Mihm J , Schlapp J. Sourcing innovation: On feedback in contests. *Management Science*, 2019, 65(2): 559–576.

Aggarwal I , Woolley A W. Team creativity, cognition, and cognitive style diversity. *Management Science*, 2019, 65(4): 1586–1599.

Ederer F,Manso G. Is pay for performance detrimental to innovation? *Management Science*, 2013:59(7): 1496–1513.

Adomavicius G, Curley S P, Gupta A,et al. Impact of information feedback in continuous combinatorial auctions: An experimental study of economic performance. *MIS Quarterly*, 2013: 55–76.

Bapna R, Gupta A, Rice S,et al. Trust and the Strength of Ties in Online Social Networks: An Exploratory Field Experiment. *MIS Quarterly*, 2017, 41(1): 115–130.

Chen W, Li X & Zeng D D. Modelling Fixed Odds Betting for Future Event Prediction. *MIS Quarterly*, 2017, 41(2): 645–665.

Kong Q, Granic G D, Lambert N S,et al. Judgment Error in Lottery Play: When the Hot Hand Meets the Gambler's Fallacy. *Management Science*, 2020:66(2), 844–862.

Falk A , Szech N. Morals and markets, *Science*, 2013, 340: 707–711.

Reeck C, Wall D & Johnson E J. Search predicts and changes patience in intertemporal choice. *Proceedings of the National Academy of Sciences*, 2017, 114(45): 11890–11895.

Agranov M,Ortoleva P. Stochastic choice and preferences for randomization. *Journal of Political Economy*, 2017, 125(1): 40–68.

第二部分

5. 非合作与合作博弈论

Ben-Shahar D, Deng Y & Sulganik E. Property appraisal in high-rises: A cooperative game theory approach. Journal of Housing Economics, 2009, 18(1): 25–33.

Krajewska M A, Kopfer H, Laporte G,et al. Horizontal cooperation among freight carriers: request allocation and profit sharing. *Journal of the Operational Research Society*, 2008,59(11): 1483–1491.

Garcia Pires A J. Multinationals, R&D and endogenous productivity asymmetries. *International Economic Journal*, 2015, 29(1): 95–119.

Abdulkadiroğlu A, Pathak P A & Roth A E. Strategy-proofness versus efficiency in matching with indifferences: Redesigning the NYC high school match. *American Economic Review*, 2009, 99(5): 1954–78.

Fudenberg D , Tirole J. The fat-cat effect, the puppy-dog ploy, and the lean and hungry look. *The American Economic Review,* 1984, 74(2): 361–366.

Brandenburger A , Stuart H. Biform games. *Management science*, 2007, 53(4): 537–549.

Ben–Shahar D, Deng Y & Sulganik E. Property appraisal in high–rises: A cooperative game theory approach. *Journal of Housing Economics*, 2009, 18(1): 25–33.

6. 行为与演化博弈论

Ostrom E, Walker J & Gardner R. Covenants with and without a sword: Self–governance is possible. *American political science Review* ,1992, 86(2): 404–417.

Wu J , Axelrod R. How to cope with noise in the iterated prisoner's dilemma. *Journal of Conflict resolution*, 1995, 39(1): 183–189.

Hsieh Y H .Yuan S T & Liu H C. Service interaction design: A Hawk–Dove game based approach to managing customer expectations for oligopoly service providers. *Information Systems Frontiers*, 2014, 6(4): 697–713.

Ariely D , Ockenfels A & Roth A E. An experimental analysis of ending rules in internet auctions. *RAND Journal of Economics*, 2005: 890–907.

Masahiko A. The evolution of organizational conventions and gains from diversity. *Industrial and Corporate Change*, 1998, 7(3): 399–431.

Fehr E , Fischbacher U. Social norms and human cooperation. *Trends in Cognitive Sciences,* 2004, 8(4): 185–190.

Falk A, Fehr E & Fischbacher U. Testing theories of fairness—Intentions matter. Games and Economic Behavior, 2008, 62(1): 287–303.

Hoffman M, Yoeli E & Nowak M A. Cooperate without looking: Why we care what people think and not just what they do. *Proceedings of the National Academy of Sciences*, 2015, 112(6): 1727–1732.

Page K M & Nowak M A. Unifying evolutionary dynamics. *Journal of theoretical biology*, 2001, 9(1): 93–98.

Young H P. The evolution of social norms. *Economics*, 2015, 7(1): 359–387.

Gintis H, Bowles S, Boyd R, et al. Explaining altruistic behavior in humans. *Evolution and human Behavior*, 2003, 24(3): 153–172.

参考文献

[1] Master of Supply Chain Management [EB/OL]. Michiganross.umich. edu.(2020)[2020-06-07].https://michiganross.umich.edu/graduate/ master-of-supply-chain-management.

[2] Michigan Ross PhD Program Viewbook[Z]. Ann Arbor: Ross School of Business, University of Michigan, 2019.

[3] QTEM Student Engagement[EB/OL].Brussels:QTEM HQ(2018-06-07) [2020-11-25].https://spb.hse.ru/data/2019/06/07/1497385666/2018- 06-07%20QTEM%20student%20Engagement.pdf

[4] Technology and Operations Doctoral Program[Z]. Ann Arbor: Ross School of Business, 2020: 1-7.

[5] 安泰经济与管理学院2019级学术型硕士修业指南[EB/OL]. 上海: 交大安泰, 2019: 1-45. [2020-04-28] http://www.acem.sjtu.edu.cn/master/ education/plan.html

[6] 安泰经济与管理学院2019级博士研究生修业指南[EB/OL]. 上海: 交大安泰, 2019: 1-48. [2020-04-28] http://www.acem.sjtu.edu.cn/phd/ education/plan.html

[7] 曹静, 黄正泉. 中美硕士研究生培养模式系统化比较[J]. 理工高教研究, 2005(04):39-41.

[8] 曹巍.终端网点参与下电子商务物流系统协调研究[D].浙江大学, 2015.

[9] 陈达强. 基于应急系统特性分析的应急物资分配优化决策模型研究[D]. 浙江大学, 2010.

[10] 陈丹宇,严从根,万林华.全程·融合·协同: 全日制教育硕士专业学位研究生培养体系改革探索[J].学位与研究生教育,2020(03):35-38.

[11] 陈红.港口—腹地集装箱多式联运网络弹性的提升研究[D].浙江大学,
      2018.

[12] 陈乐.电动工具原材料供应商评价与选择问题的研究——以BO公司为例
      [D].浙江大学, 2012.

[13] 陈晓田.管理科学发展战略与"十一五"优先资助领域遴选研究[J].管理
      科学学报,2005, 8(2): 86–94.

[14] 成花林, 黄雨, Elmar Schmaltz, 等. 从中欧博士生培养模式比较探索创新
      型博士的培养[J]. 研究生教育研究, 2017(1): 83–87.

[15] 储祖旺,陈翠荣,张丽莉."1+1+1"高等教育学硕士生培养模式的思考与
      实践[J].学位与研究生教育,2013(06):29–32.

[16] 段爱军,郭绪强.中外研究生培养模式演化及启示[J].大学教育, 2013(22):
      1–4, 43.

[17] 贺小刚.博士研究生培养中的职业规划与自我淘汰机制[J]. 上海管理科
      学, 2019 (4): 20.

[18] 何雨璇.突发公共卫生事件中的人道主义医药物资分配[D].浙江大学,
      2016.

[19] 胡京爽,王谦源.用数学建模的思想和方法指导工科数学教学[J].工程数
      学学报,2003,20(8):103–106.

[20] 黄颖华. SGM的中长期网络布局规划研究[D].浙江大学, 2012.

[21] 康慨.浅谈研究生学位论文的质量监控管理[J]. 东南大学学报（哲学社会
      科学版）,2014,16(S2):174–176.

[22] 李超.制造型企业生产性供应商管理优化研究——以OC公司为例[D].浙
      江大学, 2018.

[23] 李莉方,李威.扩招与限度——博士人才培养规模的测度[J].研究生教育
      研究,2019(04):8–14.

[24] 李燕.现代物流与经济增长关系研究——基于浙江省的研究[D].浙江大
      学, 2004.

[25] 李杨,孙世钧,高明生,占志勇,肖妍.国外研究型大学创新人才培养模式浅
      析与借鉴[J].中国教育技术装备,2016(10):151–152.

[26] 李永山.美国高等教育学生事务管理硕士课程体系及其启示[J].现代教育管理,2009(04):112-114.

[27] 刘国清. 港口货源市场竞争研究[D].浙江大学, 2006.

[28] 刘伟,江婷,李可.工科研究生创新能力培养体系现状研究——基于成果导向教育与分层递阶理论[J].豫章师范学院学报,2019,34(06):37-42.

[29] 刘亚敏,胡甲刚.校企联合培养:欧洲博士生教育的新探索[J].学位与研究生教育,2012(10):72-76.

[30] 刘志鹏. D高校EMBA学位论文质量管理研究[D]. 大连理工大学，2013.

[31] 吕哲.国际比较视野下浅述我国专业博士发展的启示[J].教育现代化,2019a(61): 71.

[32] 吕哲.中美高校博士招生制度比较[J].文教资料,2019,000(015):105-106,73.

[33] 潘少明.中外研究型人才培养模式比较研究[J].黑龙江教育(高教研究与评估),2017(05):76-78.

[34] 潘小森.带公平因素的多时段、多方式拥护定价模型研究[D].浙江大学,2007.

[35] 庞海云.突发性灾害事件下应急物资分配决策优化过程研究[D].浙江大学, 2012.

[36] 盛佳绮.基于精益物流的卷烟成品仓储物流优化研究——以浙江中烟为例[D].浙江大学, 2014.

[37] 史兰新,陈永平.国内外研究生培养方式的比较及探讨[J].东南大学学报(哲学社会科学版),2010,12(02):117-121+128.

[38] 孙刚成,王莹.美国硕士研究生教育经验与启示——以高等教育学专业为例[J].高等理科教育,2014(04):63-68.

[39] 唐康.基于受灾点需求动态变化的多阶段应急物资分配问题研究[D].浙江大学, 2011.

[40] 田丽,周润智.谈研究生学位论文的创新性[J]. 教育科学，1999(02):55-57.

[41]　王伯年.对我国研究生教育现状与制度的思考之四[J].学位与研究生教育,1996(04):25.

[42]　王道红. 学位论文质量管理研究[D]. 华东师范大学,2005.

[43]　王磊,柏强,徐誌蔓.中美博士研究生培养模式比较研究[J].教育评论,2019(10):46-52.

[44]　吴兆峰. 城市交通需求管理多时段、多用户次优拥挤定价模型研究[D].浙江大学, 2006.

[45]　许杰. 基于公路港物流平台的协同方评价与选择研究——以TF公司为例[D].浙江大学, 2016.

[46]　许庆瑞. 我的学术成长史与立德树人观[J]. 浙江大学报, 2020: 762.

[47]　杨晓培.研究生学位论文选题的创新性探析[J].教书育人（高教论坛）,2018(33):14-15.

[48]　叶永.基于后续共享和信息更新的震后应急资源配置决策方法研究[D].浙江大学, 2014.

[49]　臧玖跃.非常规突发事件下集装箱港口群网络弹性问题研究[D].浙江人学, 2018.

[50]　詹沙磊.基于信息更新的应急物资配送公平与效率协调研究[D].浙江大学, 2014.

[51]　张聪,陈昊阳,范敏敏,唐艳,王迪.研究生学位论文过程管理体系构建与质量控制研究[J]. 教育教学论坛, 2020(12):12-13.

[52]　张笑燕,宋茂强. 全日制专业学位硕士研究生学位论文的过程管理与质量控制[J]. 研究生教育研究,2011(3):69-71.

[53]　赵俊. 美国教育博士课程设置研究[D].陕西师范大学,2017.

[54]　浙大中文MBA项目[EB/OL].[2020-06-08].http://mba.zju.edu.cn/page-cnmba.html

[55]　浙江大学管理学院EMBA [EB/OL].[2020-06-08].2020.http://emba.zju.edu.cn/lists-zhxmkcsz.html

[56]　浙江大学管理学院MBA招生数据[EB/OL].[2020-06-08].http://mba.zju.edu.cn/page-zssj.html

[57] 浙江大学研究生导师管理办法[EB/OL].(2019-06-12)
[2020-06-08].http://grs.zju.edu.cn/attachments/2019-11/
p1dpu1163b1n5r6451k421tb2ajo4.pdf

[58] 浙江大学研究生学位论文答辩与学位申请实施办法[EB/OL].(2009-
09-24)[2020-06-08].http://grs.zju.edu.cn/attachments/2016-09/
p1at2hbfhu1neu1udsibo1arqaon4.pdf

[59] 浙江大学研究生学位论文编写规则[EB/OL].(2008-09-22)
[2020-06-08].http://grs.zju.edu.cn/attachments/2016-06/
p1alr2i33k1n2c2l41gch14f71lmv4.pdf

[60] 浙江省优秀硕士学位论文评选办法(试行).浙江省优秀博士学位论文评选
办法(试行)[EB/OL]. (2020-04-15) [2020-10-12]. http://grs.zju.edu.cn/

[61] 郑刚强,阮爱君. 毕业论文指导[M]. 杭州:浙江大学出版社,2009.

[62] 郑琼. 信念与实践:以外语学科博士生导师为例探索研究生指导之路[D].
上海外国语大学,2017.

[63] 中华人民共和国教育部. 研究生导师指导行为准则[EB/OL].(2020-10-
30)[2020-11-25]. http://www.moe.gov.cn/srcsite/A22/s7065/202011/
t20201111_499442.html

[64] 中华人民共和国教育部.中华人民共和国学位条例[EB/OL].(2004-08-
28)[2020-11-25]. http://www.moe.gov.cn/s78/A02/zfs__left/s5911/
moe_619/tnull_1315.html

[65] 周庆明.交通基础设施对区域经济增长的空间溢出作用研究[D].浙江大
学, 2004.

[66] 周雄江.三级石油公司成品油配送中心物流成本优化的研究[D].浙江大
学, 2007.

[67] 朱红,李文利,左祖晶.我国研究生创新能力的现状及其影响机制[J].高等
教育研究,2011,32(02):74-82.

[68] 朱辉. 饮料企业自动化立体仓库方案设计研究——以B公司为例[D].浙江
大学, 2013.

[69]　2014级管理科学与工程硕士培养方案[EB/OL].杭州:浙大研究生院,2020.(2020−11−25).http://grs.zju.edu.cn/py/common/pyfagl.htm.

[70]　2019级工商管理硕士(非全日制)培养方案[EB/OL].杭州:浙大研究生院,2020.(2020−11−25).http://grs.zju.edu.cn/py/common/pyfagl.htm.

[71]　2019级工商管理硕士(非全日制EMBA)培养方案[EB/OL].杭州:浙大研究生院,2020.(2020−11−25).http://grs.zju.edu.cn/py/common/pyfagl.htm.

[72]　2019级工商管理硕士(全日制)培养方案[EB/OL].杭州:浙大研究生院,2020.(2020−11−25).http://grs.zju.edu.cn/py/common/pyfagl.htm.

[73]　2019级管理科学与工程博专业士培养方案[EB/OL].杭州:浙大研究生院,2020.(2020−11−25).http://grs.zju.edu.cn/py/common/pyfagl.htm.

[74]　2019级管理科学与工程专业直博培养方案[EB/OL].杭州:浙大研究生院,2020.(2020−11−25).http://grs.zju.edu.cn/py/common/pyfagl.htm.

[75]　2020级管理科学与工程专业硕士培养方案[EB/OL].杭州:浙大研究生院,2020.(2020−11−25).http://grs.zju.edu.cn/py/common/pyfagl.htm.